한국교회는 이제 영적 출애굽의 기적이 일어나야 한다

출애굽의 비밀

신앙 목양 매뉴얼

KB208390

하야BOOK

추 천 사 1

박성규 총신대학교 총장

출애굽을 다양한 각도에서 세밀하게 조명한 이 책은 성도들 개인의 삶과 교회의 삶의 건강을 잴 수 있는 척도를 제시하고 있습니다. 성도들 개인이 읽으면서도 큰 도움이 되고, 목회자들의 설교와 목양에도 많은 도움이 될 것입니다. 아울러 소그룹 성경공부 교재로도 활용될 수 있다고 생각합니다. 이 책을 통하여 성도 개인과 교회의 건강을 진단함으로써 살아 역사하시는 성령님의 통치를 받아 더 건강한 교회, 나아가 승리하는 성도와 교회가 되길 바랍니다.

추천사 2

김의원 박사 前 총신대학교 총장/ 조지아센트럴대학교 명예총장

출애굽의 여정은 성도들의 믿음의 삶에서 반드시 가야 할 매우 중요한 과정입니다. 출애굽의 사건은 수천 년 전 이스라엘 백성들이 경험한 것만이 아닌 지금 여기 살아가고 있는 성도들이 반드시 경험해야 하는 진리입니다. 출애굽의 과정은 각 과정마다 성취해야 할 과업이 있습니다. 이 과업을 성취하지 못하면 온전한 그리스도인이라 할 수 없습니다. 애굽에서 가나안까지의 과정은 하나님께서 주신 신앙의 법도이며 원리입니다.

이 책은 출애굽의 신학을 아주 구체적이고 체계적으로 목회 현장과 삶의 현장에 접목시키고 있습니다. 과정별로 자신의 현재 영적, 신앙적 상태를 점검할 수 있고 치유의 원리까지도 포함되어 있습니다. 이 책을 정독하고 연구하면 성도들은 영적 기초가 튼튼한 건강하고 성숙한 신앙생활을 할 수 있게 되고 목회자들은 신앙지도, 교육, 목회상담, 영적 내적치유, 설교, 집단상담, 제자훈련, 소그룹 교재 등에 매우 유용합니다. 목회학 교재로도 매우 유익하며 구원의 증거를 성경적으로 제시하고 성령의 역사를 신학, 신앙, 경험을 바탕으로 구체적으로 정리하였습니다.

이 책은 목회자들 뿐 아니라 모든 성도에게도 매우 유익하여, 숙독할 것을 추천합니다.

추천사 3

장영일 목사 前 장신대 총장

할렐루야! 이번에 이은철 목사님께서 저술한 책 〈출애굽의 비밀〉은 구약 성경의 가장 중요한 역사적 사건 곧 출애굽 사건과 그 여정을 현재의 사건으로 재구성하여 21세기 현대 성도들의 신앙과 목양, 교회 성장의 매뉴얼로 재현해 주는 훌륭한 영적 도서로서, 저자 자신의 깊이 있는 성경 연구와 오랜 목회 경험에서 비롯된 값진 열매로 생각됩니다.

이 책을 읽으면서 독자들은 출애굽 여정의 각 과정이 주는 영적 의미가 무엇인지를 살피면서 개개인의 신앙을 점검하게 되고, 그와 같은 신앙 상태의 검진을 토대로 자신을 치유하고 훈련할 수 있는 원리를 배우게 될 것이며, 특히 제1차 출애굽 여정을 시작으로 제5차 출애굽 여정에 이르기까지 영생을 향한 영적 출애굽의 여정을 걸어가는 성도나 교회가 반드시 경험해야 할 영적 진리를 터득하게 되리라 확신합니다.

아울러 이 책은 성도가 구원의 확신에서 출발하여 성화의 과정을 지나 영화의 목적지에 이르기까지의 영적 순례자로서의 전 과정을 다루고 있으므로 교회 안에서 뿐만 아니라 교회 밖의 공동체에서도 전인 치유와 상담과 훈련교재로서 매우 유익하고 요긴한 영적 원리와 비밀을 담고 있는 책이라 확신하기에, 한국교회의 모든 성도들에게 적극적으로 추천드립니다. 샬롬!

추 천 사 4

변충구 목사 신학·철학·의학 박사 / 세계로교회 원로목사

인생에 이 책을 주신 하나님은 감사받으시기에 합당하시다. 책들은 아득히 먼 곳에 있는 지혜자와 열조들의 얼이 담긴 보물함입니다. 책은 인생의 대해(大海)에 세운 등대! 책이 없고 인생의 지침서가 없는 인생으로 살고 있는 자는 칠흑 같은 밤에 나침판도 없이 항해하는 것과 같습니다.

인생은 만남이다.

내 인생길에 참으로 귀한 만남이 몇 차례 있었는데 약학도의 길을 걸어가는데 지침이 될 책을 구하러 고서점을 찾아갔다가 '동의보감'을 보는 순간 번득이는 영감이 있어 집어 들었으나 책값이 없어 망설였습니다. 그러다 어머니가 팔아서 쓰라고 주신 손 가락지를 평생 처음 전당포에 잡히고 그 돈으로 동의보감을 사서 끌어 않고 돌아와 책상 한가운데 꽂아두고 대학 1학년부터 지금까지 탐독하며 지내왔습니다.

견(見)하지 말고 관(觀)하라.

출애굽의 비밀이란 저자의 글을 탐독하며 시종일관 떠오른 생각은 그에게는 하나님이 부으신 천재성이 흐르고 있다는 생각입니다.

출애굽 사건을 하나님이 성경 전체에서 보여주신 '말씀의 원리', '교회 생활의 원리', '삶의 관습의 틀'을 보았다는 점입니다. 특히 출애굽을 5차에 걸친 사건으로 세분하고, 단계적으로 보아 알파와 오메가로 논증하여 신앙교육의 매뉴얼로 사용하기를 적극적으로 추천하는 바입니다.

생각에 대해 생각해 보자.

생각에도 방식이 있고, 도구가 있고, 유형이 있다면 역사상 수많은 천재들은 우리와 같은 생각을 하지 않았을 것을 봅니다. 각 분야 천재들의 발상과 사고법을 13단계로 나누어 접근함을 보는데 바로 이 저서는 기독신앙 도서 가운데 천재성을 지닌 작품으로 보아 모든 기독 성도들에게 감히 추천합니다.

화가 바울 칼레는 "미술은 보이는 것을 표현하는 것이 아니라 어떤 것을 보이게 하는 것이다. 견(見)하지 말고 관(觀)하는 것이다"라고 했습니다. 그냥 일독하지 말고 몇 번이고 읽고 읽어 감동되는 글 밑에 줄을 치며 읽고 관찰하여 신앙의 성숙으로 나타나기를 기원합니다.

CONTENTS

CONTENTS

광야

교회

구원의 삶

CONTENTS

들어가면서

친가 쪽으로도 삼 대째, 외가 쪽으로도 삼 대째 예수를 믿는 집안에서 태어나 변변한 놀이 시설도 없던 어린 시절에 교회는 나의 놀이터였고 집과 같았다. 교회를 떠나서 다른 어떤 것도 생각하지 못하고 오직 교회의 울타리 안에서 교회밖에 모른 체 성장했다. 어려서부터 열심히 봉사한 것 때문인지 하나님께서 보시고 목사로 부르셨다.

그러나 신학교를 졸업하고 목회 현장에서 아무런 경험도 없이 목회를 하면서 정말 아쉬웠던 것은 교회가 복음과 천국을 선포하면서도 천국의 확신, 증거, 구원의 증거나 확신을 주지 못하고 있는 것이었다. 이것이 나 자신도 두려움이었다.

'열심히 하지만 천국은 갈 수 있는 거야? 누가 보장하지? 그 증거는 무엇이지?' 라고 고민한 니고데모와 같은 생각 때문에 많이 힘들었다. 이 문제가 해결되지 않아 목회를 그만둘까 생각하기도 하고 때론 많은 선교단체, 기도원을 전전하기도 했다.

그러다가 영적경험과 성경연구를 통해 구원, 거듭남의 확신과 증거를 가지게 되었다. 이것이 너무나 큰 기쁨과 감격이어서 한국교회에 나누고자 이 책을 저술하게 되었다.

지금 한국교회는 양극화 현상이 뚜렷하다. 대형교회는 크게 성장 부흥하는데 개척교회, 농어촌교회, 소형교회는 쇠퇴하고 있으며 일 년에 수천 개 교회가 문을 닫고 있는 상황에 있다. 코로나 시대를 지나면서 그 상황은 점점 더 심해지고 있다.

정말 고통스럽고 안타까운 것은 쇠퇴하고 있는 현실 보다 교회의 지도자들이 위기의식을 느끼지 못한 체 안주하고 있고, 이기적이며 욕심적인 모습을 가지고 있는 것이다. 한국교회가 위기라는 말 자체를 싫어하고 마치 믿음 없고 게으른 목회자들의 변명 정도로 생각해서 강하게 비난하는 목회자들도 있다.

한때 조선일보 캠페인 중에 "샛강이 살아야 한강이 산다"라는 슬로건이 있었다. 교회도 마찬가지이다. 작은교회, 개척교회, 농어촌교회가 살아야 한국교회가 산다. 그런데 이런 한국교회의 모판인 작은교회, 개척교회, 농어촌교회가 죽어가고 있다. 그러나 성장하는 중에 있는 교회들이나 도시교회들은 책임의식이나 위기의식이 약해 보인다.

홍정길 목사는 이태형 기자가 쓴 '두려운 영광'에서 한국교회를 이렇게 진단하고 있다. "한국교회의 위기는 강단의 위기라고 할 수 있다. 가벼움이 난무하는 강단, 가벼운 목회자, 영적인 뿌리가 없는 설교자들이 한국교회를 망치고 있다. 청중들은 가벼운 것을 감성적이라고 하면서 좋아하지만 이것은 저주와 같다. 청중들을 웃기고 울리고 가지고 노는 설교는 저주인 것이다"라고까지 강하게 책망한다.

예레미야 5:30-31
「이 땅에 무섭고 놀라운 일이 있도다 선지자들은 거짓을 예언하며 제사장들은 자기
권력으로 다스리며 내 백성은 그것을 좋게 여기니 마지막에는 너희가 어찌하려느냐」

지금 한국교회 강단은 생명력 있는 말씀이 선포되지 못하기 때문에 삶과 인격의 변화가 없다. 때문에 사람들은 교회를 떠나고 안티 크리스천 단체들은 교회를 비난, 비판, 대적한다.

이제 한국교회는 영적인 출애굽의 기적이 일어나야 한다. 성경적인 온전한 출애굽의 역사가 지금도 일어나야 한다. 이것이 없으면 소망이 없다.

하나님께서 명령하신 출애굽에 순종하지 않으면 쇠퇴할 수밖에 없다. 애굽에 머물러 종노릇을 하고 있는 사람들은 누구나 애굽을 떠나 약속의 땅, 가나안으로 올라가야 한다.

출애굽의 비밀은 출애굽의 원리로 출애굽은 애굽을 떠나 가나안 땅에 정착하기까지의 과정이다. 이 과정은 어린아이들이 세상에 태어나 성장하는 과정과 같다. 사람은 짐승과 다르게 성장하는 과정이 있고 성장의 과정마다 반드시 이루어야 할 발달과업이 있다. 영적 출애굽 역시 마찬가지이다. 애굽을 떠나 가나안 땅에 들어가는 과

정은 우연히 시간만 지나면 이루어지는 것이 아니라 반드시 과정, 과정의 성취 과업
이 있다. 이 책은 총 일곱 과정으로 이루어졌다.

1. 애굽 : 애굽의 의미와 애굽의 진단과 과업

2. 출애굽 : 출애굽의 의미와 출애굽의 진단과 과업

3. 홍해 : 홍해의 의미와 홍해의 진단과 과업

4. 광야 : 광야의 의미와 광야의 진단과 과업

5. 요단강 : 요단강의 의미와 요단강의 진단과 과업

6. 신 벗음 : 신 벗음의 의미와 신 벗음의 진단과 과업

7. 가나안 : 가나안의 의미와 가나안의 진단과 과업

그리고 결론으로 각 과업의 원리를 기술했다.

출간의 목적(동기)

　신학교를 졸업하고 목사가 되기 전부터 담임목회를 하면서 가장 고통스러운 것은 부목사의 사역도 경험해 보지 않았기 때문에 너무나 힘들고 어려웠다. 신학교에서 배운 지식으로는 목회 현장에서 별 도움이 되지를 못했다. 목회가 무엇인지 몰랐고 신학교에서도, 선배들에게도 분명하게 배우지 못했다. 맨땅에 헤딩하는 심정으로 최선을 다한 결과 교회는 조금씩 성장해 갔지만 그럴수록 더 아쉬운 것은 '내가 잘하고 있나 하는 마음이고, 왜 목회자들을 위한 매뉴얼 같은 것이 없을까?' 하는 생각이었다.

　7년 동안이나 열심히 신학을 공부하고 목사가 되었으나 수많은 목회자들이 목회의 매뉴얼이 없기 때문에 여기저기 교회를 부흥시키고, 성장시키는 세미나를 열심히 찾아다니지만 그것도 목회의 답은 아니었다. 세미나에 지쳐 교회를 사임한 목회자들도 있다.

신학교에 목회학이 있는데 왜 목회의 매뉴얼을 가르치지 않을까? 교단에는 또 왜 아무런 대안이 없고 매뉴얼을 제공하지 않을까? 이런 고민 속에 성경을 연구하게 되었고 출애굽 사건의 과정을 연구하다가 몇몇 선배 목사들의 책을 통해 출애굽의 원리, 출애굽의 비밀이 목회의 원리, 목회의 비밀, 목회의 매뉴얼이라는 사실을 깨달았다.

이 영적 원리를 여러 곳에서 목회자들에게 강의를 했고 아주 좋은 반응이 있어 출판을 생각하게 되었다. 그러나 실제로 출애굽의 비밀, 목회의 비밀, 목회의 매뉴얼이라는 제목의 책이 세상에 나오기까지는 20여 년 가까운 시간의 갈등과 아픔이 있었다.

이제 이 부족한 저서가 목회과정, 목회상담, 목회 매뉴얼, 목회의 비밀, 교회 성장의 원리로 귀하게 사용되기를 기대해 본다.

출애굽의 틀

신학·신앙의 틀

신앙의뿌리

출애굽 여정(과정)의 중요성

출애굽은 이스라엘 백성들에게 전무후무한 역사적인 대사건이었다. 그러나 지금 이 시대를 살아가는 우리들에게도 아주 중요한 영적 사건이다.

출애굽은 지금도 계속되는 진행형이다

출애굽은 이스라엘 백성들에게 과거의 사건이 아니라 지금도 계속되는 진행형이다. 그래서 유대인들은 유월절, 장막절을 지키며 출애굽 당시를 해마다 절기로 지키고 있다. 지금 이 세대를 살아가는 우리에게도 마찬가지이다. 출애굽은 현재 진행형이다. 다만 우리가 이 진리를 전혀 모른 체 주먹구구식으로 믿어왔을 뿐이다. 그러나 이제는 새로워져야 한다. 그렇지 않으면 소망이 없다. 유대인들에게는 출애굽 사건 보다 더 위대한 것은 없었다. 성경의 저자들은 출애굽 사건을 이렇게 묘사하고 있다.

"이스라엘이 여호와께서 애굽 사람에게 행하신 큰 능력(출 14:31)", "이런 큰 일, 크게 두려운 일(신 4:32-34)" 정말 온 세상이 두려워 떤 엄청난 사건이었다. "이적과 기사, 모든 큰 권능과 위엄(신 34:11-12)", "큰 일(시 71:19)", "기이한 일(시 72:18)", "대사, 큰일(시 126:1-30)" 이처럼 출애굽의 역사는 가장 중요하고 위대한 것이다.

출애굽은 새 역사의 시작이다

출애굽의 역사, 출애굽의 과정은 개인적으로나 교회적으로나 가장 중요하고 위대한 것이다. 출애굽은 새 역사의 시작이며 믿음의 시작, 교회의 시작이며, 복음의 시작, 구원의 시작, 천국의 시작, 성도의 시작, 하나님 나라의 완성이며, 출애굽은 위대한 승리이다. 때문에 우리에게도 온전한 출애굽의 크고 두려운 역사가 없다면 우리는 진정한 그리스도인이라고 할 수가 없다.

여러분의 출애굽 과정은 어떠한가?

진짜 그리스도인이냐 가짜 그리스도인이냐, 진짜 구원받은 자냐 가짜 구원받은 자냐, 그것은 진짜 출애굽의 권능과 기적을 진정으로 경험했느냐 안 했느냐의 문제이다. 성도들 뿐만 아니라 목사, 장로 중에도 출애굽을 하지 못한 사람들이 얼마든지 있을 수 있다. 정말 안타까운 것은 지금 이 시대 교회 안에도 하나님께서 명령하신 온전한 출애굽이 무엇인지를 알지 못하고 경험하지도 못한 자들이 너무나 많다는 것이다. 이런 자들 때문에 교회가 지탄을 받고 사람들이 교회를 떠나며 교회에 나오려는 자들까지도 발 길을 돌리는 것이다.

마태복음 23:13-15

「화 있을진저 외식하는 서기관들과 바리새인들이여 너희는 천국 문을 사람들 앞에서
닫고 너희도 들어가지 않고 들어가려 하는 자도 들어가지 못하게 하는도다 화 있을진저
외식하는 서기관들과 바리새인들이여 너희는 교인 한 사람을 얻기 위하여
바다와 육지를 두루 다니다가 생기면 너희보다 배나 더 지옥 자식이 되게 하는도다」

서기관들과 바리새인들, 가장 율법과 성경을 많이 알고 있는 자들, 종교지도자들
이 출애굽 하지 못했고 출애굽 하고자 하는 자들도 가로 막고 있는 것이다.

출애굽의 유형

기독교의 역사 속에서 출애굽은 다섯 번에 걸쳐 이루어졌다. 출애굽의 사건은 국가적이며 교회적이며 공동체적이면서도 개인적이다.

제1차 출애굽: 첫 번째 출애굽(애굽에서 가나안으로)

제1차 출애굽이 너무나 중요하다. 만일 제1차 출애굽을 바로 해석하지 못하면 성경 전체의 바른 해석이 어렵기 때문이다. 제1차 출애굽이 바르게 인식되어 있어야 구원의 여정에서 체계적이고, 성경적인 믿음의 삶을 살아갈 수 있다. **첫 번째 출애굽, 즉 제1차 출애굽이 너무나 중요한 것은 첫 번째 출애굽, 제1차 출애굽이 모든 신학과 신앙의 뿌리가 되기 때문이다.**

장영일 장신대 총장은 '구약 신학의 역사적 기초'에서 "출애굽 사건을 골격(틀)으로 하여 독특한 구조를 형성하고 있는 이스라엘의 역사를 바라보는 구약성서 해석자들의 견해는 다분히 논리적이고 도식적이라 할 수 있다. 첫 번째 출애굽 사건은 컴퓨터의 하드웨어에 비유된다"라고 말한다. 여기서 골격, 도식을 잘 기억하자.

장영일 총장은 또 "제1차 출애굽은 출애굽 이후에 태어나는 모든 이스라엘 백성들의 정신세계를 지배하게 되는 사상으로서 이스라엘의 정체성을 확립해 주는 뿌리 경험일 뿐만 아니라 동시에 거의 모든 구약신앙, 신학의 모체가 된 사건이기에 우리는 이 사건을 모든 구약신앙, 신학의 다양한 사상들 가운데서 가장 중요한 역사적 기초로 삼으려는 것이다. 마치 약방의 감초처럼, 구약의 모든 성경 저자들은 그들의 신학적 전제로서 이 사건을 직간접으로 언급하고 있으며 구약신학의 거의 모든 사상적 강줄기들은 이 사건을 통과하여 흐른다. 결국 이스라엘 백성은 물론 오늘의 구약학도들까지도 이 사건을 통하여 구약신학의 거의 모든 분야 즉 구속신앙, 신학 등을 배우고 이해할 수 있게 된다. 이 하나의 사건, 아니 이스라엘이 그들의 역사의 시작과 끝에서 반복하여 겪은 이 뿌리 경험을 통하여 수많은 사상과 신학들이 잉태되고 태어났다고 보는 것이다"라고 했다.

요약하면 제1차 출애굽 사건은 이스라엘의 정체성을 확립해 주는 뿌리 경험이며 모든 신앙과 신학의 모체, 골격, 구조, 도식이자 뼈대로써 모든 신앙과 신학의 기초라는 것이다. 팔머 로벗슨(O Palmer Robertson)교수는 「계약신학과 그리스도(김의원 역)」에서 "성경의 뼈대가 되는 것은 계약인가, 세대인가? 계약관계 수립에서 하나님의 주도하심은 구속역사를 형성한다. 그의 주권적 개입은 위대한 성경의 시대들을 이해하는데 주요 뼈대를 제공한다"라고 했다. 성경의 뼈대는 신학의 뼈대이며 신앙의 뼈대이며 구속사의 뼈대이다. 이 뼈대를 출애굽 과정의 원리로 본다.

그리고 이 사건은 기독교 역사에서 시대마다 반복해서 경험된다. 팔머 로벗슨 교수는 "아브라함, 모세, 다윗의 계약들은 각각 독립적인 개체로 나타나지 않는다. 오히려 각 잇따른 계약은 먼저 세워진 계약 관계에 기초를 두고 그 기본 중심을 이어받고 있다. 이런 통일성은 특히 이스라엘의 역사 경험과 성경이 강조하는 연대기에 잘 나타난다"라고 했다.

팔머 교수의 주장대로 제1차 출애굽에서 제5차 출애굽까지 각각의 독립적인 출애굽이 아니라 가장 먼저 이루어진 첫 번째 출애굽에 잇따른 통일성을 가지고 있다. 이처럼 첫 번째 출애굽 사건은 구약시대나 신약시대나 지금 우리의 시대에서 가장 중요한 사건이다. 그럼에도 불구하고 한국교회가 이 사실에 근거하지 않고 맹목적으로 신앙생활을 하게 하는 것은 큰 문제가 아닐 수 없다. 무엇보다 먼저 출애굽의 비밀을 가르쳐야 하고 단계, 단계, 과정, 과정의 성장 과업이 분명하게 성취되었는지 확인해서 이루어지게 해야 한다. 그때에야 비로소 성도들은 결코 이단이나 이교들에게 유혹되지 않고 세상의 유혹과 고난 핍박에도 승리할 수 있다. 성도들을 그리스도의 정병(elite soldiers)으로 양육하자.

제2차 출애굽: 출바벨론(바벨론에서 예루살렘으로)

배경은 에스라 1장이다. 이스라엘 백성들이 하나님께 범죄함으로 바벨론의 침략을 받아 예루살렘 성전은 파괴되고 왕과 백성들은 바벨론으로 끌려가 70년 동안 생활하게 되었다. 그리고 때가 되어 하나님께서 바벨론 왕 고레스의 마음을 감동시키셔서 예루살렘 성전을 재건하도록 귀환시킨 사건이다. 제1차 출애굽과 거의 유사한 형태로 이루어져서 이것을 제2차 출애굽이라 한다. 제1차 출애굽이 하드웨어이면 제2차 출애굽은 소프트웨어이다. 매우 중요한 것은 제2차 출애굽인 출바벨론 사건의 실상에 있어서 지나칠 수 없는 중요한 관점은 제1차 출애굽과 제2차 출애굽인 출바벨론 사건 사이에는 그 내용과 의미에 있어서 **유형론적 연속성이 존재한다**는 것이다. 이 사실을 절대로 잊지 말고 잘 기억하자. 하나님은 유대인들에게 출애굽 사건을 마치 개인적 경험처럼 지속적으로 상기시키신다(수 5장, 왕하 23:21-23, 스 6:19, 행 7장). 그리고 시편에서 80번 인용했다. 이러한 출애굽 사건의 연속성은 유대인들의 대학살, 핍박을 이기는 원동력이 되었다.

제3차 출애굽: 신약의 출애굽(세상에서 십자가로)

배경은 신약 시대이다. 이는 세상에서 십자가로, 율법에서 복음으로 출애굽 하는 사건이다. 장영일 총장은 "예수 그리스도의 십자가 사건은 하나님의 아들, 예수께서 속죄양으로 세상에 내려오셔서 아담 이후의 모든 인간의 죄를 대신하여 피 흘리고 죽으시고 부활하심으로써 그를 믿는 자 곧 그 마음의 문설주에 예수의 피를 바른 자는 누구든지 애굽의 바로보다도 몇 천 배나 더 참혹한 죄, 사탄, 죽음의 억압에서 자유와 구원과 영생을 얻는 길을 열어놓으셨다는 점에서 인류 역사상 전무후무한 가장 크고 중요한 출애굽 사건이라 할 수 있으며 그런 의미에서 갈보리 십자가 사건은 출애굽 사건의 계승이요 완전한 성취라 할 수 있는 것이다"라고 했다. **제3차 출애굽은 출애굽 사건의 완성이며 성취이다.** 예수님께서 친히 증거하셨다.

요한복음 3:14-15

「모세가 광야에서 뱀을 든 것 같이 인자도 들려야 하리니

이는 그를 믿는 자마다 영생을 얻게 하려 하심이니라」

요한복음 12:32

「내가 땅에서 들리면 모든 사람을 내게로 이끌겠노라 하시니」

이것이 출애굽의 완성이다. 예수님께서 십자가에 달리셔서 세상의 죄와 죽음, 사탄의 포로 된 자들을 불러내시는 것 이것이 출애굽의 완성이다.

신약학자 김세윤 박사는 그의 저서 '복음이란 무엇인가'에서 "우리는 예수가 자신의 죽음을 이스라엘의 출애굽 사건과 성전에서의 속죄 제사의 모형들을 종말론적으로 성취하는 구원의 사건이라고 해석한다든지 예언들을 성취하는 종말의 구원자라고 했다는 것을 확인했다"고 했다.

제임스 파커(James.I Packer)도 그의 저서 '하나님의 인도'에서 "신약성경은 처음부터 하나님의 목적인 예수 그리스도의 죽음과 부활을 통해 죄와 죽음으로부터 완전한 해방을 이루는 것을 천명하고 구약 성경은 출애굽 역사인 애굽에서 해방이 되어 가나안에 정착하는 과정(여정)을 통해 그리스도가 이루실 완전한 구원을 예표(계시)한다"고 했다.

제3차 출애굽은 십자가 사건이며 제1차 출애굽의 완성이다. 때문에 제1차 출애굽

의 의미를 바로 알지 못하면 제3차 출애굽도 바로 알지 못한다. 제 1, 2, 3차 출애굽의 의미가 바로 해석되고 전파되지 못했기 때문에 "예수 믿으면 복 받는다, 예수 믿으면 잘 된다"라는 싸구려 복음으로 전락해 버렸다.

제4차 출애굽: 시오니즘(열방에서 시온으로)

배경은 1948년 5월 14일 이스라엘이 독립을 선언한 날이다. 유대민족국가를 건설하는 것을 목표로 하는 유대 민족주의 운동인 시오니즘은 1948년 이후 140여 국가에서 유대인들이 이스라엘로 귀환, 정착하기 시작하였고 지금도 계속되고 있다. 이것은 단순한 외적인 출애굽, 국가적 출애굽이다. 예수 믿는 유대인 목사 스티브 라이틀은 "유대인의 입장에서 보면 제2의 출애굽이라 부른다"고 했다.

우리가 제4차 출애굽을 관심 있게 보아야 하는 것은 제4차 출애굽은 예수 그리스도의 재림과 관계되어 있기 때문이다. 종말의 증거 가운데 하나는 전 세계 유대인들이 때가 되면 더 많이 이스라엘로 귀환하게 되고 유대인들의 세력이 매우 커지면 제3의 성전이 건축되는 것이다. 제1차 성전은 솔로몬에 의해 B.C 960년에 건축되었고, 제2차 성전은 스룹바벨에 의해 B.C 520년에 이루어졌다. 제3의 성전이 건축되면 수많은 유대인들이 그 성전에서 메시야를 인정하며 대속죄적, 큰 회개의 날이 될 것이라고 보는 학자들이 있다. 이 사건이 있고 난 후에 바로 종말의 장막절이 된다.

'Israel. today No3. 2006. Dec. P17'에 따르면 "이 성전의 건축은 유대인들이 세계 각지에서부터 이스라엘로 돌아오는 전대미문의 대규모 귀환이 발생하고 난 후에 이루어지게 된다", "모슬렘들이 성전단을 장악한 채 3차 성전의 건축을 저지하고 있는 현실은 온 열방이 이스라엘을 치러 올라오게 될 종말의 전쟁으로 이어지게 될 것이다(슥 12:1-8). 그러나 그날에 하나님께서 개입하심으로 결국 참 메시야가 성전 안으로 들어오는 역사가 이루어질 것이다"라고 했다. 그래서 4차 출애굽도 현재 진행형이다.

제5차 출애굽: (불신앙에서 믿음으로)

제5차 출애굽은 바로 이 시대 성도들인 우리들의 출애굽이다. 이미 앞에서 설명한 대로 제1차 출애굽은 모든 신앙과 신학의 뿌리이다. 모든 신앙과 신학의 모체, 뼈대이다. 그 출애굽은 각각의 다른 출애굽이 아닌 제1차 출애굽이 계승되고 발전되는 연속적인 것이다. 이 시대를 살아가는 우리도 반드시 출애굽의 여정에 순종해야 한다.

다시 장영일 교수의 말을 인용하면 "구약성경의 출애굽인 자유, 해방 정신은 신약성경에서 그대로 계승되어 예수 그리스도의 십자가 사건에서 가장 완벽하게 만발하게 되며 이 자유사상을 청교도가 이어받아 지상에서 가장 자유가 존중되는 미국을 건설하게 되는 것을 본다. 그만큼 구약의 출애굽은 이스라엘과 유대인의 역사는 물론 예수 그리스도 이후의 인류의 역사까지 일파만파의 영향을 미치고 그 역사를 이끄는 견인차가 되었다는 점에서 위대하고 놀라운 사건이 아닐 수 없다"고 했다.

'Israel Today N20. 108 June P14'에도 "우리는 이스라엘 백성들이 경험했던 출애굽과 유사한 여정을 가고 있지만 아직 약속의 땅에 도착한 것은 아니다. 이들 백성들이 이집트를 떠나는데 3일이 걸렸지만 이집트의 성향에서 자유로워지는데 40년이 걸렸다. 영생을 위한 신약의 출애굽은 집이나 교회에서 편안하게 이룰 수 있는 여정이 아니다. 그것은 우리 자신의 이기심을 영원히 버리고 성령이 우리 삶과 교회를 완전하게 인도하시게 하는 마음가짐이다. 이렇게 함으로서 우리는 광야를 건너 약속의 땅으로 들어갈 수 있는 것이다"라고 했다.

I.V.P 성경 배경 주석 마 3:1-12를 보면 세례요한은 새로운 출애굽 사건을 선포한 전령이라고 했다.

이제 스스로에게 냉정하게 물어야 한다.

나는 온전한 출애굽을 경험했는가? 진정으로 출애굽을 경험했는가?
제1차, 2차 출애굽 한 백성들처럼 참 자유와 해방과 평안이 있는가?
십자가를 통한 승리가 있는가?
지금도 출애굽의 여정을 따라 순종하며 걸어가고 있는가?

이 경험이 없다면 진실하고 온전한 그리스도인이라 할 수 없다.

출애굽의 의의

제1차 출애굽은 신앙과 신학의 뿌리이며 기초, 틀, 뼈대, 모체이다. 때문에 출애굽의 진정한 의미, 예언적 의미를 바로 아는 것이 중요하다. 출애굽은 신앙의 뿌리, 기초이기 때문에 예수님의 설교와 모든 제자들의 설교의 핵심이며 중심 주제였다. 사도행전 7장 스데반의 설교와 행 13:15-19 바울의 설교, 고린도전서, 히브리서 등등.

요 1:14은 출애굽의 배경을 기초로 시작한다. '우리 가운데', '거하시매', 여기 거하시매 스케노오(σκηνόω)는 천막을 의미한다. 따라서 '말씀이 육신이 되어 우리 가운데 거하시매'라는 표현은 예수께서 우리 가운데 천막을 치시는 것이다. 요한은 이처럼 요한복음의 기초 배경을 출애굽 과정에서 광야의 회막의 영광을 보여 주며, 출애굽, 시내산, 홍해, 회막에 있었던 동일한 영광을 나타내고 있다.

출애굽 여정이 지금 우리에게 주는 의의가 무엇이며 우리가 출애굽 여정을 바로 알고 순종해야 하는 이유는 무엇인가? 신약성경에서 수없이 많이 인용된 출애굽의 사건 과정은 그것이 지금 이 시대를 살아가는 성도들에게 본보기로 주셨음을 말씀하고자 함이다.

고린도전서 10:6

「이러한 일은 우리의 본보기가 되어 우리로 하여금
그들이 악을 즐겨 한 것 같이 즐겨 하는 자가 되지 않게 하려 함이니」

고린도전서 10:11

「그들에게 일어난 이런 일은 본보기가 되고 또한 말세를 만난
우리를 깨우치기 위하여 기록되었느니라」

이 말씀 역시 출애굽 과정인 광야의 삶을 비유로 선포한다. 말세를 살아가는 성도들이 출애굽을 본보기로 삼아 깨우쳐야 하고 깨달아야 함을 강조하는 것이다. 출애굽을 이해하지 못하면 영적 세계, 믿음의 세계를 결코 깨닫지 못한다. 이것이 한국교회의 현실이다. 그래서 한국교회는 소망이 없고 체질이 약하다. 여기 본보기란 '도장, 형태, 양식, 유형, 사례, 유사, 모델, 틀'을 의미한다. 이 본보기를 구약 성경에서는 규례, 율례, 법도라는 말로 사용했다. 규례, 법도, 율례란 반드시 지켜 순종해야 할 법칙, 관습, 방법이다. 그러므로 반드시 알고 순종해야 한다.

출애굽의 사건이 법도, 법칙, 방법 규례란 말은 우리의 신앙의 틀, 공식을 의미한다. 이 틀은 '법도이자 공식, 습관, Paragidm(현대어 성경)'이다. 이 공식을 다른 표현으로 하면 원리, 이치이며 성경의 법도이다.

성경의 법대로 하지 않은 것은 무효, 실격, 탈락이다.

디모데후서 2:5
「경기하는 자가 법대로 경기하지 아니하면 승리자의 관을 얻지 못할 것이며」

법대로란 율법이 아닌 '경기규칙', 우리에게는 성경적 믿음의 규칙을 말한다. 법대로란 일정하게 규정된 관습, 원리를 의미한다. 신구약 성경 전체에서 보여주신 믿음의 원리, 교회생활의 원리, 삶의 관습, 틀이다. 그것이 바로 출애굽의 틀이다. 하나님께서 주신 유일한 틀이며 영원한 틀이다. 그러므로 반드시 이 틀에 맞게 틀의 규칙, 원리대로 믿고 그대로 살아가야 한다. 우리의 생각, 우리의 마음, 기분대로 믿고 살아가는 것이 아니다. 이 믿음의 규칙, 원리대로 살아야 한다. 성경 속에서 출애굽 사건이 계속적, 연속적으로 선포된 것은 그것이 신앙과 신학의 틀이며 방식이기 때문이다. 하나님께서 우리에게 주신 유일한 틀이며 방식이다. 다른 신앙의 길이나 다른 믿음의 방법이 있을 수 없다. 그럼에도 불구하고 한국교회가 사람이 만든 틀을 가지고 신앙생활을 하는 것이 문제이다. 그것 때문에 변화는 없고 이기적, 타협적으로 되어 진리가 혼탁하게 되어가고 있다. 출애굽의 비밀과 원리를 알고 그 과정을 성취해가는 것은 종교개혁, 신앙개혁과 같은 결단이 필요해 보인다.

출애굽은 신앙과 신학의 틀이며 방식일 뿐만 아니라 출애굽은 구원의 틀이며 삶의 틀이며, 천국의 틀, 승리의 틀, 축복의 틀이다. 이제라도 교회가 피눈물 나게 회개하고 지금이라도 신앙의 틀, 법도를 가지고 성도들을 바르게 가르쳐야 한다. 이것이 아니면 한국교회는 소망이 없다. 히스기야가 놋뱀을 느후스단이라고 외치며 깨뜨려버린 것처럼(왕하 18:4) 지금 우리의 잘못되고 미신적인 신앙의 틀을 과감하게 때려 부수고 성경적 틀을 가져야 하는 것이다. 지금의 한국교회를 보면 맹목적으로 교회를 다니고 기복신앙, 출세, 성공만 쫓다가 신앙의 틀대로 살지 못하는 경우가 대부분이다. 중세시대 암흑기와 같다. 이제 처절하게 회개해야 한다. 하나님의 틀에 순종하는 삶이 아닌 자신의 방법으로 자기 마음대로 살아온 삶을 회개해야 하고 깨뜨려야 한다.

출애굽의 틀, 방식에 순종해서 살라는 것은 예측할 수 없는 불확실한 미래를 살아가면서 하나님의 방식대로 살아가는 것이다. 광야의 이스라엘 백성들은 하나님의 방식이 아닌 자신들의 방식으로 살고 싶어서 원망, 불평, 대적, 낙심, 좌절했다가 심판과 재앙을 받았다.

하나님의 틀, 방식대로 사는 것은 하나님의 목적, 하나님의 방향, 하나님의 시간에 맞추어 사는 것이며 하나님과 똑같은 속도로 따라가는 것이다. 그리고 그 과정, 과정을 잘 믿음으로 통과하는 것이다.

맹목적인 신앙생활, 주먹구구식 신앙생활, 이기적이고 자기중심적인 기복신앙적 신앙생활, 인본주의적, 성공, 출세, 명예의 도구로만 생각하는 생활을 버려야 한다. 그리고 하나님께서 주신 귀한 믿음의 틀을 따라 살아가야 한다. 하나님의 목적, 하나님의 방향, 하나님의 여정에 맞추고 하나님의 시간에 하나님과 똑같은 속도로 순종하며 살아가야 한다.

이것이 하나님을 하나님답게 인정해 드리는 것이며 이 믿음의 틀에 순종하며 사는 것이 승리이며 영광이며 큰 복이다. 다른 길, 다른 방법은 없다.

출애굽의 틀: 여정

출애굽의 여정은 출애굽의 틀이다. 출애굽의 틀은 믿음의 틀, 구원의 틀, 복음의 틀, 천국의 틀이다.

롬 8:29-30 역시 출애굽을 기초로 해서 말씀하신 것으로 '출애굽의 틀'과 너무나 동일하다. '정하심(선택) → 소명(부르심) → 칭의(의롭다) → 성화 → 영화'의 단계, 과정이다.

에베소서 4:13
「우리가 다 하나님의 아들을 믿는 것과 아는 일에 하나가 되어
온전한 사람을 이루어 그리스도의 장성한 분량이 충만한 데까지 이르리니」

출애굽을 경험한 사람들은 과정, 과정에 있는 과업을 잘 성취해서 그리스도의 장성

한 분량까지 성장해 가야 한다.

그러나 사람들은 믿음에 대해서 오해를 참 많이 한다. 특히 믿음이 아주 좋다는 것에 오해를 많이 한다. 가장 큰 오해는 믿음은 만능 버튼, 전능의 스위치, 도깨비 방망이로 생각하는 것이다. "믿습니다" 세 번만 하면 모든 것이 다 해결되어야 한다고 생각한다. 또한 신유, 방언, 예언, 계시, 이런 특별한 은사를 가진 자들이 가장 믿음이 좋은 자라고 생각한다.

그러나 마 7:22-23에서 주님은 선지자의 이름으로 이런 엄청난 이적을 행한 자들에게 불법을 행한 자들이라고 책망하신다. 믿음이 좋은 자들이라고 칭찬하시지 않는다. 오히려 믿음이 좋은 자들은 마 7:24-25의 말씀대로 말씀에 순종하는 사람들이다.

마태복음 7:24-25

「그러므로 누구든지 나의 이 말을 듣고 행하는 자는

그 집을 반석 위에 지은 지혜로운 사람 같으리니

비가 내리고 창수가 나고 바람이 불어 그 집에 부딪치되

무너지지 아니하나니 이는 주추를 반석 위에 놓은 까닭이요」

요한계시록 3:8

「볼지어다 내가 네 앞에 열린 문을 두었으되 능히 닫을 사람이 없으리라

내가 네 행위를 아노니 네가 작은 능력을 가지고서도 내 말을 지키며

내 이름을 배반하지 아니하였도다」

정말 위대한 믿음이란 작은 능력을 가지고 주님의 말씀을 지키고 주님의 이름을 배반하지 않는 것이다. 곧 가장 크고 귀하고 위대한 믿음이란 매일의 삶 속에서 주님의 주권에 복종하는 것, 범사에 주님을 인정하는 것, 구원의 틀에 따라 사는 것, 전인격으로 주님을 사랑하는 것, 전적으로 의탁하는 것이다.

출애굽 과정에 따른 과업

이제 성경 전체에서 하나님께서 주신 성장의 틀과 과업이 무엇인지 설명하고자 한다.

출애굽의 틀과 과업은 성장의 틀과 과업이자 구원의 틀과 과업이다. 지금까지 여러 번 서술한 것처럼 출애굽의 각 단계마다 성장의 과정마다 반드시 성취하고 이루어야 할 과업이 있다. 이 과업을 완성하지 못하면 성숙할 수가 없다.

아이들이 세상에 태어나 성장하는 과정마다의 과업이 있고 지식적으로도 과업이 있다. 유치원 교육을 마치면 초등교육으로, 초등교육을 완수하면 중등교육을, 중등교육이 완성되면 고등교육으로 이어지는 것이 성장의 법칙이다.

따라서 영적인 것도 마찬가지이다. 믿음, 복음, 천국, 구원의 틀(공식)과 과업이 있다. 이제 더 이상 신앙생활을 주먹구구식, 맹목적, 맹신적, 미신적으로 하지 말고 정말 성경의 틀, 하나님께서 주신 틀을 바로 알고 성경대로 멋지게 제대로 하나님께서 크게 기뻐하시게 믿어야 한다.

지금까지 우리가 잘못 가지고 있었던 믿음의 틀을 벗어 버리자. 그리고 하나님께서 주신 믿음의 틀을 가지자. 하나님께서 주신 믿음의 틀은 전혀 새로운 것이 아니다. 제1차 출애굽을 통해 우리에게 주신 것이고 성경 전체에서 증거하고 있다. 다만 우리가 깨닫지 못했을 뿐이다.

지금까지의 주먹구구식 틀을 벗고 성경의 틀을 가지고 그 틀에 순종하자. 출애굽의 비밀을 연구하며 선포하는 과정에 있을 때 이 정신을 가진 선구자의 책을 접하고 정말 큰 충격과 감동을 받았다. 대구 서부교회를 시무하는 남태섭 목사가 "잘못된 신앙의 틀을 부숴라, 올바른 신앙의 틀을 확립하라"는 책을 저술했다 잘못된 신앙의 틀이란 문구 자체만 가지고도 엄청난 감동이고 충격이었다.

출애굽 여정의 의미

과정별, 단계별 적용

전인적 성장, 상담

출애굽 여정, 단계별 과정을 통해 구원에서 성화, 영화에 이르는 전 과정은 하나님께서 계획하신 성경의 핵심적 틀이다. 모든 성경의 인물이나 사건들은 이 프레임을 따른다. 이를 목회의 매뉴얼로 삼는다. 출애굽의 틀을 근거로 구원에서 영화까지를 단계별로 점검하고 상담하면 성도들이 지금 어느 곳에 머물고 있는지를 알게 되고 목회자는 맨투맨으로 지도하거나 상담해서 건강한 성도, 능력 있는 일꾼으로 세울 수 있다. 이 출애굽의 틀을 목회의 매뉴얼로 사용하는 방법, 원리를 연구하고 적용하자.

※ 제1단계: 출애굽 여정의 도표 이해하기 [부록 참조]

부록 도표 1번을 이해하고 성도들에게 정확하게 강의하고 가르쳐야 한다. 한 번쯤은 세미나나 저자를 통해 강의를 들을 필요가 있다.

애굽

상징 : 세상

의미 : 자연인 상태로 죄의 종, 마귀의 종, 썩어질 것의 종, 사망의 종이 된 상태

복음 : 구원의 필요성

참조 : 애굽의 진단과 과업

출애굽

상징 : 애굽의 탈출

의미 : 죄인임을 인식, 말씀의 약속 믿음, 회심, 세상을 떠나 주님께로 나옴

복음 : 구원의 길

참조 : 출애굽 진단과 과업

홍해

상징 : 갈라진 홍해 사이를 마른 땅처럼 건넘

의미 : 물 세례

복음 : 구원의 확신과 외적 증거

참조 : 홍해의 진단과 과업

광야

상징 : 광야의 회막, 하나님의 인도

의미 : 광야 교회를 상징

복음 : 구원의 공동체(영적 가족, 교회)

참조 : 광야의 진단과 과업

요단강

상징 : 영적 경험

의미 : 성령의 세례, 충만, 능력, 기름 부으심

복음 : 구원의 능력

참조 : 요단강의 진단과 과업

신 벗음

상징 : 정복 준비

의미 : 겸손, 사명 회복, 정체성 확립

복음 : 구원의 성품, 인격

참조 : 신벗음 진단 과업

가나안

상징 : 일곱 족속 일곱 귀신들 존재

의미 : 가나안 교회, 영적 전투, 대적의 대
       상 앎

복음 : 구원의 확장, 영적 승리

참조 : 가나안의 진단과 과업

※ 제2단계: 도표에 자신의 지금까지의 여정 대입

나는 지금 어디에 있는가? 애굽에서 나와서 어느 정도 여정을 지나 왔는가?
자신을 도표에 대입해 보라. 대입하고 냉정하고 냉철하게 판단하라.
어디까지 와 있는가?

※ 제3단계: 자신을 대입해서 진단하고 자신의 영적 상태를 분석하라.

※ 제4단계: 그룹별로 모여 진솔하게 자신의 대입 결과를 나누어라.

※ 제5단계: 전인 성장을 위한 것이라면 성경을 배우고 제자 훈련을 받으라.

※ 제6단계: 영적 심적 아픔, 상처가 있다면 집단 상담이나 개인 상담을 진행하라.

영적인 것은 목사가 심적인 것은 목사 또는 전문 상담사에게 맡기는 것도 좋다.

애굽
세상
자연인

구원의 필연성

애굽은 무엇이며 애굽의 상태와 과업은 무엇인가?

출애굽의 비밀과 원리를 공부하면서 출애굽 과정에 대한 오해를 반드시 바로잡아야 한다. 그 오해 가운데 첫 번째 과정이 애굽이다. 성도들이 기도하는 것을 들어보면 '우리가 광야 같은 세상에 살아가면서'하는 기도를 많이 듣게 된다.

출애굽 과정의 광야는 세상을 의미하는 것인가? 결코 아니다. 광야의 의미는 광야에서 자세히 다루겠지만 일단 세상을 상징하는 것은 광야가 아니라 애굽이다.

성도가 애굽에 대한 삶과 상징을 바로 알아야 승리가 있다. 애굽의 삶은 지금 우리가 살아가고 있는 이 세상이나 이 세상의 영적 상태가 어떤 곳인지를 보여주기 때문이다.

애굽의 삶과 상징

(출 1:10-14)

애굽은 어떤 곳이며 그곳에서의 삶은 무엇이며 애굽의 상징, 비유는 무엇인가?

애굽은 종, 노예의 삶이다

이스라엘 백성들은 약 430년 동안 애굽의 고센 땅에서 농사를 지으며 생활했다. 그러나 이스라엘 백성들의 수가 급격히 많아지게 되고 애굽의 왕, 바로가 바뀌면서 위협을 느끼게 되었다. 이로 인하여 애굽의 왕이 이스라엘 백성들을 약화시키고 결국 그들을 멸망시키려고 그들을 노예, 종으로 삼았다.

출애굽기 1:11

「감독들을 그들 위에 세우고 그들에게 무거운 짐을 지워 괴롭게 하여
그들에게 바로를 위하여 국고성 비돔과 라암셋을 건축하게 하니라」

11절 "무거운 짐을 지워 괴롭게 하여"에서 무거운 짐이란 사람들이 감당하기 어려운 지독한 노동으로 괴롭게 하고, 압박하는 것이며 강탈하는 것이다. 자유, 여가, 가정생활, 이 모든 것을 착취당하여 짐승 같은 삶을 살았다.

바로는 왜 이렇게 이스라엘 백성들을 억압하며 죽도록 노동을 시켰을까? 극한 노동으로 출산을 막고 수가 많아지는 것을 막기 위함이었다. 그러나 이스라엘 백성들은 학대를 받을수록 더 번성하여 퍼져나갔고 바로는 그럴수록 더욱 엄하게 괴롭혔다. '엄하게'는 '짓이기다', '가루로 만들다'라는 의미로 마치 짐승처럼 일하게 한 것이다. 짐승들이 채찍에 맞으며 괴성을 지르며 고통스러워하는 것과 같은 노예, 종 된 상태로 살게 되었다. 때문에 이스라엘 백성들은 이렇게 잔인하고 잔혹한 핍박을 받으면서 하나님께 절규한다. 구원받지 못한 지금의 사람들도 마찬가지이다. 삶이 비참하고 힘들고 비극적이게 살며 이 세상을 지옥같이 느끼며 사는 자들도 많다.

애굽은 우상 숭배의 장소이다

이스라엘 백성들이 애굽에서 우상숭배를 하는 것은 라암셋에서 시작된다. 라암셋과 비돔은 애굽의 삶과 의식을 가장 잘 보여주는 장소이다. 라암셋과 비돔은 이스라엘 백성들이 살고 있는 애굽의 고센 땅 중앙에 있다. 이곳에 애굽의 바로, 람세스 2세가 자신의 동상, 신당을 세우고 신전을 건축하게 했다. 유일신 여호와 하나님을 믿으며 아브라함의 후손으로 선민사상이 뚜렷한 이스라엘 백성들이 애굽의 우상의 신전을 건축하는 것은 엄청난 영적, 심적, 갈등이며 아픔이었다. 그러나 그 종노릇을 그치려면 목숨을 내어놓는 것 밖에 없다. 라암셋과 비돔은 우상숭배의 중심이다. 애굽은 모든 것을 우상으로 섬겼지만 특별히 힘 있는 신으로 여겨진 우상들이 있다.

※ 태양신

애굽의 최고의 신은 태양신이다. 태양신의 이름을 하애굽(Lower Egypt)에서는 '라, 레(Ra, Re)'로, 아마르나(Amarna) 지역에서는 '아톤(Aton)'으로, 상애굽(Upper Egypt)에서는 '아몬, 아문(Amon, Amun)'으로 불렀다.

고센이란 태양의 도시를 의미한다. 라암셋은 이스라엘 백성들의 언어인 히브리어이다. 라암셋의 애굽어는 '람세스의 재단'이란 의미이다. 비돔은 애굽어로 '피-아툼'이다. 피-아툼은 '아툼의 집' '아툼의 신전'을 의미한다.

이 두 도시의 그 성의 이름은 애굽의 대표적인 우상인 태양신의 이름을 따서 세워졌다. 애굽, 애굽의 삶, 애굽의 신을 이해하려면 이처럼 태양신을 이해해야 한다.

왜 그들은 태양을 최고의 신으로 숭배했을까? 태양신은 애니미즘에 근거하며 이는 물신숭배이다. 태양신은 무한대의 생식력을 가진 풍요의 신, 축복의 신이다. 태양이 없이는 농사를 지을 수 없고 곡식을 거둘 수도 없다. 또한 애굽의 모든 신들의 의미가 다 그렇지만 특히나 태양신은 죽음과 부활의 신이다. 그래서 애굽의 모든 것은 태양의 빛을 상징해서 만들었다. 세상의 모든 종교는 내세, 부활을 위해 만들어졌다. 그들은 다 자신들의 종교를 가져야 내세가 있다고 믿었다.

※ 바로

애굽은 바로를 신격화하여 태양신 다음으로 능력 있는 신으로 섬기게 했다. 바로는 태양신의 아들로 추앙되어 애굽을 통치하고 바로는 결코 영원히 사라지지 않고 죽지만 다시 부활한다고 믿었다. 그래서 바로의 부활을 준비시킨다. 바로의 시체를 영구 보존하기 위해 미라로 만들고 태양의 빛을 본떠서 거대한 피라미드를 세우고 거기에 안치했다. 오벨리스크 또한 태양을 상징함과 동시에 바로의 무한한 생식력을 상징하여 기억하기 위해 세운 것이다.

※ 나일강

애굽 사람들에게 있어서 나일강은 성경의 에덴동산과 비견되는 아주 중요한 신의 선물로 여겼다. 나일강의 하구인 델타 지역은 어떤 가뭄에도 절대로 마르지 않는 무한대의 젖줄이다. 땅은 매우 기름지고 곡식은 열매가 매우 풍성해서 주위 국가들의 동경의 대상이었다. 창세기에 보면 아브라함이나 이삭을 비롯한 많은 지도자들이나 백성들이 가나안 땅에 가뭄이나 기근이 들면 애굽으로 내려갔다. 나일강은 모든 것이 풍요롭고 만족해서 풍요한 생명의 신으로 신성시되었다. 애굽을 탈출한 이스라엘 백성들은 광야의 길을 걸어가면서 이 애굽의 풍요한 삶을 그리워했다. 애굽의 고기 외, 수박, 부추, 파, 마늘 등을 그리워하며 원망, 불평했다. 애굽의 풍요는 사람들을 향락과 쾌락에 빠지게 했다.

※ 뱀, 코브라

애굽의 신은 뱀, 용, 코브라도 중요하게 여겼다. 중동 아프리카 지역의 지도를 놓고 보면 나일강은 아프리카 적도 지대에서 발원하여 지중해까지 6,650km를 흐르는 세계에서 가장 크고 긴 강이다. 이 나일강이 지중해로 흘러 들어가는 하구가 마치 뱀의 머리, 코브라의 머리처럼 보여서 뱀을 신성시했다. 뿐만 아니라 고대 중동에서는 뱀, 코브라를 치유의 신으로 여기기도 했다.

※ 그 밖의 우상들

애굽은 살아 숨 쉬는 모든 것을 신으로 섬겼다. 태양, 바로, 나일강, 뱀뿐만 아니라 세트(seth)신을 상징하는 악어, 수호신 호루스를 상징하는 매, 황소 신 아피스, 여신을 상징하는 암소 하토르, 헤카신을 상징하는 개구리, 왜젯 여신을 상징하는 코브라, 무트 신을 상징하는 독수리, 토트 신을 상징하는 원숭이, 풍요의 능력을 상징하는 신 풍뎅이 이 모든 것이 우상으로 여겨졌다. 때문에 하나님께서 애굽에 재앙을 내리실 때 애굽의 사람들뿐만 아니라 애굽의 신들에게 재앙을 내리셨다.

출애굽기 12:12

「내가 그 밤에 애굽 땅에 두루 다니며 사람이나 짐승을 막론하고 애굽 땅에 있는 모든
처음 난 것을 다 치고 애굽의 모든 신을 내가 심판하리라 나는 여호와라」

애굽의 실제

이스라엘 백성들이 머물던 애굽이 지금 우리에게 주는 실제는 무엇인가? 애굽은 세상을 상징하는 것인데 우리가 사는 세상은 어떤 곳인가? 지금의 사람들이 이스라엘 백성들이 애굽에서 살던 것처럼 사는 것은 무엇인가? 우리가 반드시 떠나고 버려야 할 애굽의 실제적 모습은 무엇인가?

애굽의 상태에 사는 것은 자연인으로 있는 것이다

자연인으로 있다는 것은 세상에 태어나서 예수 그리스도를 구체적으로 영접하지 못했고 인격적으로 만난 경험이 없이 육신적으로 세상에 태어난 그 상태로 육체의 것만 따르고 세상의 것만 추구하며 살아가는 것이다. 구원받지 못하고 거듭나지 못한 상태이다. 이런 사람들은 복음을 전혀 이해하지 못한다.

세상에서 영적, 정신적으로 종, 노예의 삶을 사는 것이다

이스라엘 백성들이 애굽에서 지독하게 짓밟히고, 채찍에 맞고, 짓눌리는 종, 노예의 삶을 살았던 것처럼 이 세대의 많은 사람들은 무엇인가의 종, 노예가 된 삶을 살아가면서 고통을 겪고 있다. 교회 안에 있으면서도 주인의식, 헌신의식이 없이 노예근성, 거지근성을 가지고 살고 있는 자들이다. 종, 노예의식을 가지고 그 길을 가는 것은 공짜심리, 거지근성을 가지고 살아가는 것이다. 노예의식, 노예근성이란 무엇인가? 프리드리히 니체가 말하는 노예의식이란 "어떻게 하면 노력 없이 좀 더 편안히 살까를 고민하며 종말로 가는 소심한 인간의 사고와 행동"이라고 정의한다.

미국 리노이존스는 "노예가 노예로 사는 삶에 너무 익숙해지면 놀랍게도 자신의 다리를 묶고 있는 쇠사슬을 서로 자랑하기 시작한다. 어느 쪽 쇠사슬이 더 빛나는지 어느 쪽 쇠사슬이 더 무거운지"라고 했다.

노예의식을 가진 사람들의 가장 근본적인 문제는 무엇인가?

첫째, 마음의 불안이다.

이런 자들은 스스로 자신의 운명을 최악의 상태로 던져 버린다. 노예의식을 가진 사람은 세상의 모든 것을 다 가져도 불안하다. 죽음이 있기 때문이다. 이들은 불안감을 떨치기 위해 최선을 다하지만 마음의 평안이 없다. 노예의식을 가진 자들은 머릿속에 모든 부정적인 생각들을 끌어모으는 무기력한 자석이 있다. 미움, 질투, 두려움, 무력감, 의심, 헛웃음, 서운함, 미안함, 예민함, 부정적 감정이입, 돈 문제, 초조, 후회 등등.

둘째, 노예의식을 가진 자들은 늘 원망, 불평한다.

민수기에서 광야의 삶은 오직 원망, 불평이었다(민 11:1; 13:36-37; 20:2-4; 21:5,7). 이들에게는 자유와 행복이 없고 조종당하는 삶을 살았다. 노예의식을 가진 사람들은 눈치 보고, 요령 피우고, 불성실하다. 소명감, 사명감이 없다. 눈가림만 하려고 하는 형식적 순종, 형식적 봉사는 거짓된 목적을 위한 것이다.

셋째, 열등감이 강하다.

세상을 살아가는 사람들 가운데 열등감 없는 사람이 어디 있을까? 그러나 노예의식을 가진 사람들은 열등감이 병적으로 강하다. 자존감이 낮고 열등감이 강한 자들은 자신의 자아가치에 대한 인식이 낮기 때문에 외부의 것으로 그 가치를 메꾸려고 한다. 명품을 사고, 큰 아파트에 살고, 자식은 일류대를 보내는 것으로 열등감을 채우고자 한다. 무엇이든 최고가 되어야 하고 어디서나 리더의 위치에 서려고 하고 잘난척, 많이 아는척을 한다.

주인의식을 가진 사람들은 사람이 두렵지 않다. 때문에 사람들이 뭐라고 욕하든 신경 쓰지 않는다. 주인의식을 가진 사람들은 하나님 눈치만 본다. 그래서 사람들이나 세상에서 자유하다. 하나님의 눈치를 보고, 하나님을 사랑하고, 하나님을 경외하는 자들은 함부로 행동할 수가 없다. 하나님 앞에서 내 소신껏 헌신, 충성, 봉사하고, 순수한 마음으로 헌신, 충성한다. 무슨 대가를 바라거나 기대하지 않는다. 그러나 노예의식, 열등감을 가진 자들은 사람의 눈치만 살피면서 아부, 아첨하고, 교만하며 다른 사람들을 무시한다.

영적으로 종, 노예의 상태는 어떤 것을 의미하나?

첫째, 세상의 썩어질 것의 종이 된 것이다.

로마서 8:21
「그 바라는 것은 피조물도 썩어짐의 종 노릇 한 데서 해방되어
하나님의 자녀들의 영광의 자유에 이르는 것이니라」

썩어질 것의 종, 노예가 되는 것은 계시록의 말씀대로 세상의 것만 추구하며, 세상 것에만 목숨을 걸고, 땅의 것만 추구하고, 땅의 것에만 못을 박고 사는 것이다. 전혀 내세의 소망에는 관심이 없는 자들이다. 영적으로는 대단히 불쌍한 자들이다. 세상의 쾌락, 탐욕, 성공, 출세, 명예만 추구하는 자들이다.

둘째, 사망의 종이 되어 사는 것이다.

히브리서 2:15
「또 죽기를 무서워하므로 한평생 매여 종 노릇 하는 모든 자들을 놓아 주려 하심이니」

사망의 종이 되어 죽음의 두려움에 사로잡혀 전혀 긍정적인 삶을 살아가지 못한 자들이다. 이 죽음의 종이 되어 있기 때문에 하루하루가 두렵고 무서울 수밖에 없다.

셋째, 죄의 종이 되어 살아가는 것이다.

요한복음 8:34

「예수께서 대답하시되 진실로 진실로 너희에게 이르노니

죄를 범하는 자마다 죄의 종이라」

예수 그리스도를 믿는 자들은 죄에서 자유하며 해방된 기쁨을 가지고 살아간다. 그러나 애굽을 떠나지 못한 자들은 죄의 속성을 가지고 종의 종이 되어 죄가 시키는 것을 따라 행한다.

넷째, 마귀의 종으로 사는 것이다(요 8:44).

그들의 사상, 생각, 개념, 정신이 마귀의 생각을 따라 살아간다. 자신의 의지 같지만 자신의 의지가 아니다.

요한복음 3:2

「마귀가 벌써 시몬의 아들 가룟 유다의 마음에 예수를 팔려는 생각을 넣었더라」

우상 숭배의 삶을 살아가는 것이다

이스라엘 백성들은 애굽에서 배우고 섬겼던 우상숭배를 광야에서도 버리지 못하고 광야에서 송아지 우상(아피스, 하토르)을 만들어 섬겼다. 지금을 살아가는 사람들도 우상숭배에 젖어 살아가기 때문에 하나님을 발견하지 못하고 출애굽을 하지 못한 체 세상의 썩어질 것에 빠져 살아간다.

신약성경에서 우상은 두 가지로 설명할 수 있다. 우상, 에이콘(εἰκόν)은 idol과 image이다. idol은 외적인 우상으로 흉상, 동상, 신상 등이다. 그것들을 섬기고 절하며 애니미즘, 샤머니즘, 토테미즘에 빠져 섬기는 것이다.

그러나 image는 사상, 개념, 정신, 사고 체계다. 즉 마음과 생각 속에 있는 우상이다. 이것이 문제이고 이것은 반드시 깨뜨리고 변화시켜야 한다.

에스겔 14:3
「인자야 이 사람들이 자기 우상을 마음에 들이며 죄악의 걸림돌을 자기 앞에 두었으니
그들이 내게 묻기를 내가 조금인들 용납하랴」

에스겔 14:4
「그런즉 너는 그들에게 말하여 이르라 나 주 여호와가 말하노라
이스라엘 족속 중에 그 우상을 마음에 들이며 죄악의 걸림돌을 자기 앞에 두고
선지자에게로 가는 모든 자에게 나 여호와가 그 우상의 수효대로 보응하리니」

에스겔 14:7

「이스라엘 족속과 이스라엘 가운데에 거류하는 외국인 중에 누구든지 나를 떠나고
자기 우상을 마음에 들이며 죄악의 걸림돌을 자기 앞에 두고 자기를 위하여
내게 묻고자 하여 선지자에게 가는 모든 자에게는 나 여호와가 친히 응답하여」

이 시대는 마음의 우상이 더 끔찍하다. 마귀의 영에 사로잡혀 있는 마음, 생각의 우상, 이 마음의 우상은 무엇인가?

첫째, 자유주의(liberalism)다.

유럽의 신학교에 자유주의가 들어오면서 교회가 쇠퇴하기 시작하여 수많은 교회가 무너지고 신학교가 문을 닫게 되었다. 자유주의란 종교, 신의 간섭 배제, 국가 간섭 배제, 탈권위적, 개인 자유 존중, 모든 권위, 지배를 거부하는 것이다(신, 성경, 부모, 스승, 왕, 사장, 상관 등).

자유주의는 해체주의, 파괴주의다. 귀족 없는 파리를 꿈꾸는 불란서 혁명, 노동자와 고용주의 사유재산을 없애는 러시아 혁명, 열등한 민족을 제거하는 나치혁명, 20세기 가부장제를 해체하고 개인주의를 중시하는 미국혁명 등.

둘째, 인본주의(humanism)다.

하나님을 버리고 인간을 신격화, 우상화하는 것으로 회의중심, 인간중심이다. 인본주의는 예수 그리스도를 평범한 사람(선지자, 랍비, 성인)으로 전락시킨다. 모든 것을 하나님과 상관없이 사람이 중심이 되어 사람이 주도한다.

셋째, 여신숭배(feminism) 사상이다.

여성숭배주의로 여신은 땅의 신이며 생산의 신이다. 여신숭배는 가부장제 파괴, 하나님의 성부 되심 부인, 성경해체, 성의 해방, 동성애, 가정파괴로 이어진다.

넷째, 배금주의(mammonism) 사상이다.

배금주의는 물질 만능주의다. 돈을 사랑함이 일만 악의 뿌리(딤전 6:10)다. 하나님과 재물을 겸하여 섬기지 못한다(마 6:24).

다섯째, 혼합주의(syncretism)다.

혼합주의는 종교다원주의(monism)다. "모두는 하나고 하나는 모두다. 신은 우주다. 인류는 하나"라고 한다. 선악의 구별이 없고 가치 도덕성이 결여된다. 모든 종교는 하나이기에 어떤 종교도 배타적, 독립적, 우월적 진리를 주장할 수 없다고 말한다. 미국 의회의 개회기도도 모든 종교 신들의 이름으로 기도하고 있다.

애굽의 습관, 문화에 젖어 살아가는 것이다

애굽의 습관, 문화에 젖어 살아가는 것은 이 세상의 문화, 습관에 젖어 살아가는 것이다. 이것 때문에 사람들이 결단하고 구원 얻기가 어렵다. 세상의 문화에 젖어서 살아간다는 것은 음주, 담배, 쾌락, 여행, 잘못된 취미, 친구들 관계 등 때문에 교회에 들어오는 것이 어렵게 느껴진다.

애굽의 진단

첫째, 무엇의 종, 노예로 살고 있나?

둘째, 어떤 우상의 지배에 있나?

셋째, 어떤 두려움의 노예가 되어있나?

넷째, 세상의 것만 추구하며 살고 있지 않나?

다섯째, 인간적으로 해결할 수 없는 문제를 가지고 있지는 않는가?

여섯째, 조상들의 우상숭배로 인한 가문의 불행이 흐르고 있지는 않는가?

일곱째, 도저히 버리기 어려운 세상의 습관, 문화는 무엇인가?

여덟째, 마음에 image는 어떤 것인가?

아홉째, 세상의 삶이 비참하고 지옥같이 느껴지지 않는가?

열번째, 자살충동을 자주 느끼며 살고 있지 않는가?

애굽의 과업

실제로 애굽을 탈출하여 전인적 거듭남을 경험하기 위해서는 자신의 영적 상태를 바르게 살펴보는 것이 중요하다.

첫째, 자신의 전인적 현 상태를 정확하게 깨달아야 한다.

둘째, 철학적인 질문을 통해 내세의 고민과 갈등이 있어야 한다.

철학적인 질문이란 존재론적인 질문이며 내세의 갈등과 고민은 "나는 어디에서 왔는가?", "누가 나를 이 세상에 보냈는가?", "수많은 피조물 가운데 나는 왜 사람으로 태어났는가?", "나는 왜 사는가?", "나는 어디로 가고 있는가?", "과연 천국과 지옥은 존재하는가?", "과연 신, 하나님이 계신가?", "과연 신, 하나님이 계신다면 어떤 신, 어떤 하나님이 참 신이신가?" 이런 갈등은 우리의 내세에 대한 해답을 찾아 나서게 한다.

　신약시대의 수많은 출세상을 경험한 자들은 누구나 이런 내세에 대한 고민과 갈등이 있었다. 니고데모는 바리새파에 속한 사람으로 이스라엘의 존경받는 선생이며 최고의 권력기관인 산헤드린 공의회의 관원이며 지도자이고, 당시의 환경에서 보면 최고의 지성인이며 최고로 성공하고 출세한 인물이다.

　그러나 이런 세상적인 것들이 그에게 만족과 행복을 주지 못해서 한밤중에 예수님을 찾아올 수밖에 없었다. 누가복음 18:18에서 부자관리 역시 영생의 갈등이 있었으며 예수님을 찾아 "선한 선생님이여 내가 무엇을 하여야 영생을 얻으리이까"라고 물었다.

　아주 분명한 것은 내세 천국 영생을 실제적으로 경험하지 못한 자들은 불안, 두려움, 공포가 있다. 그래서 내세에 대한 고민, 갈등이 있어야 한다.

사도행전 17:22-23
「바울이 아레오바고 가운데 서서 말하되 아덴 사람들아 너희를 보니
범사에 종교심이 많도다 내가 두루 다니며 너희가 위하는 것들을 보다가
알지 못하는 신에게라고 새긴 단도 보았으니 그런즉 너희가 알지 못하고 위하는
그것을 내가 너희에게 알게 하리라」

셋째, 가계도를 그려보라.

자신의 가계도를 그려보고 조상들의 영적 상태를 아는 것도 중요하다. 가문의 내력을 무시할 수 없기 때문이다.

넷째, 문제, 불치의 병, 고질적인 병의 원인을 파악하라.

다섯째, 이대로 세상을 떠나면 나의 영혼은 어디로 갈 것인지 고민해 보아야 한다.

출애굽

거듭남

구원의길

출애굽의 여정을 따라 신앙생활을 해 나가면서 하나님을 경험하며 살아가는 것이 중요하다. 하나님을, 예수님을, 성령님을 알되 지식적, 이론적, 교리적, 논리적, 추상적, 피상적으로만 아는 것이 문제이다. 예수님, 성령님을 구체적이고, 인격적으로 체험하지 못하고 습관과 타성에 젖어 교회를 출석하는 것이 문제이다. 하나님을 경험하기 위해 애굽을 버려야 한다.

바나바 파이퍼는 "나는 내가 모든 답을 알기 때문에 하나님과 가까이 있다고 생각했는데 예수님과의 관계를 생각해 보니 그것은 어리석음이었다"고 고백했다. 김은호 목사는 "참된 진리는 체험되는 것이다. 체험되지 않은 진리는 지식이지 진리가 아니다"고 선포했다.

애굽의 삶, 문화, 사상을 요약정리하면 애굽은 세상이다. 우리에게 있어서 애굽은 예수님을 모르고 세상에 살던 때를 의미한다. 교회를 다니면서도 애굽에 머물러 있고 애굽으로 돌아가 애굽의 삶을 살아가는 것은 바리새인들처럼 형식적, 가식적, 외식적으로만 교회를 다니는 것이다.

이스라엘 백성들이 광야에서 외친다. '광야는 재미가 없다. 애굽으로 돌아가자고' 불평한다. 이 말은 '교회는 재미가 없다, 세상으로 나가자'는 것과 같다. 그래서 세상의 욕심, 탐욕, 쾌락, 음란에 젖어 살고 노예의식, 우상을 숭배하며 살아간다. 노예의식은 노력 없이 살려고 하고, 노력 없이 부자 되려 하고, 노력 없이 돈 벌려고 하고 불안, 원망, 불평, 불성실, 게으름, 눈치, 요령 피움, 열등감이다. 애굽의 문화, 삶을 사는 것은 하나님을 배신, 배반, 반역, 멸시, 무시한 것이다.

유대 백성의 출애굽

출애굽은 말 그대로 애굽을 떠나는 것이다. 애굽을 탈출하는 것이다. 그러나 애굽을 떠나는 것은 결코 단순한 것은 아니다. 이스라엘 백성들처럼 한 개인이나 가족이 아닌 한 민족 전체가 애굽을 떠나는 것은 크나큰 모험이다.

애굽을 떠나는 것은 무엇인가?

첫째, 애굽 땅, 그 나라를 떠나는 것이다.

애굽에서 종, 노예로 살던 그 나라에서 떠나는 것이다. 애굽의 국경을 벗어나는 것이다. 마치 북한 사람들이 목숨을 걸고 탈북하는 것처럼 출애굽 자체도 목숨을 걸어야 하는 위험한 결단이다. 단순히 모세의 말만 듣고 애굽을 떠난다는 것은 분명 위기이다. 그러나 결단하고 그 땅을 벗어나야 하고 애굽의 국경을 벗어나야 한다.

둘째, 애굽 왕으로부터 벗어나는 것이다.

첫 번째 출애굽에서 이스라엘 백성들은 애굽의 바로 즉 애굽 왕으로부터 벗어났다. 애굽의 바로는 이집트의 최고의 신들 가운데 하나이다. 애굽의 최고의 신은 태양신인데 바로는 태양신으로부터 능력을 전수받은 신의 아들로 여겨졌다. 또한 바로는 태양신이 인간의 옷을 입고 지상에 내려온 신의 화신으로 간주되기도 했다. 따라서 바로의 통치를 받는 것은 태양신의 통치를 받는 것과 같았다. 그러므로 반드시 바로의 통치에서 벗어나야 한다.

셋째, 애굽의 우상숭배에서 탈출하는 것이다.

애굽은 온통 물신숭배(Animism) 문화이다. 즉 물신숭배는 눈에 보이는 모든 사물이 다 신이다. 악어, 풍뎅이(부활), 매, 개구리, 나일강, 뱀, 독수리, 코브라, 원숭이, 피라미드, 신상 등등 헤아릴 수가 없이 많다.

넷째, 종, 노예로부터의 탈출이다.

이스라엘 백성들은 하나님의 형상대로 지음 받고 선택받은 민족이다. 그러나 애굽에서 400년 동안 비참한 노예, 종의 생활을 하면서 하나님의 형상을 잃어버리고 인간성은 상실되었다. 핍박과 고난 속에서 자유를 상실한 체 선민의식도 식어졌다. 출애굽은 이런 종, 노예의 상태에서 해방되어 참 자유와 주권을 가지는 것이다.

다섯째, 나일강의 생활에서 탈출이다.

애굽은 일 년 내내 비가 오지 않아도 농사를 지을 수 있을 만큼 나일강의 축복을 누렸다. 나일강 지역은 에덴동산에 비교될 정도로 기름지고 풍요로운 곳이다. 물이 많기 때문에 옷감을 짜는 직물 공장도 많아서 애굽은 풍요의 상징이었다. 나일강의 문화란 물질주의, 향락주의, 탐욕의 문화이다. 이것에서 벗어나야 한다.

여섯째, 애굽의 문화, 사상, 정신에서 탈출이다.

애굽의 성향에서 탈출은 애굽의 생활, 습관, 정신, 사상, 애굽의 전통 등에서 떠나는 것이다.

출애굽의 목적

출애굽의 목적은 언제나 동일하다. 제1차 출애굽에서부터 제5차 출애굽까지 그 목적은 같다.

첫째, 약속의 땅으로 귀환이다.

제1차 출애굽에서 애굽에서 종, 노예 생활을 하던 이스라엘 백성들은 그 핍박과 고통을 견딜 수 없어 하나님께서 아브라함, 이삭, 야곱에게 약속하신 축복의 땅 젖과 꿀이 흐르는 땅 가나안을 그리워하며 절규했다. 그 지옥 같은 애굽의 노예에서 벗어나 축복의 땅 가나안으로 가기를 열망했다.

제2차 출애굽인 출 바벨론 역시 마찬가지이다. 바벨론에서 70년 동안 조상들의 죄 때문에 노예 생활을 하면서 늘 예루살렘, 약속과 축복의 땅, 하나님께서 선택하신 땅을 그리워하며 귀환을 사모하며 기도했다. 바벨론 을래 강가, 아하와 강가, 그발 강가에서 금식하며 울부짖었다.

지금 이 시대의 출애굽인 출세상, 출죄악의 목적도 마찬가지이다. 하나님께서 우리에게 약속해 주신 저 본향, 저 천국으로 귀향하는 것이다.

히브리서 11:14-16
「그들이 이같이 말하는 것은 자기들이 본향 찾는 자임을 나타냄이라 그들이 나온 바
본향을 생각하였더라면 돌아갈 기회가 있었으려니와 그들이 이제는 더 나은
본향을 사모하니 곧 하늘에 있는 것이라 이러므로 하나님이 그들의 하나님이라 일컬음
받으심을 부끄러워하지 아니하시고 그들을 위하여 한 성을 예비하셨느니라」

우리의 영적인 고향 저 천국을 하나님께서 약속해 주셨으니 우리는 이 땅에 살면서 하늘의 것, 저 천국의 것을 사모하고 추구하며 심어야 한다. 모세는 이 본향으로의 귀환 때문에 가장 귀하고 아름답고 세상적으로 최고의 권력을 다 내어 버렸다.

히브리서 11:24-26
「믿음으로 모세는 장성하여 바로의 공주의 아들이라 칭함 받기를 거절하고 도리어
하나님의 백성과 함께 고난 받기를 잠시 죄악의 낙을 누리는 것보다 더 좋아하고
그리스도를 위하여 받는 수모를 애굽의 모든 보화보다 더 큰 재물로 여겼으니
이는 상 주심을 바라봄이라」

세상에서 출애굽하여 하나님의 자녀가 된 성도들은 정말 힘쓰고 애써 이런 삶을 살아가야 한다.

둘째, 선민의 정체성을 회복하는 것이다.

사람이 세상을 살아가면서, 신앙생활을 하면서 가장 중요하게 여겨야 하는 것이 자기 정체성이다. '나는 누구인가'라는 성경적이고 영적인 신분을 바르게 하는 것이다. 이 정체성을 바르게 하고 이 세상 것들로부터 탈출하고 떠나는 것이다.

셋째, 하나님의 형상 회복이다.

그리스도만큼 성장하는 것은 그리스도의 형상 곧 하나님의 형상을 회복하는 것이다. 이것이 가장 중요한 출애굽의 목표이다. 하나님의 형상(image)은 하나님의 사상, 하나님의 정신이다.

로마서 8:29

「하나님이 미리 아신 자들을 또한 그 아들의 형상을 본받게 하기 위하여 미리 정하셨으니

이는 그로 많은 형제 중에서 맏아들이 되게 하려 하심이니라」

넷째, 하나님을 예배하는 것이다.

모세는 바로에게 광야에 나가야 하는 당위성을 말하면서 우리가 거기서 하나님

께 제사(예배)를 드리려 한다고 분명하게 전한다. 출애굽의 목적은 여호와 하나님을 예배하기 위함이다.

출애굽기 8:27

「우리가 사흘길쯤 광야로 들어가서 우리 하나님 여호와께 제사를 드리되 우리에게

명령하시는 대로 하려 하나이다」

선택과 부르심의 목적은 예배이다. 하나님을 예배하기 위해 우리는 출애굽을 해야 한다.

출애굽의 실제

사람들에게 반드시 경험되어야 할 출애굽의 실제는 무엇인가?

첫째, 마음의 완고함과 완악함이 깨어지고 부서져야 한다.

마태복음 13:15
「이 백성들의 마음이 완악하여져서 그 귀는 듣기에 둔하고 눈은 감았으니 이는
눈으로 보고 귀로 듣고 마음으로 깨달아 돌이켜 내게 고침을 받을까
두려워함이라 하였느니라」

이스라엘 백성들이나 시대, 시대를 살아가는 사람들이 영적인 복을 누리지 못하고 출애굽을 경험하지 못한 가장 큰 이유는 그들의 마음이 완고, 완악했기 때문이다. 마음이 완고한 것은 마음이 강퍅한 것이다.

마음이 완고하고 강퍅하다는 것은 마음이 병들고 타락해서 마음이 딱딱하게 굳어진 것, 마음이 완악해진 것, 마음이 거칠고 사나운 것이다. 애굽의 노예의식, 피해의식에서 온 분노, 증오, 적개심이다. 전혀 교육이나 훈련이 되지 않고 예의가 없는 상태이다. 병들고, 타락하고, 거칠고, 악한 마음은 결코 출애굽을 체험하지 못한다. 영적인 고민과 갈등을 가지고 진지하게 자신의 영혼과 내세를 고민하기보다는 눈에 보이는 환경만을 보고 교회와 목회자들을 비난하고 욕하고 대적한다. 이런 마음의 완고한 생각, 감정, 사상이 깨어져야 주님께로 천국으로 출애굽이 가능하다. 때문에 성령께서 이런 완고하고, 완악한 마음들을 변화시켜 주시도록 기도해야 한다.

에스겔 36:26
「또 새 영을 너희 속에 두고 새 마음을 너희에게 주되 너희 육신에서
굳은 마음을 제거하고 부드러운 마음을 줄 것이며」

둘째, 자신의 영적 상태를 아는 것이다.

즉, 나 자신이 죄인인 것을 알아야 하고 나 자신의 한계를 알아야 하며 나 자신의 비참함을 알아야 한다. 나 자신이 사탄에 매여 있음을 알아야 하고 나 자신이 무능, 무기력함을 알아야 한다.

로마서 3:23
「모든 사람이 죄를 범하였으매 하나님의 영광에 이르지 못하더니」

이 세상 누구도 이 말씀에서 자유로울 수 없다. 우리는 다 죄인이며 우리가 아무리 노력해도 우리의 죄 문제는 해결할 수 없다.

시편 14:2-3

「여호와께서 하늘에서 인생을 굽어살피사 지각이 있어 하나님을 찾는 자가 있는가
보려 하신즉 다 치우쳐 함께 더러운 자가 되고 선을 행하는 자가 없으니 하나도 없도다」

셋째, 출애굽의 실제는 우리의 전인격이 애굽(세상)을 떠나는 것이다.

이스라엘 백성들은 사실 애굽의 국경 밖에 있었지만 그들의 마음이나 영혼, 그들의 정서나 정신은 애굽을 벗어나지 못했다. 이런 모습은 가나안 땅에서도 계속되어 그들은 또 바벨론의 포로가 되고 예루살렘 성전은 파괴되었다. 세상을 전인적으로 온전히 떠나는 것은 그만큼 힘들고 훈련과 연단이 필요하다. 이스라엘 투데이(Israel today)에서 루드윅 슈나이트(Ludwict Schneidzr)는 "목사들과 장로들은 성령의 인도에 대해 이야기하지만 통제권을 움켜쥐고 예배를 통제하려 한다. 찬양, 경배는 설교보다 길고 자신들의 힘으로 성령 충만한 예배를 만들려고 한다. 영생을 위한 신약의 출애굽은 집이나 교회에서 편안하게 이룰 수 있는 여정이 아니다. 그것은 우리 자신의 이기심을 영원히 버리고 성령이 우리의 삶과 교회를 완전하게 인도하시게 하는 마음가짐이다. 이렇게 함으로서 우리는 광야를 건너 약속의 땅으로 들어갈 수 있다"고 했다.

넷째, 어린 양의 피가 우리 속에 있어야 한다.

출애굽기 12:21-22

「모세가 이스라엘 모든 장로를 불러서 그들에게 이르되 너희는 나가서 너희의 가족대로
어린 양을 택하여 유월절 양으로 잡고 우슬초 묶음을 가져다가 그릇에 담은 피에 적셔서
그 피를 문 인방과 좌우 설주에 뿌리고 아침까지 한 사람도 자기 집 문 밖에 나가지 말라」

내가 죄인임을 인정하고 나의 처지를 인정하고 예수 그리스도를 나의 구세주, 나의 구속주, 나의 속죄주로 인정해야 한다. 나의 주, 나의 하나님으로 영혼육 전인격 속에 영접해야 한다. 예수님은 유월절 어린양이 되신다.

고린도전서 5:7

「너희는 누룩 없는 자인데 새 덩어리가 되기 위하여 묵은 누룩을 내버리라
우리의 유월절 양 곧 그리스도께서 희생되셨느니라」

출애굽 진단

1. 애굽의 땅, 통치에서 벗어났는가?
2. 세상권세 잡은 자들로부터 벗어났는가?
3. 애굽의 습관, 문화에서 벗어났는가?
4. 나는 진정으로 회심을 경험했는가?
5. 나는 구원을 경험했는가?
6. 나는 개종을 결단했는가?
7. 나는 예수 그리스도를 진심으로 마음에 영접했는가?
8. 나는 천국을 믿는가?
6. 나는 세상을 멀리하기 시작했는가?
8. 예수님을 인격적으로 마음에 영접한 느낌, 감동은 무엇인가?

출애굽의 과업

지금 우리에게 성취되어야 할 출애굽의 과업은 출애굽의 패턴에서 서술한 것처럼 제3차 출애굽과 제5차 출애굽(불신앙에서 믿음으로)이다.

애굽, 세상의 자연인 상태에 있는 사람들, 여전히 우상숭배와 죄 가운데 빠져 살아가는 자들이 복음, 말씀을 듣고 예수 그리스도를 믿음으로 인하여 개별적으로 구원받고 거듭나는 것이다.

첫째, 자신의 영, 혼, 육의 전인적인 한계와 죄로 인한 고통과 아픔이 깨달아져야 한다.

사람들이 평범하게 살아갈 때는 하나님의 존재를 부인하거나 하나님의 필요성을 느끼지 못하다가 전인적인 아픔과 고통, 불행을 감당하지 못하게 되면 그제야 자신이 죄인인 것이 깨달아지고 하나님의 존재를 찾으려고 한다.

이스라엘 백성들은 애굽(세상)에서 자신들이 노예 생활을 하는 고통이 너무나 커서 자신들의 한계를 깨달았다. 그들은 노예들로서 군사 훈련을 받은 것이 아니기 때문에 독립운동을 하거나 탈출을 하는 것은 전혀 불가능했다.

죄악 가운데 살아가는 사람들도 마찬가지이다. 인간의 노력으로는 죄로부터 탈출할 수 없고 스스로 죄를 씻어버릴 수도 없다.

둘째, 사모하며 찾아야 한다.

애굽에서 이스라엘 백성들은 노예 생활의 고통 때문에 구원을 사모하며 절규하며 울부짖고 있으며 하나님께서는 그들의 절규와 신음 소리를 들으셨다.

출애굽기 3:7,9
「여호와께서 이르시되 내가 애굽에 있는 내 백성의 고통을 분명히 보고
그들이 그들의 감독자로 말미암아 부르짖음을 듣고 그 근심을 알고
이제 가라 이스라엘 자손의 부르짖음이 내게 달하고 애굽 사람이
그들을 괴롭히는 학대도 내가 보았으니」

사람들은 누구나 위기나 위험에 처하거나 아픔과 불행의 상황이 되거나 나이가 들어가면 내세에 대한 불안이 있고, 죽음에 대한 공포를 가지고 살아가는 자들도 있

다. 이런 환경도 하나님께서 주신 경우일 수도 있고, 하나님의 부르심인 경우도 많다. 자신의 한계와 연약함을 깨닫고 하나님을 찾고 내세를 추구하며 사모해야 한다. 세상 사람들, 자연인들은 이런 지식이나 지혜가 약하기 때문에 먼저 성도된 자들이 사명감을 가지고 세상의 것만 추구하며 살아가는 자들을 위해 진심으로 간절히 기도해야 한다.

셋째, 복음, 말씀이 들려져야 한다.

로마서 10:17

「그러므로 믿음은 들음에서 나며 들음은 그리스도의 말씀으로 말미암았느니라」

세상에 젖어 살아가는 사람들을 거듭나게 하고 구원 얻게 하기 위하여 최선을 다해 복음을 전하고 말씀을 전해야 한다.

넷째, 회심이다.

자신이 죄인인 것이 깨달아지고 자신의 연약한 한계가 깨달아지고 여호와 하나님. 예수 그리스도만이 참 신이시고, 참 하나님이신 것이 깨달아지면 이스라엘 백성들처럼 결단하고 회심해야 한다. 회심은 자신이 죄인인 것을 깨달아 처음 회개하는 것으로 주님 앞에 죄인인 것을 고백하고 주님께로 돌아서는 것이다. 유턴하는 것이다. 세상을 사랑하고 세상을 향하여 살았던 것에서 결단하고 돌아서서 세상을 떠나고 세상을 등지고 예수께로 나아와야 한다. 믿음으로 돌아서는 회심은 믿음의 대상을 예수 그리스도로 바꾸는 개종의 결단이다. 여기에는 큰 용기가 필요하다. 많은 사람들이 가장 무섭고, 두려워하는 단계이다. 지금까지 믿고 의지했던 신이 어떤 것이든지 간에 신을 바꾸고 개종하는 것은 심히 두려운 일이다.

장영일 교수의 '구약 신학의 역사적 기초'에서 "사도 바울은 예루살렘에서 다메섹으로 가는 길에 예수 그리스도의 부르심을 입어 세상에서 예수 그리스도로 나오는 출애굽, 출세상, 출죄악, 출사탄을 경험했다. 사도 바울 자신의 개인적인 출애굽 경험이 그의 신앙이며 그의 신학이며 그의 복음이며 그의 삶이며 그의 정체성이다. 때문에 이 개인적 출애굽 경험은 그의 복음의 핵심이 되었다"고 했다.

성경에 기록된 것을 미루어 보건대 사도바울은 자신이 복음을 전할 때마다 자신의 출애굽, 출세상, 출사탄, 출죄악의 경험을 간증했을 것임은 분명하다. 우리도 마찬가지이다. 우리에게도 개개인의 출애굽, 출세상, 출죄악, 출사탄의 살아있는 뜨거운 회심의 경험이 있어야 한다. 내가 처음 예수님을 만나 세상을 떠난 경험. 내 인생의 터닝 포인트, 전환점이 된 그 경험의 감동이 내 속에 생생하게 살아있고 내 속에 뜨겁게 살아있어야 한다.

다섯째, 예수 그리스도를 마음에 영접하는 것이다.

회심과 동시에 예수 그리스도를 마음에 모시는 것이다. 하나님께서 독생자 예수 그리스도를 우리에게 선물로 주시고 믿음 또한 선물로 주셨다. 때문에 우리는 우리의 마음의 문을 열고 예수 그리스도를 나의 주 나의 하나님으로 영접하면 구원, 천국을 선물로 받는다.

에베소서 2:8
「너희는 그 은혜에 의하여 믿음으로 말미암아 구원을 받았으니
이것은 너희에게서 난 것이 아니요 하나님의 선물이라」

요한계시록 3:20
「볼지어다 내가 문 밖에 서서 두드리노니 누구든지 내 음성을 듣고 문을 열면
내가 그에게로 들어가 그와 더불어 먹고 그는 나와 더불어 먹으리라」

여섯째, 영적 가족인 교회에 속하여 영적 돌봄을 받아야 한다.

영접기도

당신은 영원한 천국을 선물로 받고 싶지 않은가?

구원과 거듭남의 놀라운 환희를 맛보고 싶지 않은가?

그렇다면 지금 이 자리에서 당신 자신이 죄인임을 고백하고 예수님을 당신의 구세주로 믿고 받아들여라. 그 비밀이 아래에 있다. 이 기도가 당신의 마음에 든다면 지금 소리내어 진실하게 기도하자. 구원의 선물이 바로 당신의 것이 되는 것이다.

주 예수님!

제가 예수님을 나의 주 나의 하나님으로 믿습니다.

주 예수께서 나의 죄를 위하여 죽으심과 부활하심을 믿습니다.

주 예수님 이제 제가 제 마음의 문을 엽니다.

지금 제 마음 속에 오셔서 나의 모든 죄를 용서해 주시고 나를 하나님의 자녀로 삼아주세요.

주 예수께서 제 마음과 제 모든 생애의 주인이 되어 주세요.

이제 오직 주님만 섬기며 주 예수님만 따르겠습니다.

나의 남은 생애 오직 주를 위해 살겠습니다.

오 주님!

저를 받아 주시고 저의 마음 속에 들어오심을 감사드립니다.

주 예수님의 이름으로 기도드립니다.   아멘.

년   월   일

이름: 서명:

홍　　　해
세　　　례
구 원 의 확 증

홍해의 중요성

이스라엘 백성들이 애굽을 탈출하여 가나안 땅에 들어가는 길에는 믿음의 조상들이나 가나안 백성들이 주로 이용하는 해안가 도로가 있다.

그러나 하나님께서 이스라엘 백성들을 이 편안한 길로 인도하시지 않고 길이 전혀 없는 홍해로 인도하셨다. 이것도 자기 백성들을 향하신 하나님의 계획이고 섭리이다.

출애굽기 13:18
「그러므로 하나님이 홍해의 광야 길로 돌려 백성을 인도하시매
이스라엘 자손이 애굽 땅에서 대열을 지어 나올 때에」

이스라엘 백성들이 홍해를 건너야 하는 이유, 의미, 홍해가 주는 상징이 무엇인지를 신약 성경이 잘 해석해 주고 있다. 따라서 출애굽, 탈애굽을 한 성도들은 홍해가

주는 영적, 신앙적, 상징과 의미가 무엇인지를 알아 반드시 홍해의 과업을 성취해야 한다. 그렇지 않으면 광야의 승리도, 가나안의 승리도 경험할 수 없다.

출애굽의 과정에서 가장 중요한 것은 출애굽과 홍해의 과정이다. 이는 신앙생활의 가장 기본이며, 근본이며, 기초이며, 뿌리이다.

홍해의 영적 과업이 바로 되지 않으면 믿음의 삶을 살아가는 길에서 광야의 이스라엘 백성들처럼 불신, 의심, 원망, 불평, 비난, 대적의 죄에 떨어지게 되고 세상의 유혹이 올 때 넘어지며 핍박이 올 때 하나님을 배역하고 교회를 떠나게 되는 아픔을 겪게 된다.

홍해의 영적, 신앙적 의미

홍해가 지금 이 시대의 성도들에게 주는 영적, 신앙적 의미는 무엇인가?

이미 앞에서 여러 번 강조한 것처럼 출애굽의 과정, 과정에서 그 과정의 단계를 오해하는 경우가 많다. 광야가 세상이라든지, 요단강이 죽음을 상징한다든지, 가나안이 천국이라든지 등이다. 이 오해를 깨뜨리고 반드시 성경적으로 바로잡아야 한다.

그러나 상식적으로 신앙생활을 해 나가는 과정에서 홍해는 성도들의 관심 밖에 있는 듯하다. 홍해를 주제로 설교하는 경우가 드물고 홍해를 설교하는 주제는 그저 믿음으로 홍해가 갈라지는 기적이 일어났다는 것 정도이다. 우리가 정말 중요하게 여기고 반드시 성취하고 확증하고 가야 할 영적, 신앙적 의미, 상징적 의미는 무엇인가?

첫째, 홍해는 하나님의 물 심판이다.

홍해는 하나님의 징계다. 이스라엘 백성들은 믿음으로 홍해를 건너고 있으나 이것을 보고 애굽의 군대도 이스라엘 백성들을 죽이고자 홍해에 들어섰다. 그러나 그들은 자신들의 뜻을 이루지 못하고 하나님에 의해 홍해의 갈라진 물이 다시 합쳐지면서 수장되고 말았다.

김승학 씨의 떨기나무에 보면 사우디 쪽의 바닷속에 아직도 애굽 전차의 바퀴들이 홍해의 바닷속에 수장되어 있다고 한다.

출애굽기 15:3-4
「여호와는 용사시니 여호와는 그의 이름이시로다 그가 바로의 병거와 그의 군대를
바다에 던지시니 최고의 지휘관들이 홍해에 잠겼고」

둘째, 물 세례이다.

고린도전서 10:1-2
「형제들아 나는 너희가 알지 못하기를 원하지 아니하노니 우리 조상들이 다 구름 아래에
있고 바다 가운데로 지나며 모세에게 속하여 다 구름과 바다에서 세례를 받고」

이스라엘 백성들은 애굽에서 할례도, 세례도 받을 수 없었다. 종, 노예의 삶에서는 불가능했다. 그렇다고 아직 제사장도 선지자도 없는 상황에서 개개인 별로 할례나 세례를 베풀 수 있는 상황도 아니다. 때문에 하나님께서 친히 전체 이스라엘 백성

들을 홍해에서 한꺼번에 세례를 베푸신 것이다. 이런 의식이 그들에게 반드시 필요한 경험일까? 이것은 신앙의 가장 중요한 기초이고 뿌리이기 때문에 반드시. 반드시 필요한 경험이다. 지금 신앙생활을 하면서 믿음의 길을 걸어가는 모든 사람들도 반드시 홍해를 건너는 경험이 있어야 한다.

셋째, 예수 그리스도와 연합이다.

세례는 예수님의 죽으심과 부활과 연합되고 하나 되는 상징적 의미이다.

로마서 6:3
「무릇 그리스도 예수와 합하여 세례를 받은 우리는 그의 죽으심과 합하여
세례를 받은 줄을 알지 못하느냐」

로마서 6:5
「만일 우리가 그의 죽으심과 같은 모양으로 연합한 자가 되었으면
또한 그의 부활과 같은 모양으로 연합한 자도 되리라」

넷째, 구원의 표이다.

베드로전서 3:21
「물은 예수 그리스도께서 부활하심으로 말미암아 이제 너희를 구원하는 표니 곧 세례라
이는 육체의 더러운 것을 제하여 버림이 아니요 하나님을 향한 선한 양심의 간구니라」

마가복음 16:16

「믿고 세례를 받는 사람은 구원을 얻을 것이요 믿지 않는 사람은 정죄를 받으리라」

놀라운 감동이다. 하나님께서 이스라엘 백성들을 구원하시고 그들의 믿음, 구원이 흔들리지 않게 하시기 위하여 물세례를 구원의 증거로 주셨다. 그러나 너무나 많은 사람들은 물로 세례를 받았으나 여전히 구원의 확신이 없어 흔들리며 내세를 불안해 한다.

다섯째, 세례는 회개의 증거이다.

마가복음 1:4

「세례 요한이 광야에 이르러 죄 사함을 받게 하는 회개의 세례를 전파하니」

고대 시대나 오늘이나 죄 문제, 죄책감의 문제는 중요하다. 이 문제가 해결되지 않으면 천국에 들어갈 수 없고 구원도 없다고 여겼기 때문이다. 실제로 고대의 왕이나 성도들이 세례를 받는 것은 지금까지 지은 모든 죄가 용서되는 것으로 믿었는데 세례를 받고난 뒤에 죄를 지으면 그 죄는 용서받을 방법이 없다고 여겨 예수를 믿지만 곧바로 세례를 받지 않고 죽음 직전에 세례를 받는 자들도 있었다.

홍해(세례)의 실제

홍해는 심판, 구원, 그리스도와의 연합, 회개의 증거로 여겨졌다. 이는 구원 내세에 대한 확신을 주시기 위한 계획이다. **지금 성도들이 반드시 확인해야 하는 홍해, 세례의 경험은 구원, 거듭남의 확신과 증거를 가지는 것이다.**

고린도후서 13:5
「너희는 믿음 안에 있는가 너희 자신을 시험하고 너희 자신을 확증하라
예수 그리스도께서 너희 안에 계신 줄을 너희가 스스로 알지 못하느냐
그렇지 않으면 너희는 버림 받은 자니라」

자신의 믿음을 시험하고 달아보고 분명한 확신과 증거를 가져야 한다. 성도들은 교회를 열심히 다니면서도 이 확신과 증거가 없어 늘 불안해하고 두려워한다. 천국에 대한 확신이 없어 지옥에 떨어질까 봐 무서운 것이다. 때문에 성도들은 이 구원의

확신과 증거를 가지려고 고민하며 방법을 찾아다니다가 구원의 확신을 준다는 기도원을 찾기도 하고 심지어 이단에 빠지기도 한다. 그러나 그런 곳에서 제시하는 확신, 증거들이란 모두 비 성경적이고 비 신학적인 것이다. 성도들은 너무나 신앙의 기초, 뿌리가 빈약한데 신앙의 기초가 약하다는 것은 구원의 증거가 없는 것이다. 성경은 구원의 확신을 넘어 증거가 있어야 함을 말씀하고 있다.

이단들은 거짓으로 증거를 주는데 교회는 그 구원의 성경적 증거를 주지 못하기 때문에 이단들에게 빼앗기고 있다. 전도를 하면서 교회를 다닌다고 하면 반드시 구원의 확신과 증거를 알아보기 위해 이런 질문을 했다. 그 답은 매우 황당하고 안타까웠다.

"권사님 만일 오늘 이 세상을 떠나게 된다면 하나님의 나라에 들어갈 확신이 있으십니까?"
"아이구 목사님 제가 그것을 어떻게 알아요. 죽어봐야 알겠지요."

"권사님 만일 오늘 이 세상을 떠나게 된다면 하나님의 나라에 들어갈 확신이 있으십니까?"
"글쎄요. 한 번도 생각해 보지 않아서 모르겠네요."

"집사님 만일 오늘 이 세상을 떠나게 된다면 하나님의 나라에 들어갈 확신이 있으십니까?"
"아니요. 저는 천국에 못 들어갑니다."

"아니 집사님 그렇게 열심히 신앙생활을 하고 결혼하면서 결혼 준비금을 옥합 헌금이라고 하나님께 드리기까지 하신 분이 어떻게 천국, 내세에 대한 확신도 없이 그렇게 열심히 봉사합니까?"

"그저 지은 죄가 많아서, 죄스러워서 열심히 할 뿐입니다."

이런 대답은 대부분의 성도들에게서 들을 수 있었고 스스로 확신과 증거를 가졌다고 하는 사람들의 확신과 증거들을 들어보면 황당한 경우가 대부분이다. 이 신앙의 기초 뿌리를 성경적으로 든든하게 하는 것이 무엇보다 중요하다. 그래야 성도들이 확신을 가지고 행복하게 신앙생활을 할 수 있고 이단들에게 속아 넘어가지 않게 된다.

홍해 과정의 진단

1. 나는 예수님과 연합되어 있는가?
2. 나는 진정으로 구원받았는가?
3. 나의 구원, 거듭남의 확신은 무엇인가?
4. 나는 예수님을 인격적으로 만난 경험이 있는가?
5. 나의 구원 거듭남의 증거는 무엇인가?
6. 예수님의 내주하심을 믿는가?
7. 예수님께서 내주하시는 증거는 무엇인가?
8. 오늘 밤 이 세상을 떠나도 천국에서 눈을 뜰 확신은 무엇인가?

홍해(세례)의 과업

홍해, 세례에서 반드시 성취해야 할 과업은 <u>구원(거듭남)의 확신과 증거이다.</u>

구원의 확신

성도들은 구원받은 것을 어렴풋하게 알고 있지만 니고데모, 부자 청년처럼, 그리고 수많은 초대교회 성도들처럼 구원의 확신과 영생, 내세의 확신과 증거가 없어 불안해하며 고통스러워한다. 때문에 교회나 선교단체 기도원 등에서 저마다 구원의 확신을 준다고 선전하며 사람을 교육하지만 대부분 성경적이지 않고 주관적인 경험인 경우가 많다. 그나마 기도원들에서 성경적인 확신이라고 주장하는 것이 소위 방언기도이다. 그런데 방언조차도 제각각이다. 그러나 성경에서는 구원의 확신이 방언이라고 증거하고 있지 않다. 그리고 정말 구원받고 거듭나고 신실하게 신앙생활을 잘하고 있지만 방언을 하지 못한 사람들은 어떻게 되는가? 방언 또한 결코 구원의 확신은 아니다. 따라서 홍해의 경험을 통해 구원의 확신을 분명히 하자.

성경에 근거한 구원의 확신은 무엇인가?

첫째, 구원, 거듭남은 미래적인 것이 아니라 이미 이루어지고 완성된 것이다.

성경은 어떤 곳에서도 '교회를 잘 다니고 신앙생활을 잘 하면 앞으로 구원받을 것이다' 이렇게 미래적으로 표현한 곳은 없다. 모든 사람의 구원은 육신의 아이가 단번에 세상에 태어나는 것처럼 영적 태어남, 영적 새로남의 구원도 단번에 이루어지고 완성되는 것이다.

요한복음 1:12
「영접하는 자 곧 그 이름을 믿는 자들에게는 하나님의 자녀가 되는 권세를 주셨으니」

요한복음 5:24
「내가 진실로 진실로 너희에게 이르노니 내 말을 듣고 또 나 보내신 이를 믿는 자는
영생을 얻었고 심판에 이르지 아니하나니 사망에서 생명으로 옮겼느니라」

문법의 시제를 보면 얻었고 이미 주셨다. 모두 다 현재완료이다. 이미 하나님의 자녀가 완성되었고, 영생을 얻었고 이미 내 속에 영생의 DNA가 있다. 심판에 이르지 아니하고 이미 심판에서 자유, 해방되었다. 전혀 두려워할 이유가 없다. '사망에서 생명으로 옮겼느니라' 이미 옮겨져 버렸다. 차츰 되어지는 것이 아니라 이미 완성되어

천국의 백성으로 살아가는 것이다.

에베소서 2:5-6

「허물로 죽은 우리를 그리스도와 함께 살리셨고 (너희는 은혜로 구원을 받은 것이라)
또 함께 일으키사 그리스도 예수 안에서 함께 하늘에 앉히시니」

'함께 살리셨고' 예수님의 부활이 내가 예수를 믿는 순간 나의 부활이 되었다. 이미 부활의 영이 내 속에 있다. 함께 일으키시고, 함께 하늘에 앉히시니, 이미 하늘에 속해있다. 앞으로 노력하고, 죄짓지 않고, 착하게 살고, 신앙생활 잘해서 하늘에 가는 것이 아니다. 우리는 이미 하늘에 속해있다.

이렇게 말씀드리면 의심 많은 도마 같은 성도들이 꼭 하는 질문이 있다. 그럼 빌립보서 2장 12절 '두렵고 떨림으로 너희 구원을 이루라' 이 말씀은 무엇인가? 이 말씀은 1장 27절 '복음에 합당하게 생활하라'는 말씀의 강조이다. 이미 구원받았으니 구원받은 자처럼 살아가라는 말씀이다.

둘째, 여호와 하나님께서 결코 내어 쫓지 않으신다.

요한복음 6:37

「아버지께서 내게 주시는 자는 다 내게로 올 것이요
내게 오는 자는 내가 결코 내쫓지 아니하리라」

하나님은 신실하시고 미쁘신 분이셔서 거짓말을 하실 수 없다. 하나님께서 거짓되시면 하나님이 하나님 되시지 못하신다. 절대로 거짓말하실 수 없는 하나님께서 약속하신다. 한번 하나님의 자녀가 되고 구원받아 천국의 백성이 되었으면 결코 내어 쫓지 않으신다.

셋째, 결코 **빼앗기지** 않으신다.

요한복음 10:28-29
「내가 그들에게 영생을 주노니 영원히 멸망하지 아니할 것이요
또 그들을 내 손에서 빼앗을 자가 없느니라 그들을 주신 내 아버지는 만물보다 크시매
아무도 아버지 손에서 빼앗을 수 없느니라」

사탄 마귀들은 하나님의 손에서 우리를 **빼앗아** 지옥으로 끌어가고 우리를 넘어뜨리려 하지만 하나님께서 우리를 지키시고 보호해 주신다.

넷째, 결코 버리거나 떠나시지 않으신다.

히브리서 13:5
「돈을 사랑하지 말고 있는 바를 족한 줄로 알라 그가 친히 말씀하시기를
내가 결코 너희를 버리지 아니하고 너희를 떠나지 아니하리라 하셨느니라」

세상에서 정상적인 부모의 정신을 가진 자들은 결코 자식을 버릴 수 없다. 비록 자

식이 큰 죄를 짓고 불효를 하더라도 부모는 자식을 위해 희생하신다. 하물며 하나님께서 자녀들을 버리거나 떠나실 수 없다.

다섯째, 인치심이다.

요한계시록 7:2-4

「또 보매 다른 천사가 살아 계신 하나님의 인을 가지고 해 돋는 데로부터 올라와서
땅과 바다를 해롭게 할 권세를 받은 네 천사를 향하여 큰 소리로 외쳐 이르되
우리가 우리 하나님의 종들의 이마에 인치기까지 땅이나 바다나 나무들을
해하지 말라 하더라 내가 인침을 받은 자의 수를 들으니
이스라엘 자손의 각 지파 중에서 인침을 받은 자들이 십사만 사천이니」

고대 당시의 임금님의 도장은 '어인'으로 그 어인이 법이었다. 하나님께서 우리가 하나님을 믿는 순간 우리 속에 인, 도장을 찍어 하나님의 소유로 삼으셨다. 누구도 우리 영혼을 도둑질할 수 없다.

여섯째, 생명책에 기록되었다.

요한계시록 20:12, 15

「또 내가 보니 죽은 자들이 큰 자나 작은 자나 그 보좌 앞에 서 있는데 책들이 펴 있고
또 다른 책이 펴졌으니 곧 생명책이라 죽은 자들이 자기 행위를 따라 책들에 기록된 대로
심판을 받으니, 누구든지 생명책에 기록되지 못한 자는 불못에 던져지더라」

세상에 사람이 태어나면 호적에 등재하고 주민등록에 등재한다. 하늘 나라에도 생명책이 있어서 구원받은 천국 백성들을 등재하셨다.

구원의 불안정

이처럼 우리의 구원이 확실함에도 불구하고 너무나 많은 성도들은 무엇인가 부족한 것처럼 느껴져서 더 확고한 증거를 찾으려고 한다. 때문에 확신이 흔들리고 불안하고 요동친다. 그 이유는 하나님께서 흔들리시거나 약속을 어길 것 같아서가 아니라 우리가 믿음의 뿌리, 구원의 근거를 자기 자신의 마음과 행동에 두기 때문이다. 말씀대로 살고 있으면 천국에 갈 것 같다가도 조금 실수하고 범죄 하면 지옥에 떨어질 것 같은 생각은 오직 자신의 마음에서 오거나 마귀의 생각에 빠지기 때문이다. 어차피 우리의 구원은 행위에 달린 것이 아니라 오직 주님의 은혜로 된 것이다.

잠언 28:26
「자기의 마음을 믿는 자는 미련한 자요 지혜롭게 행하는 자는 구원을 얻을 자니라」

구원의 증인, 증거

성도들에게 구원의 증거에 대한 질문을 하면 대부분의 성도들은 자기 개개인의 주관적인 것들을 이야기한다. 가령 기도 중에 비둘기가 자기 어깨 위에 내려왔다든지 꿈속에서 비가 오는 날 길을 걷고 있는데 자기에게만 비가 아닌 피가 내렸다든지 등등. 또는 자신이 신앙고백을 하고 몇몇 기도가 응답되더라 등의 이야기들을 많이 한다. 그러나 이 모든 것들은 다 자기들의 개인적인 생각에서 된 것들이다.

정말로 중요한 것은 성경, 성경이 말하는 증인, 증거가 무엇인가 하는 것이다. 이단들은 거짓된 것으로 구원의 증거들을 제시하는데 교회는 뚜렷한 진리의 증거를 제시하지 못하고 있는 것이 교회의 결정적인 문제요 아픔이다.

성경은 우리에게 반드시 증거를 가져야 한다고 말씀하신다.

히브리서 11:4-5

「믿음으로 아벨은 가인보다 더 나은 제사를 하나님께 드림으로 의로운 자라 하시는
증거를 얻었으니 하나님이 그 예물에 대하여 증언하심이라 그가 죽었으나 그 믿음으로써
지금도 말하느니라 믿음으로 에녹은 죽음을 보지 않고 옮겨졌으니
하나님이 그를 옮기심으로 다시 보이지 아니하였느니라 그는
옮겨지기 전에 하나님을 기쁘시게 하는 자라 하는 증거를 받았느니라」

히브리서 11:39

「이 사람들은 다 믿음으로 말미암아 증거를 받았으나 약속된 것을 받지 못하였으니」

믿음의 조상들은 모두가 분명한 믿음, 구원의 증거, 증인을 가졌다. 우리도 분명한 성경적 증거, 증인을 가져야하고 경험해야 한다.

요한일서 5:10-11

「하나님의 아들을 믿는 자는 자기 안에 증거가 있고 하나님을 믿지 아니하는 자는 하나님을 거짓말하는 자로 만드나니 이는 하나님께서 그 아들에 대하여 증언하신 증거를 믿지 아니하였음이라 또 증거는 이것이니 하나님이 우리에게 영생을 주신 것과 이 생명이 그의 아들 안에 있는 그것이니라」

하나님께서 예수 그리스도를 믿는 우리 안에 증거를 주셨다. 다만 내 안에 있는 증거들을 발견하지 못할 뿐이다. 이처럼 성경은 우리가 구원받고, 거듭나고, 천국의 백성 된 분명한 증인, 증거를 가져야 한다고 말씀하신다. 그러므로 반드시 영적, 증거들을 가져야 한다.

※ 성경의 유일한 증인, 증거는 오직 성령이시다.

구원, 거듭남에서 성령의 사역

첫째, 성령은 구원, 거듭남의 증인이시다.

사도행전 5:32

「우리는 이 일에 증인이요 하나님이 자기에게 순종하는 사람들에게 주신 성령도 그러하니라 하더라」

둘째, 성령은 구원, 거듭남의 증언자이시다

로마서 8:16

「성령이 친히 우리의 영과 더불어 우리가 하나님의 자녀인 것을 증언하시나니」

사도행전 15:8

「또 마음을 아시는 하나님이 우리에게와 같이 그들에게도 성령을 주어 증언하시고」
셋째, 성령은 구원, 거듭남의 보증이시다.

고린도후서 1:22

「그가 또한 우리에게 인치시고 보증으로 우리 마음에 성령을 주셨느니라」

고린도후서 5:5

「곧 이것을 우리에게 이루게 하시고 보증으로 성령을 우리에게 주신 이는 하나님이시니라」

넷째, 성령은 구원, 거듭남의 인치심(인감도장, 어인)이시다.

에베소서 1:13-14

「그 안에서 너희도 진리의 말씀 곧 너희의 구원의 복음을 듣고
그 안에서 또한 믿어 약속의 성령으로 인치심을 받았으니」

에베소서 4:30

「하나님의 성령을 근심하게 하지 말라 그 안에서 너희가 구원의 날까지
인치심을 받았느니라」

다섯째, 성령은 구원, 거듭남의 증거이시다.

히브리서 2:4(개역)

「하나님도 표적들과 기사들과 여러가지 능력과 및 자기 뜻을 따라
성령의 나눠주신 것으로써 저희와 함께 증거하셨느니라」

요한일서 5:7-11(개역)

「증거하는 이는 성령이시니 성령은 진리니라 증거하는 이가 셋이니 성령과 물과 피라
또한 이 셋이 합하여 하나이니라 만일 우리가 사람들의 증거를 받을찐대 하나님의
증거는 더욱 크도다 하나님의 증거는 이것이니 그 아들에 관하여 증거하신 것이니라
하나님의 아들을 믿는 자는 자기 안에 증거가 있고
하나님을 믿지 아니하는 자는 하나님을 거짓말 하는 자로 만드나니 이는 하나님께서
그 아들에 관하여 증거하신 증거를 믿지 아니하였음이라 또 증거는 이것이니
하나님이 우리에게 영생을 주신 것과 이 생명이 그의 아들 안에 있는 그것이니라」

※ 오직 성령님만이 유일한 증인, 증거, 증언자, 보증인, 인(도장)이 되신다.

성령 내주의 증거

성령은 오직 유일한 증인, 증거, 보증인, 도장이 되시기 때문에 이제 아주 간단하게 성령께서 내 마음에 계신 것을 확인만 하면 된다. 이것 역시도 개인적인 경험을 앞세우기 전에 성경적인 근거에 기초를 두는 것이 중요하다.

성경께서 내 안에 계시는 증거는 무엇인가?

첫째, 하나님께서 성령을 우리 속에 선물로 주셨다.

사도행전 2:38

「베드로가 이르되 너희가 회개하여 각각 예수 그리스도의 이름으로

세례를 받고 죄 사함을 받으라 그리하면 성령의 선물을 받으리니」

둘째, 내 영이 증거한다.

요한일서 3:24

「그의 계명들을 지키는 자는 주 안에 거하고 주는 그의 안에 거하시나니
우리에게 주신 성령으로 말미암아 그가 우리 안에 거하시는 줄을 우리가 아느니라」

셋째, 내적 평안을 주신다.

마가복음 5:34

「예수께서 이르시되 딸아 네 믿음이 너를 구원하였으니 평안히 가라
네 병에서 놓여 건강할지어다」

넷째, 하나님을 아빠 아버지라 부른다.

로마서 8:15

「너희는 다시 무서워하는 종의 영을 받지 아니하고 양자의 영을 받았으므로
우리가 아빠 아버지라고 부르짖느니라」

다섯째, 예수님을 주님으로 부른다.

고린도전서 12:3

「그러므로 내가 너희에게 알리노니 하나님의 영으로 말하는 자는

누구든지 예수를 저주할 자라 하지 아니하고 또 성령으로 아니하고는

누구든지 예수를 주시라 할 수 없느니라」

여섯째, 죄를 미워한다.

로마서 7:24

「오호라 나는 곤고한 사람이로다 이 사망의 몸에서 누가 나를 건져내랴」

일곱째, 성령의 열매들이다.

갈라디아서 5:22-23

「오직 성령의 열매는 사랑과 희락과 화평과 오래 참음과 자비와 양선과

충성과 온유와 절제니 이같은 것을 금지할 법이 없느니라」

여덟째, 성령을 따라 살려는 의지가 있다.

갈라디아서 5:16

「내가 이르노니 너희는 성령을 따라 행하라 그리하면 육체의 욕심을 이루지 아니하리라」

갈라디아서 5:25-26

「만일 우리가 성령으로 살면 또한 성령으로 행할지니 헛된 영광을 구하여

서로 노엽게 하거나 서로 투기하지 말지니라」

아홉째, 성령의 감동, 인도하심이 있다.

베드로후서 1:21

「예언은 언제든지 사람의 뜻으로 낸 것이 아니요

오직 성령의 감동하심을 받은 사람들이 하나님께 받아 말한 것임이라」

갈라디아서 5:18

「너희가 만일 성령의 인도하시는 바가 되면 율법 아래에 있지 아니하리라」

열 번째, 귀신들이 인정한다.

야고보서 2:19

「네가 하나님은 한 분이신 줄을 믿느냐 잘하는도다 귀신들도 믿고 떠느니라」

그 외에도 성령께서 우리 안에 계셔서 나의 기도가 응답되고, 치유, 기적 등을 경험하는 것들은 성령께서 내 안에 계시는 증거들이다.

※ 부록 : 치유성장원리 참조

광   야
교   회
구 원 의 삶

이미 출애굽의 비밀 서두에서 몇 번 언급한 것처럼 광야의 과정에서도 반드시 짚고 넘어가야 하는 것은 이스라엘 백성들이 40년 동안 지냈던 광야는 세상을 상징하는 것이 아니라 교회 공동체이다. 이 진리를 분명히 해야 광야를 지나게 하신 목적대로 광야를 바르게 해석하고 바른 신앙생활을 영위해 갈 수 있다. 광야는 교회이고 교회 공동체이다.

사도행전 7:38
「시내 산에서 말하던 그 천사와 우리 조상들과 함께 광야 교회에 있었고
또 살아 있는 말씀을 받아 우리에게 주던 자가 이 사람이라」

광야는 교회이기 때문에 광야의 삶을 기록하고 있는 출애굽기, 민수기는 교회론이다. 시대시대마다 교회들의 아픔과 실패, 회복, 교회를 주관하시는 하나님의 주권과 섭리를 증거해 준다.

광야의 의의

광야는 교회의 상징이기 때문에 광야의 삶을 보면서 오늘의 교회를 생각해야 한다. 교회는 어떤 곳이며 어떤 아픔들이 있는지 교회를 주신 목적이 무엇인지 아는 것이 중요하다.

첫째, 광야는 크고 두려운 곳이다.

사실 광야는 환경적으로 보면 사람이 살 수 있는 곳이 전혀 아니다. 사람의 생명을 유지해야 할 만한 조건이 전혀 되어있지 않은 곳이다. 그래서 광야는 두려운 곳이다. 하나님께서 함께하시고 인도해 주시지 않으면 두렵고 무서운 곳이다(신 1:19).

둘째, 광야는 위험한 곳이다.

광야는 모든 면에서 위험하다. 날씨, 길 없음, 식수 없음, 먹을 것을 구할 수 없음, 혹한의 추위 등이다(신 8:15).

셋째, 광야는 황폐한 곳이다.

헬라어에서 광야는 '에레모스(εϱημο)이다. 이 에레모스는 어떤 배경에서 광야로 불러지게 되었을까? 광야라는 의미 속에는 황폐하고 황막함이 내포되어 있다. 땅이 거칠고 메말라서 곡식을 재배할 수 없는 곳이며 곡식을 재배할 수 있지만 사람들이 무관심하게 버려두어 잡초만 무성한 땅이다. 사람도, 짐승도 살 수 없는 버려지고 거친 땅이다.

넷째, 광야는 가난하고 궁핍한 곳이다.

광야는 짐승이 많아도 소용이 없다. 많은 짐승을 키울 수 없기 때문이다. 광야는 농사를 지을 수도 없다. 광야는 인간의 노력으로 얻을 수 있는 것이 아무것도 없다. 그러므로 광야에서는 누구나 가난하고 궁핍할 수밖에 없다.

다섯째, 광야는 고독하고 쓸쓸한 곳이다.

광야하면 떠오르는 첫인상은 무엇인가? 광야라는 말을 듣고 생각을 할 때 저절로 슬퍼지고 눈물이 비치는 것은 광야는 고독하고 쓸쓸한 곳이기 때문이다. 광야는 결코 행복한 곳이 아니다. 광야는 재미가 전혀 없고 흥미가 없는 곳이다. 때문에 광야의 삶을 살아간 유대인들은 재미가 없다고 원망 불평하며 울면서 '애굽에 있을 때가 우리에게 좋았다. 애굽으로 돌아가자'고 비난한다. 이처럼 광야는 큰 고독, 슬픔, 쓸쓸함이 있다. 누구에게나 이런 광야를 만날 때가 있다.

여섯째, 광야는 분리되고 버려진 곳이다.

광야가 분리되고 버려진 곳이란 곧 죽음이 있는 곳이다. 유대인들은 광야나 사막을 무덤으로 쓰기도 했다. 광야 가까이 사는 사람들은 광야에 무덤을 만들었다. 광야는 수많은 사람들의 생명을 앗아갔다. 광야의 길에서 실패하는 것은 죽음을 의미하기도 했다. 때문에 하나님을 믿지 않는 자들은 광야를 두려워했다. 광야, 무덤에는 귀신들이 존재한다고 생각했기 때문이다.

광야의 필연성

이스라엘 백성들이 하나님의 약속을 믿고 애굽을 탈출하여 홍해를 건너 가나안 땅을 바라보며 지나오는 과정에서 곧바로 가나안 땅으로 인도하지 않으시고 40년 동안이나 광야에 머물게 하신 이유가 무엇인가?

하나님께서 이스라엘 백성들이 원망 불평한 죄에 대하여 하루를 1년으로 환산해서 광야에 머물게 하신 것은 인간적으로는 너무나 가혹한 것이라는 생각이 든다. 그러나 그들에게는 반드시 40년 동안 광야의 길을 걸어야 할 필연적인 이유가 있고, 목적이 있다. 광야는 그들에게 반드시 거쳐야 할 필연적인 과정이다. 이는 우리에게도 마찬가지이다. 하나님께서 우리에게 인생의 광야를 주신 것은 그것이 우리의 길에 반드시 필요하기 때문이다.

여호와 하나님께서 이스라엘 백성들을 애굽에서 인도해 내신 후에 홍해를 건너 광야에 이르는 과정에서 그들의 성품을 보셨다. 그들은 그 엄청난 하나님의 기적을 경험하고도 감사하지 않고 오히려 원망, 불평한다. 그들은 겉은 유대인이지만 그들의 속은 애굽 사람과 같았다. 430년 동안의 노예 생활을 통해 그들의 생각, 사상, 신앙, 문화, 생활이 애굽화 되어 버렸다. 유대인들의 사상과 정신이 그랬다. 이 애굽인과 같아져 버린 자들을 변화시키기 위한 것이 광야이다.

광야는 애굽을 버리는 장소이다. 그들의 몸은 애굽에서 탈출했으나 그들의 정신, 사상, 문화, 관습은 결코 버리지 못했다. 그들의 영은 구원받고 거듭났으나 그들의 생각과 정신, 관습은 거듭나지 못했다. 따라서 광야의 삶은 이 모든 것을 버리는 처절한 훈련, 연단의 장소다. 우리 인생의 광야 역시 마찬가지이다. 교회의 삶은 세상 것을 버리는 철저한 훈련의 과정이다. 다시 한번 이스라엘 투데이의 글을 기억하자.

"우리는 이스라엘 백성들이 경험했던 출애굽과 유사한 여정을 가고 있지만 아직 약속의 땅에 도착한 것은 아니다. 이들 백성들이 이집트를 떠나는데 3일이 걸렸지만 이집트의 성향에서 자유로워지는데 40년이 걸렸다. 영생을 위한 신약의 출애굽은 집이나 교회에서 편안하게 이룰 수 있는 여정이 아니다. 그것은 우리 자신의 이기심을 영원히 버리고 성령이 우리 삶과 교회를 완전하게 인도하시게 하는 마음가짐이다. 이렇게 함으로서 우리는 광야를 건너 약속의 땅으로 들어갈 수 있는 것이다."

광야, 교회는 훈련과 연단의 과정이 필요하다.

첫째, 애굽땅 그 환경의 삶을 버리고 떠나야 한다.

이 일에는 과감한 결단이 필요하다. 그동안 죄 가운데 살았던 땅, 장소, 그런 환경에서 떠나야 한다. 나를 범죄하게 만든 환경, 그런 장소, 환경이 무엇이든 과감히 버려야 한다. 실제적인 행동으로 그 장소를 떠나야 하고 환경에서 벗어나야 한다. 어차피 성도들이 교회에서 생활하기 시작하지만 세상을 완전히 버리고 무인도나 깊은 산속에서 혼자 살아가는 것이 아니다. 어쩔 수 없이 지금처럼 가족, 이웃, 친구, 직장에 속하여 어울려 살아가야 한다. 그러나 이전과는 다르게 구별되게 살아야 한다. 이런 삶이 하루아침에 되는 것도 아니고 결코 쉬운 일도 아니기 때문에 교회 안에서 훈련과 연단이 필요하다.

둘째, 애굽의 우상을 버려야 한다.

애굽은 이미 애굽의 과정에서 살펴본 대로 애굽의 왕을 비롯하여 태양, 나일강, 코브라, 각 짐승, 곤충, 황소 등 모든 것이 우상이다. 우상이 아닌 것이 없을 만큼 많은 우상이 존재했다. 이 모든 애굽의 우상에서 떠나는 것이다. 애굽은 어느 나라보다 애니미즘, 샤머니즘, 토테미즘이 가득한 나라이다. 모든 사람, 동물, 생물이 다 신이다. 그리스 로마신화의 원산지이기도 하다.

하나님의 큰 은혜와 은총을 입어 구원받고 하나님의 자녀 된 자들은 구원 받은 후에는 세상에서 섬겼던 우상, 미신을 버리도록 훈련해야 한다. 요즈음 가장 무서운 우상인 탐욕, 욕심, 물질숭배의 우상, 미신에서 떠나야 한다. 우리의 환경과 마음속의 미신, 우상에서 떠나야 한다.

셋째, 애굽의 종, 노예의식을 버려야 한다.

이스라엘 백성들은 하나님의 형상대로 지음 받고 선택받은 민족이다. 그러나 애굽에서 430년 동안 비참한 노예, 종노릇을 하면서 하나님의 형상을 잃어버리고 선민의식을 상실하게 되었다. 그리고 노예, 종의 근성만 가지게 되었다. 노예의식은 열등의식이다. 노예는 창의성이 없다. 대단히 소극적이며 주인이 시키는 일만 한다. 주인의 눈치만 보며 주인의 꾸중과 책망을 두려워한다. 노예는 책임의식이 없다. 우리에게 있는 노예근성도 이런 것이다. 자신의 실수에 대해 떳떳하지 못하다. 책망이 두렵기 때문에 책임지지 않고 발뺌한다. 사람의 눈치만 살핀다. 지독하게 양보하기 싫어하고 지독하게 승부욕이 강하고 갑의 위치에서 권력을 행사하려는 것이 노예근성이다. 바로 이것 때문에 광야가 필요한 것이다.

넷째, 나일강의 삶을 버려야 한다.

광야는 나일강의 복과 애굽의 풍요를 전혀 얻을 수 없는 곳이다. 나일강은 에덴동산에 비유될 만큼 모든 것이 넉넉하고 풍요로운 곳이었다. 중동에 가뭄과 기근이 와도 나일강 유역은 가뭄이 없었다. 때문에 아브라함도 이삭도 가나안의 많은 사람들도 야곱의 아들들도 나오미 가족도 가나안 땅에 기근이 들면 곡식을 사기 위해 애굽으로 내려갔다. 애굽에게 나일강은 큰 선물이었고 나일강은 애굽 사람들을 먹여 살리는 무한대의 젖줄이었다. 나일강의 삶은 애굽의 쾌락주의, 물질주의, 향락주의를 의미한다. 모든 것이 풍족한 곳에서는 하나님도 천국도 필요하지 않는 것처럼 보인다.

3천 년 전 애굽은 최고의 경제력, 군사력을 갖춘 초강대국이었다. 피라미드는 기하학과 과학의 결정체였고 세계 최고의 문명을 이룬 곳이다. 대학, 도서관, 최초의 의과대학도 있었다. 부족한 것이 아무것도 없다. 그러나 광야는 아무것도 없고 재미도 없고, 삶의 꿈도, 의미도, 비전도 없다. 그저 40년 동안 보이는 것은 붉은 바위와 모래, 누런 흙이다. 그래서 광야에서 애굽을 그리워한다. 성도들이 신앙생활을 하면서도 세상을 그리워하는 것과 같다.

신명기 8:12-13

「네가 먹어서 배부르고 아름다운 집을 짓고 거주하게 되며 또 네 소와 양이 번성하며

네 은금이 증식되며 네 소유가 다 풍부하게 될 때에 네 마음이 교만하여

네 하나님 여호와를 잊어버릴까 염려하노라」

다섯째, 애굽의 문화, 습관에서 벗어나는 것이다.

광야는 애굽에서 배운 생활 습관, 문화를 버리는 것이다. 요즈음 교회마다 문화 교실이라는 것을 많이 하는 추세인 것 같다. 그러나 세상 문화를 교회 안에 끌어들이는 것은 매우 조심해야 한다.

세속 문화가 있고 기독교 문화가 있고 무속문화가 있고 신앙의 문화가 있다. 광야는 세상의 문화, 세속의 문화, 옛 문화와 삶을 버리는 것이다. 이것이 인생의 광야를 주신 목적이다. 그러나 이스라엘 백성들은 광야를 지나 약속의 땅 가나안으로 가려하지 않고 애굽을 그리워하며 애굽으로 돌아가고자 한다. 그들은 결코 애굽, 나일강의 풍요를 잊지 못한다.

민수기 11:4-6

「그들 중에 섞여 사는 다른 인종들이 탐욕을 품으매 이스라엘 자손도 다시 울며 이르되
누가 우리에게 고기를 주어 먹게 하랴 우리가 애굽에 있을 때에는 값없이 생선과 오이와
참외와 부추와 파와 마늘들을 먹은 것이 생각나거늘 이제는 우리의 기력이 다하여
이 만나 외에는 보이는 것이 아무 것도 없도다 하니」

이스라엘 백성들은 고기를 주어먹게 하라 하고(민 11:13), 애굽에 있을 때가 좋았다(민 11:18)고 말하며 어찌하여 애굽에서 나왔던고(민 11:20)하며 한탄하고 애굽으로 돌아가자(민 14:3)고 불평한다.

이러한 정신 때문에 40년 동안이나 광야를 걷게 되었고 수많은 사람들이 광야를 통과하지 못한 체 죽음을 맞게 되기도 했다. 그들의 몸과 환경은 애굽을 벗어났지만 그들의 마음과 정신은 애굽을 떠나지 못했다. 이것이 현재 교회의 모습이다.

교회를 다닌 지가 오래되었는데도 아직도 참 평안, 만족, 자유, 행복을 누리지 못한 것은 애굽, 세상을 버리지 못했기 때문이다. 애굽과 광야(세상과 교회)에 양다리를 걸치고 있는 것이다.

광야의 40년 여정은 애굽의 수치를 버리는 과정이다. 곧 내가 예수 그리스도를 알기 전 세상에서 배웠던 수치스러움을 버리는 것과 같다. 중요한 것은 말, 언어에서부터 수치스러운 것을 버려야 한다. 사람들의 욕설이란 것은 하나같이 더럽고 추한 것들이다. 더럽고 수치스러운 말을 버려야 한다. 우리의 더러운 마음, 생각 역시 마찬가지이다. 세상의 수치, 더러움을 버려야 한다.

로마 카톨릭의 신비주의자 에크하르트는 "하나님께 도달하는 과정은 영혼에 무엇을 덧붙이는 것이 아니라 영혼에 묻은 그 무엇을 털어내는 것이다"라고 했다. 영혼만 아니라 우리의 전인격에 묻은 수치를 털어내는 것이다! 이것이 광야의 필연적인 과정이다. 마음에 묻은 수치를 털어내야 한다.

여섯째, 옛 길을 버리고 새 길을 가는 것이다.

애굽에서 가나안이나 유럽으로 가는 길은 두 길이 있다. 하지만 이스라엘 백성들은 길이 전혀 없는 곳을 택해 걸어가야 했다. 즉 여호와께서 인도하신 새 길을 걸어가야 했다. 그러나 그들은 새 길을 걸으면서도 하나님의 뜻을 깨닫지 못했다. 여전히 원망, 불평, 불만, 대적한다.

그들이 버려야 할 옛 길, 옛 삶은 단순한 애굽이 아닌 애굽의 가치관, 인생관을 버리는 것이다. 인간적이며 물질적이며 세상적인 것이다.
이 옛 길, 옛 가치관을 버려야 하나님께서 주신 새 길, 새 가치관을 가질 수 있다. 돈으로 사는 것이 아니라 믿음으로 사는 것을 배워야 한다.

사람들에게 있는 옛 가치관은 무엇인가? 세상의 성공, 출세, 명예, 탐욕, 안일, 나태 등이다. 인간적인 것이다. 자기중심적, 이기적인 가치관이다. 이 이기적인 가치관을 버려야 새 길을 갈 수 있다. '출애굽'이란 헬라어로 '엑소더스(ἔξοδος), ἔξ = From, οδος = way'이다. 이는 "길을 떠나는 것"이다. 즉 그동안 살아왔던 길에서 벗어나 새로운 삶의 길로 나아가는 것이다. 이것이 이루어질 때 광야의 삶이 끝나고 약속의 땅에 이르게 된다.

이것을 가능하게 하는 것은 자신의 이기심, 자아, 야망, 욕망을 내려놓고 하나님의 주권을 인정하고 항복하는 것이다. 하나님께 항복하는 것은 광야의 시간을 단축시키는 비결이다. 나의 모든 것을 다 포기하고 하나님께 항복하는 것이 행복이고 축복이다.

일곱째, 광야는 전인격의 거듭남의 과정이다.

애굽에서 떠나는 것은 몸과 환경만이 아니다. 영혼육의 전인격이 떠나야 한다.

목회자들과 대화를 하거나 상담학을 공부하다 보면 가장 이슈가 되고 다투는 것은 사람의 성격이 변화될 수 있느냐 없느냐 하는 것이다. 사람의 성격이 고쳐질 수 있고 변화될 수 있는가?

미국이라는 나라는 상담, 심리학이 가장 발달한 나라이다. 그러나 심리적, 정신적 치유가 되어도 95%가 재발한다. 무엇이 문제인가? 상담, 심리학 등 인간적인 방법이 중요하지만 이것만으로는 변화되는 것이 어렵다는 것이다. 그러나 하나님의 말씀과 성령의 역사가 있을 때 반드시 심적, 성격적으로 변화되고 거듭나고 새로워지는 기적이 있다.

여덟째, 광야는 영화롭게 되는 과정이다.

광야의 과정은 애굽의 수치를 버리는 것을 넘어 하나님의 아들, 딸 된 자들 한 사람, 한 사람이 의롭게 되고 영화롭게 되는 것이다. 이 광야의 여정은 힘들고 어렵지만 큰 복이고 영화로움이다.

로마서 8:29-30

「하나님이 미리 아신 자들을 또한 그 아들의 형상을 본받게 하기 위하여

미리 정하셨으니 이는 그로 많은 형제 중에서 맏아들이 되게 하려 하심이니라

또 미리 정하신 그들을 또한 부르시고 부르신 그들을 또한 의롭다 하시고

의롭다 하신 그들을 또한 영화롭게 하셨느니라」

그렇다. 우리 인생의 광야는 애굽의 수치, 곧 세상의 수치를 벗어버리고 예수 그리스도의 형상을 본받아 영화롭게 되는 과정이다. 지금 인생의 광야를 걷고 있는 성도들은 이 말씀을 명심하고 붙들어야 한다. 광야(교회)는 세상의 수치를 벗어버리고 의롭게 되고 영화롭게 되어가는 과정이며 하나님의 형상, 예수 그리스도의 성품을 회복하는 과정이다.

광야의 목적

광야를 주신 목적은 교회를 주신 목적으로 오늘날의 교회가 경험해야 할 목적이다.

광야교회를 주신 목적은 무엇인가?

첫째, 애굽의 모든 것을 버리고 거룩한 백성이 되게 하기 위함이다.

이것 때문에 연단과 훈련이 필요했다.

둘째, 임마누엘을 경험하기 위함이다.

광야를 지나는 동안 하나님께서 함께하심으로 인하여 많은 이적과 기적들을 경험한다. 광야에서 하나님께서 그들과 함께해 주심으로 인하여 40년 동안 의복과 신발이 해어지지 않고 만나와 메추라기를 주시고 낮에는 구름 기둥 밤에는 불기둥으로 보호하시며 여러 맹수들에게서 보호하시고 반석에서 물이 나게 하시는 기적을 통해 하나님의 임재와 함께하심을 경험한다.

신명기 2:7

「네 하나님 여호와께서 네가 하는 모든 일에 네게 복을 주시고

네가 이 큰 광야에 두루 다님을 알고 네 하나님 여호와께서 이 사십 년 동안을

너와 함께 하셨으므로 네게 부족함이 없었느니라 하시기로」

셋째, 기도가 응답됨을 경험하는 곳이다.

신명기 4:7

「우리 하나님 여호와께서 우리가 그에게 기도할 때마다

우리에게 가까이 하심과 같이 그 신이 가까이 함을 얻은 큰 나라가 어디 있느냐」

넷째, 광야교회는 우리에게 복을 주시기 위함이다.

신명기 8:16

「네 조상들도 알지 못하던 만나를 광야에서 네게 먹이셨나니

이는 다 너를 낮추시며 너를 시험하사 마침내 네게 복을 주려 하심이었느니라」

다섯째, 광야교회는 하나님을 만나고 예배하는 곳이다.

출애굽기 29:42

「이는 너희가 대대로 여호와 앞 회막 문에서 늘 드릴 번제라

내가 거기서 너희와 만나고 네게 말하리라」

광야의 실패

광야의 넘어짐, 광야의 실수는 성도들이 교회에서 신앙생활을 하면서 수없이 넘어지고 쓰러지고 시험 들고 하는 것과 같다. 안타까운 일이지만 성도들 개개인들도 시험에 빠져 고통스러운데 교회 자체가 시험 들고 싸우고 편 가르기를 하고 고소, 고발하는 모습은 이스라엘 백성들이 광야에서 넘어졌던 모습과 같다. 어떻게 하면 교회가 이런 아픔에서 승리할 수 있을까? 이스라엘 백성들이 광야에서 넘어지고 실수한 것은 무엇인가?

첫째, 가장 고통스러운 것은 예배의 실패이다.

이스라엘 백성들에게는 진실한 예배가 없었다. 가슴에서 우러난 간절한 예배가 없었다. 예배를 통해 하나님의 임재를 경험하지 못했다. 여호와께서 광야를 교회로 주셨는데 교회에 예배다운 예배, 하나님께서 기뻐 받으시는 예배가 없었다.

사도행전 7:42

「하나님이 외면하사 그들을 그 하늘의 군대 섬기는 일에 버려 두셨으니

이는 선지자의 책에 기록된 바 이스라엘의 집이여 너희가 광야에서 사십 년간

희생과 제물을 내게 드린 일이 있었느냐」

40년간 희생과 제물을 내게 드린 일이 있었느냐? 이 말씀은 우리에게 큰 충격이다. 광야에 하나님의 교회, 성전이 있었지만 40년 동안 하나님께서 기뻐 받으신 예배가 없었다. 그들은 여전히 제사, 절기, 안식일을 지키고 있었지만 하나님께 상달된 예배가 아니었다. 그들의 예배는 바리새인, 서기관들처럼 형식적이며 가식적이며 외식적이며 물질적, 인본주의적, 탐욕적, 이기적, 기복적인 예배였다.

마치 이 시대 교회들의 예배의 모습과 같다. 너무나 형식적인 예배, 헌금, 헌신만 강조하는 예배, 이론적인 예배, 탐욕, 욕심을 부추기는 기복적인 예배, 성령께서 떠나버린 예배, 이기적, 자기중심적 예배, 지금 우리들의 모습이다.

둘째, 하나님을 사랑하는 것에서 넘어진다.

광야에서 십계명을 주신 정신은 여호와 하나님을 사랑하는 것이다.

신명기 6:4-5

「이스라엘아 들으라 우리 하나님 여호와는 오직 유일한 여호와이시니

너는 마음을 다하고 뜻을 다하고 힘을 다하여 네 하나님 여호와를 사랑하라」

광야교회는 하나님을 사랑하는 것이다. 그러나 그들은 하나님을 사랑하지 않고 우상을 사랑했다.

사도행전 7:40
「그 때에 그들이 송아지를 만들어 그 우상 앞에 제사하며
자기 손으로 만든 것을 기뻐하더니」

광야에서 그들은 엄청난 하나님의 은혜와 기적을 경험했고 지금도 경험하고 있다. 사실 그들이 광야에서 생명과 건강을 유지하며 사는 것이 기적이다.

그럼에도 불구하고 하나님의 은혜, 사랑, 기적을 감사하지 않고 하나님을 외면하고 하나님을 사랑하지 않는다.

셋째, 영적 지도자를 따르는 일에 실패한다.

사도행전 7:39
「우리 조상들이 모세에게 복종하지 아니하고자 하여 거절하며
그 마음이 도리어 애굽으로 향하여」

그들은 한 번도 제대로 모세에게 순종하고 따른 적이 없다. 끊임없이 계속적으로 모세를 원망, 불평, 비난, 정죄, 불순종, 대적한다. 오늘날로 하면 '모세 물러가라' 시위, 데모도 많이 했다. 세상에서 신앙생활을 하다 보면 정말 가짜 목사가 있다. 신학

도 제대로 하지 못하고 목사가 되지 말아야 할 자들도 있다. 그 당시에도 그렇다. 제사장, 서기관, 율법사들 가운데 가짜, 타락한 자들이 많았다. 그러나 모세는 전혀 다른 영적 지도자였다. 그럼에도 불구하고 그들은 모세에게 순종하지 않았다.

사도행전 7:38
「시내 산에서 말하던 그 천사와 우리 조상들과 함께 광야 교회에 있었고
또 살아 있는 말씀을 받아 우리에게 주던 자가 이 사람이라」

모세는 여호와의 살아있는 말씀을 전한 지도자였다. 그래서 순종해야 하고 따라야 하고 존경해야 했다. 그러나 이스라엘 백성들은 오히려 원망, 대적, 비판, 불순종했다.

넷째, 그들은 결국 믿음에서 실패했다.

광야에서 실패한 것은 결국 믿음에서 실패한 것이다. 그들은 여호와 하나님의 약속을 믿지 않았다. 자신들의 생각, 의지, 지식, 감정만 의지했다. 반석의 물도, 고기를 주심도, 가나안도 믿지 않았다. 믿음에서 실패하면 모든 것에 실패한다. 그러므로 오직 말씀의 약속을 믿고 예배에서 승리, 하나님을 사랑하는 것에서 승리, 살아있는 말씀을 전하는 영적 지도자를 존경하고 따르는 것에서 승리, 믿음에서 승리해야 한다.

광야교회에서 실패 이유

우리가 출애굽기, 민수기, 신명기들을 묵상할 때마다 이스라엘 백성들이 광야교회에서 실패한 것을 타산지석, 반면교사로 삼아야 한다. 그러나 오히려 이를 본받고자 하는 자들도 있구나 하는 생각이 들 때도 많다. 광야에서의 넘어짐, 실패는 신앙생활, 교회생활에서의 넘어짐, 실패이다.

그들이 하나님의 임재와 함께 계심을 보면서도 광야교회에서 넘어지고 실패한 이유가 무엇인가?

첫째, 무엇보다 중요한 이유는 광야는 복이라는 사실을 몰랐기 때문이다.

온누리교회를 시무하셨던 하용조 목사님은 7번 간암 수술을 받고 안식년 중 깨달은 것을 간증했다. 광야의 삶은 축복이다. 가난도, 실패도, 질병도 다 축복이다. 광야교회의 삶은 결코 쉬운 것이 아니다. 무미건조하고 힘들고 고통스러울 때가 많다. 그러나 여호와께서 사랑하는 자녀들을 40년 동안 광야에 두신 것은 뜻이 있고 복을 주시기 위함이다. 곧 우리의 신앙생활, 교회생활은 복이다. 이 진리를 망각하고 현재의 힘들고 고통스러운 것만 생각하고 원망, 불평, 낙심, 포기를 생각하는 것은 불행이다.

십자가가 없이는 부활의 영광이 없는 것처럼 광야의 삶에서 승리하지 못하면 복을 누릴 수 없다. 광야는 분명 고통스러운 장소이다. 물도, 음식도 의복도 구하기 어려운 곳이다. 추위와 더위를 견디기도 어렵다. 원망, 불평이 터져 나올 수밖에 없는 곳이다. 그 광야의 환경만 보면 넘어진다. 그러므로 광야를 지나 그 광야 끝에서 주실 복을 바라보아야 한다.

둘째, 이스라엘 백성들이 광야의 삶에서 실패하게 된 이유는 그들의 마음이 애굽을 향해 있기 때문이다.

사도행전 7:39

「우리 조상들이 모세에게 복종하지 아니하고자 하여 거절하며
그 마음이 도리어 애굽으로 향하여」

'그의 마음이 도리어'라는 말은 그들이 마음을 돌이켰다는 것이다. '애굽을 향하여'는 하나님께 등을 돌려 돌이켰다는 것이다. 이스라엘 백성들의 마음이 모세에게서 돌아서고 여호와에게서 돌아섰다. 십자가를 등 뒤에 두고 세상을 향하여 나아갔다. 애굽 세상의 종, 노예가 되어 살던 때를 그리워한다. 옛 생활로 돌아가고자 한다.

신앙생활, 교회생활은 점점 멀어지고 세상을 가까이하는 것이다. 세상의 욕심을 바라며, 세상의 쾌락, 성공, 출세, 명예를 바라면 이때가 신앙의 위기이다. 신앙에 회의가 오고, 권태가 오고, 갈등이 오면 하나님께 등을 돌리고 세상을 그리워하며 세상으로 돌아가려고 한다. 이것은 신앙이 퇴보하는 것이고 타락하는 것이며 탕자가 되는 것이다. 내 마음과 생각은 어느 곳을 향하여 있는가?

셋째, 넘어짐, 실패의 이유는 교만이다.

잠언에서는 성도들의 교만을 무섭게 책망하고 있다. 교만은 패망의 선봉이자 넘어짐의 앞잡이이다. 교만은 여호와 하나님께서 가장 싫어하시는 죄 중에 하나다. 광야교회에서 이스라엘 백성들이 비참하게 실패하게 된 것은 그들의 교만 때문이다. 그들은 오직 하나님의 은혜로만 살고 있으면서도 대단히 교만했다.

사람들의 교만이란 두 가지이다. 겉으로 드러내놓고 교만한 자가 있는가 하면 겉으로는 겸손한 것 같은데 속으로 교만한 자가 있다. 광야교회에서 그들의 교만은 무엇인가? 크게 두 가지다. 하나는 그들이 하나님께서 주신 직분을 귀하게 여기지 않고 보잘것없는 것으로 여겼다.

민수기 16:8-9
「모세가 또 고라에게 이르되 너희 레위 자손들아 들으라 이스라엘의 하나님이
이스라엘 회중에서 너희를 구별하여 자기에게 가까이 하게 하사
여호와의 성막에서 봉사하게 하시며 회중 앞에 서서

그들을 대신하여 섬기게 하심이 너희에게 작은 일이겠느냐」

그들은 하나님께서 맡기신 레위 직분, 성전 봉사 등 성도들 앞에서 그들을 대신하여 섬기는 것을 우습게 여겼다. 이것이 심각한 교만이다. 하나님께서 주신 직분, 사명을 우습게 여기는 것이 교만이다.

다른 하나는 그들이 아론, 모세와 같은 지도자가 되고자 했다. 그들은 모세, 아론만큼 높아지고자 했다. 그래서 모세, 아론을 거역, 배신, 반항, 대적, 원망, 불평한다.

'레위 자손들아 너희가 너무 분수에 지나치느니라(민 16:7).'

사람이 정직하다는 것은 자신의 분수를 알고 자신의 분수에 맞게 사는 것이다. 그러나 수많은 사람들은 분수에 지나쳐 살기 때문에 망한다. '분수에 지나치다'라는 것은 명예, 권력욕이 많다는 것이다. 세상이나 교회나 대부분의 싸움, 다툼, 전쟁, 분쟁은 이것 때문이다. 분수에 지나치게 많이 가지고 높은 자리에 앉으려는 교만 때문이다.

넷째, 넘어짐의 이유는 탐욕, 욕심 때문이다.

민수기 11:4
「그들 중에 섞여 사는 다른 인종들이 탐욕을 품으매
이스라엘 자손도 다시 울며 이르되 누가 우리에게 고기를 주어 먹게 하랴」

민수기 11:33-34

「고기가 아직 이 사이에 있어 씹히기 전에 여호와께서 백성에게 대하여

진노하사 심히 큰 재앙으로 치셨으므로 그 곳 이름을 기브롯 핫다아와라 불렀으니

욕심을 낸 백성을 거기 장사함이었더라」

이스라엘 백성들이 광야에서 울며 원망, 불평, 대적한 것은 그들의 탐욕, 욕심 때문이다. 탐욕, 욕심의 결과가 '기브롯 핫다와', '탐욕의 무덤들', '욕심의 무덤들', '정욕의 무덤들이 되었다. 세상에서 육체를 가지고 살아가는 사람들이 탐욕과 욕심이 전혀 없는 삶을 살아가는 것은 결코 쉬운 일이 아니다. 그러나 믿음을 가지고 천국에 소망을 두고 하나님의 영광을 위해 살아가는 우리들은 욕심을 내려놓고 다스리기를 훈련해야 한다.

갈라디아 5:16

「내가 이르노니 너희는 성령을 따라 행하라 그리하면 육체의 욕심을 이루지 아니하리라」

다섯째, 하나님을 시험했기 때문이다.

시편 78:40-41

「그들이 광야에서 그에게 반항하며 사막에서 그를 슬프시게 함이 몇 번인가

그들이 돌이켜 하나님을 거듭거듭 시험하며 이스라엘의 거룩하신 이를 노엽게 하였도다」

여호와 하나님을 슬프시게 하고 노엽게 한 것이 무엇인가? 여호와 하나님의 권능

과 약속과 언약을 믿지 못하고 하나님을 의지하지 못한 것이다. 여호와 하나님의 전능하심을 의심하고 능력을 불신한 것이다.

시편 78:17-22

「그들은 계속해서 하나님께 범죄하여 메마른 땅에서 지존자를 배반하였도다

그들이 그들의 탐욕대로 음식을 구하여 그들의 심중에 하나님을 시험하였으며

그뿐 아니라 하나님을 대적하여 말하기를 하나님이 광야에서 식탁을 베푸실 수 있으랴

보라 그가 반석을 쳐서 물을 내시니 시내가 넘쳤으나 그가 능히 떡도 주시며

자기 백성을 위하여 고기도 예비하시랴 하였도다 그러므로 여호와께서 듣고 노하셨으며

야곱에게 불 같이 노하셨고 또한 이스라엘에게 진노가 불타 올랐으니

이는 하나님을 믿지 아니하며 그의 구원을 의지하지 아니한 때문이로다」

광야교회에서 실패한 결과

광야교회에서 넘어지고 실패한 결과는 정말 두렵고 무섭다.

첫째, 다베라 지역을 지날 때 하늘에서 불이 내려와 진 끝에 있는 자들을 불살랐다(민 11:1-3).

둘째, 미리암은 나병이 들었다(민 12:10).

셋째, 고라, 다단, 온의 무리들은 땅이 갈라져 생매장되었다(민 16:30-33).

넷째, 분향하는 제사장들 250명이 불태워 죽임을 당했다(민 16:34-35).

다섯째, 14,700명이 전염병에 죽었다(민 16:49-50).

여섯째, 수많은 사람들이 불뱀에 물려 죽었다(민 21:4-7).

일곱째, 모압 여인들과 음행함으로 24,000명이 전염병에 죽었다(민 25:9).

여덟째, 이스라엘 백성 전체에게 내린 심각한 재앙은 지금 광야에서 20세 이상된 성인들 가운데 여호수아, 갈렙 두 사람을 제외하고는 단 한 사람도 가나안 땅에 들어

가지 못하고 모두가 광야에서 죽임을 당했다.

광야에서 죽어 약속의 땅, 축복의 땅 가나안에 들어가지 못했다고 해서 구원을 상실한 것은 아니나 육적인 멸망을 당한 것이다. 얼마나 비참한 일인가? 결국 광야의 실패, 교회생활의 실패, 믿음의 실패는 멸망이며 죽음이다.

지금의 교회나 성도들도 마찬가지 이 광야교회를 잘 기억해야 한다. 하나님은 심는 대로 거두게 하시고, 일한대로 갚아주시고, 행한 대로 보응하신다. 하나님은 불꽃 같은 눈동자로 교회와 성도들을 지켜보시며 공의롭게 행하신다. 하나님의 징계를 우습게 보면 고통이 온다.

시편 89:32
「내가 회초리로 그들의 죄를 다스리며 채찍으로 그들의 죄악을 벌하리로다」

히브리서 12:5-11
「또 아들들에게 권하는 것 같이 너희에게 권면하신 말씀도 잊었도다 일렀으되
내 아들아 주의 징계하심을 경히 여기지 말며 그에게 꾸지람을 받을 때에 낙심하지 말라
주께서 그 사랑하시는 자를 징계하시고 그가 받아들이시는 아들마다 채찍질하심이라
하였으니 너희가 참음은 징계를 받기 위함이라 하나님이 아들과 같이
너희를 대우하시나니 어찌 아버지가 징계하지 않는 아들이 있으리요
징계는 다 받는 것이거늘 너희에게 없으면 사생자요 친아들이 아니니라
또 우리 육신의 아버지가 우리를 징계하여도 공경하였거든 하물며

모든 영의 아버지께 더욱 복종하며 살려 하지 않겠느냐

그들은 잠시 자기의 뜻대로 우리를 징계하였거니와 오직 하나님은 우리의 유익을 위하여

그의 거룩하심에 참여하게 하시느니라 무릇 징계가 당시에는 즐거워 보이지 않고

슬퍼 보이나 후에 그로 말미암아 연단 받은 자들은 의와 평강의 열매를 맺느니라」

하나님은 그의 자녀들을 사랑하시기 때문에 죄를 버리도록 징계하시고, 형벌을 내리기도 하시고, 심판을 내리기도 하신다.

개개인의 아픔이나 징계, 질병들, 각종 사고 사건들, 어려운 일들, 가정의 고통과 괴로움들, 사업의 어려움, 교회의 분쟁과 쇠퇴 이런 일들이 있을 때 무조건 하나님을 향하여 돌을 던지고 원망 불평하고 시험에 빠지고 교회를 떠나고 하기 전에 냉철하고 냉정하게 자신을 돌아 보아야 한다. 나의 마음, 생각. 말, 행위가 하나님 보시기에 선하고 하나님을 기쁘시게 했는지, 이 징계를 받을 만한 일들은 없었는지, 하나님의 일에 게으르고 나태하지 않았는지 살펴보아야 한다.

광야의 실제 : 교회의 본질

광야의 실제는 지금 이 시대 교회의 본질은 무엇이며, 교회의 삶, 믿음의 삶은 무엇인지를 성경적으로 살피는 것이다.

살아 역사하는 교회, 생명력 있는 교회는 어떤 교회인가?
하나님께서 인정하시는 교회는 어떤 교회인가?
과연 신학적으로 성경적으로 올바르고 건강한 교회인가?

이 시대는 그렇지 못한 성도들과 교회가 너무나 많다. 세상에는 정말 많은 교파가 있고 같은 교단에 속해 있지만 성경적이지 못하고 건강한 신학적 기초도 되어있지 못한 체 교회 부흥, 성장에만 초점을 맞추다 보니 여러 세미나를 전전하면서 정체성을 잃어버린 교회나 성도들도 많다. 성도들 역시 교회를 출석하는 목적이 지극히 육적이고 세상적인 경우도 많다.

따라서 광야의 실제를 통해 교회의 본질을 바로 알고 건강하고 하나님께 인정받는 사도행전의 역사와 같은 복음의 능력이 있는 교회와 성도들이 되게 해야 한다.

첫째, 교회의 본질은 하나님의 말씀다운 말씀이 선포되는 것이다.

교회의 생명은 말씀이다. 그러나 오늘날의 많은 교회들은 말씀에 초점을 맞추고 말씀을 말씀답게 전하려는 것보다는 성도들이 듣고 싶어 하는 말씀만 전하려는 유혹을 많이 받는다. 성도들은 축복의 말씀, 기적의 말씀, 간증 등만 좋아한다. 이런 교회들이 실제로 부흥하기도 하니 유혹을 떨쳐내기란 쉽지 않다. 그러나 교회는 그 무엇보다 말씀이 중심이 되어야 한다. 굳이 칼빈의 사상을 인용하지 않더라도 교회는 말씀이 중심이 되고 기초가 되어야 한다.

광야의 구약적 의미는 우리에게 매우 중요하다. 구약에서 광야를 지칭하는 단어는 '다바르(רָבָד)'이다. 다바르는 광야라는 의미를 가지고 있지만 그보다 더 중요하게 사용된 의미는 '말(Word)', '말 하는 것(Speaking)', '연설(Speech)', '소리(Sound)', '음성(Voice)'이다.

광야의 구약 언어적 의미가 말씀, 음성, 소리라는 것은 정말 놀라운 일이다. 그러면 우리는 하나님께서 굳이 이스라엘 백성들을 불레셋 해변 길, 그 편안한 길로 인도하시지 않고 힘들고 어렵고 고통스러운 광야 길로 인도하신 것은 그곳에서 하나님의 말씀, 그의 음성, 소리를 듣게 하심이다.

실제로 하나님께서 이스라엘 백성들이 광야에 있을 때 말씀을 주셨다. 토라인 모세오경을 주시고, 십계명을 주시고, 율법을 주시고, 언약을 주셨다. 이 모든 말씀이 오직 광야에서 주어졌다. 정말 놀라운 일이다.

교회의 본질은 말씀이다. 살아 역사하는 말씀이다. 운동력 있는 말씀이다. 목회자는 말씀을 깊이 연구하는 사명에 목숨을 걸어야 한다. 얄팍한 설교, 듣기 좋아하는 설교는 불행이다.

사도 바울도 다메섹 도상에서 예수 그리스도를 만난 후 곧바로 아라비아 광야로 가서 3년 동안 고생하며 말씀을 연구했다. 그는 당시 율법에 정통한 바리새인이요 선생으로서 율법과 복음의 관계에서 그 관계의 진리를 찾으려고 고통의 시간을 보냈을 것이다. 바리새인인 사도바울이 그렇게 복음을 정확하게 깨닫고 율법과 복음의 관계, 행위와 은혜의 관계, 노력과 믿음의 관계를 신학적으로 명쾌하게 정리할 수 있었던 것은 그가 광야에 머물렀기 때문에 가능했다.

교회의 가장 중요한 본질은 목사는 말씀을 말씀답게 깊이 연구하고 전하는 것이고 성도들은 말씀을 사모하고 갈망해야 한다. 말씀이 말씀답지 못한 교회는 교회의 생명력을 상실한 것이다. 지금 우리의 교회들은 어떤 상태인지, 말씀이 말씀답게 전해지는지 점검하고 고민해야 한다.

신명기 8:2-3

「네 하나님 여호와께서 이 사십 년 동안에 네게 광야 길을 걷게 하신 것을 기억하라

이는 너를 낮추시며 너를 시험하사 네 마음이 어떠한지 그 명령을 지키는지

지키지 않는지 알려 하심이라 너를 낮추시며 너를 주리게 하시며

또 너도 알지 못하며 네 조상들도 알지 못하던 만나를 네게 먹이신 것은

사람이 떡으로만 사는 것이 아니요 여호와의 입에서 나오는

모든 말씀으로 사는 줄을 네가 알게 하려 하심이니라」

광야 길을 걷게 하신 목적은 사람이 떡으로만 사는 것이 아니라 여호와의 입에서 나오는 모든 말씀으로 사는 줄을 우리가 깨달아 알게 하시기 위함이다.

교회의 본질도 마찬가지이다. 교회의 삶은 사람이 떡으로만 사는 것이 아니요 여호와의 입에서 나오는 모든 말씀으로 사는 줄을 깨달아 알게 하시기 위함이다.

성도들이 하나님의 말씀을 지극히 사모하고 사랑해야 하는 것은 하나님의 말씀이 불같고 방망이 같을 뿐 아니라 말씀은 성령의 검, 성령의 강력한 무기이기 때문이다. 말씀이 성령의 무기인 것은 성령님께서 하나님의 말씀으로 일하시고 하나님의 말씀으로 붉은 용, 사탄, 마귀, 귀신들을 내어 쫓으시기 때문이다.

둘째, 교회의 본질은 예배이다.

에이든 토져(Aiden Wilson Tozer)의 '예배인가 쇼인가'를 인용하면 '예배란 사랑하는 대상과의 연합을 추구하는 것'이다. 인생의 목적은 하나님을 하나님답게 예배하는 것이다. 예배의 요소는 감탄, 존경, 매혹, 사랑, 영성, 진실성이다.

하지만 오늘날의 예배는 이런 요소가 없이 사이비 예배가 많다. 예배다운 예배는 예배 때마다 살아계신 하나님의 임재와 큰 은혜와 감동을 뜨겁게 경험한 데서 나와야 한다. 교회는 예배다운 예배가 없다면 더 이상 주님이 계신 교회라고 할 수 없다.

셋째, 교회의 본질은 기도이다.

평범한 내용 같으나 기도만큼 힘들고 어려운 것도 없다. 예수님은 성전을 정화하시면서 "내 집은 만민이 기도하는 집이다"라고 말씀하신다. 교회는 기도하는 집이다. 기도를 위해 교회가 존재하는 것이다.

마가복음 11:17
「이에 가르쳐 이르시되 기록된 바 내 집은 만민이 기도하는 집이라 칭함을 받으리라고
하지 아니하였느냐 너희는 강도의 소굴을 만들었도다 하시매」

A.D 70년 로마 베스파시아누스 사령관과 그의 아들 티토장군에 의해 예루살렘이 불타고 파괴되었을 때 당시 유대인들뿐만 아니라 로마인들에게도 존경받는 요한 벤 자카이 랍비가 있었다. 그는 예루살렘 성전이 없어 제사를 드릴 수 없게 되었을 때 기도로서 희생 제물을 대신했다(빅터 솔로몬). 그때부터 기도만으로도 하나님을 위해 희생을 바치는 의식을 다했다고 생각하는 새로운 전통이 생겼다. 기도는 양이나 비둘기를 희생으로 드리는 것 못지 않은 희생을 드리는 행위가 되었다.

교회의 본질은 자신의 몸을 드리는 희생이고 곧 기도이다. 사무엘은 기도를 쉬는

죄를 범하지 않겠다고 약속했으며 사도 바울은 무시로 항상 기도했다. 기도를 쉬는 것은 큰 시험을 자초하는 것이다. 그러므로 교회는 기도가 살아있어야 한다.

마태복음 26:41

「시험에 들지 않게 깨어 기도하라 마음에는 원이로되 육신이 약하도다 하시고」

넷째, 교회의 본질은 전인적 거듭남이다.

애굽을 떠나 예수 그리스도를 믿고 영적으로 거듭난 자들은 분명한 하나님의 자녀들이 되었다. 그러나 예수 믿고, 새 생명이 우리 안에 있고, 열심히 신앙생활을 잘하고 있다고 하더라도 성도들의 인격과 성품, 사상과 정신까지 거듭나서 온전히 죄와 상관없이 죄를 초월해서 살 수는 없다. 여전히 세상 죄 가운데 살며 죄의 속성을 가지고 있다. 이것이 사도바울의 아픔이며 고통이었다.

로마서 7:21-24

「그러므로 내가 한 법을 깨달았노니 곧 선을 행하기 원하는 나에게 악이 함께 있는 것이로다 내 속사람으로는 하나님의 법을 즐거워하되 내 지체 속에서 한 다른 법이 내 마음의 법과 싸워 내 지체 속에 있는 죄의 법으로 나를 사로잡는 것을 보는도다 오호라 나는 곤고한 사람이로다 이 사망의 몸에서 누가 나를 건져내랴」

교회의 삶은 저 천국 본향을 향해 순례자의 길을 걸어가는 것이다. 이 순례자의 길은 좁은 길이며 아무나 갈 수 있는 길이 아니다. 그 고난의 길을 걸어가면서 수많은 영적 싸움과 자신과의 싸움을 통해 마음, 생각, 성품, 인격, 사상, 정신이 거듭나고, 새로워져야 한다. 그래서 교회의 본질은 성도들을 훈련해서 계속적으로 성화되게 하고 결국 영화롭게 만들어 가야 한다.

로마서 8:30
「또 미리 정하신 그들을 또한 부르시고 부르신 그들을 또한 의롭다 하시고
의롭다 하신 그들을 또한 영화롭게 하셨느니라」

이런 목적 때문에 교회는 성도들을 방목하는 것이 아니라 제자훈련, 영성훈련, 기도, 금식훈련, 내적치유, 영성치유, 수련회, 부흥회 등이 필요하다.

다섯째, 교회의 본질은 믿음이다.

히브리서 11:6
「믿음이 없이는 하나님을 기쁘시게 하지 못하나니 하나님께 나아가는 자는 반드시
그가 계신 것과 또한 그가 자기를 찾는 자들에게 상 주시는 이심을 믿어야 할지니라」

하나님의 무궁무진한 은혜로 하나님의 자녀가 된 우리가 하나님 아버지를 가장 기쁘시게 하는 것은 오직 믿음이다. 그러나 이스라엘 백성들은 광야에서 여호와 하나님을 믿지 않았다. 그들의 불신의 행동들은 여호와 하나님을 시험하고, 여호와 하나님을 불순종하고, 여호와 하나님을 원망 불평하고, 여호와 하나님을 대적하며, 여호와 하나님을 무시, 멸시, 경멸했다.

그들은 애굽에서 광야까지 전적인 하나님의 능력과 기적으로 지내 왔다. 그 수많은 기적을 눈으로 보았고, 그 수많은 기적을 경험했고 지금도 보고 경험하고 있다. 불기둥과 구름기둥으로 인도하시는 하나님을 경험했지만 믿지 않았다. 이것은 불신을 넘어 악한 것이다.

민수기 14:11

「여호와께서 모세에게 이르시되 이 백성이 어느 때까지 나를 멸시하겠느냐
내가 그들 중에 많은 이적을 행하였으나 어느 때까지 나를 믿지 않겠느냐」

광야는 믿음의 훈련소이다. 광야는 믿음의 학교이다. 광야는 믿음 없이는 살아갈 수 없는 곳이다. 인간의 지혜나 노력으로 살아갈 수 없다. 교회도 마찬가지이다. 교회는 믿음 위에 세워진다. 그럼에도 불구하고 사람들은 전적인 하나님의 은혜에 감사하지 않고 오히려 하나님을 시험, 멸시, 대적했다. 한마디로 여호와 하나님을 우리 같은 사람으로 여기고 만만하게 보고 우습게 본 것이다.

믿는 것이 하나님을 기쁘시게 하는 것이다. 믿는 것이 하나님을 하나님답게 대접하는 것이다. 믿는 것이 하나님을 존경하는 것이다. 믿는 것이 하나님을 경외하는 것이다.

그러나 매우 중요한 것은 믿음과 자기의 신념을 혼동하지 말아야 한다. 많은 사람들이 믿음과 신념을 구분하지 못한다. "믿습니다. 믿습니다"를 외치며 무리하게 교회를 건축하다가 부도가 난 교회들이 허다하다.

성경적인 진정한 믿음은 무엇인가?

1) 믿음은 하나님의 명령, 약속에 예, 아멘 하는 것이다(고후 1:19-20).

2) 하나님을 정확하게 아는 것이다(요 17:3).

3) 마음으로 믿고 입으로 시인하는 것이다(롬 10:9-10: 요 20:28).

4) 간주하고 그렇게 여기는 것이다(롬 6:11).

5) 하나님과 교제다(요일 1:3).

6) 하나님께 모든 것을 전적으로 맡기고 의탁하는 것이다(시 37:5-6).

7) 하나님의 형상을 회복하는 것이다(롬 8:29).

8) 보이지 않는 것의 증거다(히 11:1-2).

여섯째, 교회의 본질은 사랑이다.

교회는 하나님의 위대한 이중 계명이 있다.

마가복음 12:29-32

「예수께서 대답하시되 첫째는 이것이니 이스라엘아 들으라 주
곧 우리 하나님은 유일한 주시라 네 마음을 다하고 목숨을 다하고 뜻을 다하고
힘을 다하여 주 너의 하나님을 사랑하라 하신 것이요 둘째는 이것이니
네 이웃을 네 자신과 같이 사랑하라 하신 것이라 이보다 더 큰 계명이 없느니라」

이 보다 더 큰 계명이 없다.

교회의 은혜

광야는 하나님의 은혜를 경험하는 곳이다. 광야는 하나님의 은혜를 경험하되 일상적으로 주시는 은혜만이 아닌 큰 은혜, 놀라운 은혜를 경험하는 곳이다. 광야의 힘든 고통, 외로움, 고독, 질병, 위기, 위험 등 생명이 심각하게 위협받는 그런 환경에서 하나님의 임재, 역사, 기적의 은혜를 경험하고 나면 사람들은 그런 광야를 결코 잊지 못한다. 누군들 광야를 좋아하겠는가? 사람들은 누구나 편리하고 편안한 것을 좋아한다. 그러나 스스로 그 힘들고 눈물겹고 고통스럽고 고독한 광야를 선택하는 것은 거기에 하나님의 큰 은혜가 있기 때문이며 그 은혜가 너무나 귀하고 소중하기 때문이다.

우리가 반드시 기억해야 할 한 가지 중요한 사실, 진리는 광야, 교회의 삶은 은혜라는 것이다. 사랑과 은혜가 풍성하신 하나님께서 이유 없이, 아무런 목적 없이 우리를 광야에서 고통스럽게 하는 것이 아니다. 우리에게 광야를 주신 것은 큰 은혜를 경험하게 하시기 위함이다.

광야, 교회에서 주시는 큰 은혜는 무엇인가?

첫째, 임마누엘이다.

신명기 2:7
「네 하나님 여호와께서 네가 하는 모든 일에 네게 복을 주시고
네가 이 큰 광야에 두루 다님을 알고 네 하나님 여호와께서 이 사십 년 동안을
너와 함께 하셨으므로 네게 부족함이 없었느니라 하시기로」

광야에서 여호와 하나님께서 40년 동안 함께하셨다. 그러나 이스라엘 백성들은 환경에 가려 이 하나님을 발견하지 못하고 깨닫지 못했다. 그것은 어리석게도 우리 자신들도 마찬가지이다. 교회는 하나님의 임재가 항상 함께하며, 임마누엘을 경험하는 곳이지만 성도들은 깨닫지 못하고, 경험하지 못한다.

데살로니가전서 5:10
「예수께서 우리를 위하여 죽으사 우리로 하여금 깨어 있든지 자든지
자기와 함께 살게 하려 하셨느니라」

예수님은 우리와 함께하시기를 기뻐하신다.

주님은 우리의 인생 길과 삶을 외면하시는 분이 아니시다. 우리의 인생의 광야에서 우리와 함께 하신다. 우리가 아플 때 함께 아파하시며, 우리가 힘들 때 함께 힘들

어하시며, 우리가 슬플 때 함께 슬퍼하신다. 그러므로 임마누엘을 절대로 잊지 않고 경험해야 한다.

둘째, 우리의 의식주를 책임져 주신다.

광야는 사람이 생존할 수 있는 곳이 아니다. 광야는 전혀 생존할 수 없다. 물이 없고 농사를 지을 수 없고 한낮의 태양, 밤중의 추위, 불 뱀, 전갈이 있는 곳. 이런 곳에서 40년 동안 신발이 멀쩡하고 40년 동안 옷이 해어지지 않고, 40년 동안 반석에서 물이 나고, 40년 동안 만나와 메추라기를 주셨다.

하나님은 우리의 인자하신 아버지가 되시기 때문에 우리의 의식주를 책임져 주신다. 우리가 경제적인 안정을 누리는 것은 전적인 하나님의 은혜이다.

신명기 8:18

「네 하나님 여호와를 기억하라 그가 네게 재물 얻을 능력을 주셨음이라

이같이 하심은 네 조상들에게 맹세하신 언약을 오늘과 같이 이루려 하심이니라」

마태복음 6:25-34

「그러므로 내가 너희에게 이르노니 목숨을 위하여 무엇을 먹을까 무엇을 마실까

몸을 위하여 무엇을 입을까 염려하지 말라 목숨이 음식보다 중하지 아니하며

몸이 의복보다 중하지 아니하냐 공중의 새를 보라 심지도 않고 거두지도 않고

창고에 모아들이지도 아니하되 너희 하늘 아버지께서 기르시나니

너희는 이것들보다 귀하지 아니하냐 너희 중에 누가 염려함으로 그 키를 한 자라도

더할 수 있겠느냐 또 너희가 어찌 의복을 위하여 염려하느냐

들의 백합화가 어떻게 자라는가 생각하여 보라 수고도 아니하고

길쌈도 아니하느니라 그러나 내가 너희에게 말하노니 솔로몬의 모든 영광으로도

입은 것이 이 꽃 하나만 같지 못하였느니라 오늘 있다가 내일 아궁이에 던져지는

들풀도 하나님이 이렇게 입히시거든 하물며 너희일까 보냐 믿음이 작은 자들아

그러므로 염려하여 이르기를 무엇을 먹을까 무엇을 마실까 무엇을 입을까 하지 말라

이는 다 이방인들이 구하는 것이라 너희 하늘 아버지께서 이 모든 것이 너희에게 있어야

할 줄을 아시느니라 그런즉 너희는 먼저 그의 나라와 그의 의를 구하라 그리하면 이 모든

것을 너희에게 더하시리라 그러므로 내일 일을 위하여 염려하지 말라 내일 일은 내일이

염려할 것이요 한 날의 괴로움은 그 날로 족하니라」

인류의 역사와 여러 민족을 보면 하나님을 사랑하고 예배하는 개인이나 민족은 가난하지 않다. 배고프지 않다. 우리의 의식주를 책임져 주신다. 때로는 우리의 믿음을 시험해 보시기 위해 가난하고 배고플 수 있다. 그러나 하나님의 시험에 합격하고 믿음으로 살면 주님께서 책임져 주시고 복 내려 주신다.

셋째, 우리를 지키시며 보호해 주신다.

신명기 32:10

「여호와께서 그를 황무지에서, 짐승이 부르짖는 광야에서 만나시고 호위하시며

보호하시며 자기의 눈동자 같이 지키셨도다」

이 시대를 살아가는 우리들은 많은 위험 가운데 살아간다. 점점 더 난폭하고 교활한 시대를 살아간다. 각종 사고, 사건, 질병 등을 수없이 목격한다. 어느 때보다 주님의 지켜주심과 보호하심이 필요한 때이다. 전쟁 중 여행 중에만 위험한 것이 아니다. 우리의 삶 속에는 여러 위험들이 도사리고 있다. 그러나 두려워하지 않는 것은 주님께서 지켜 보호해 주심을 믿기 때문이다.

시편 121편의 찬양

내가 산을 향하여 눈을 들리라 나의 도움이 어디서 올까

나의 도움은 천지를 지으신 여호와에게서로다

여호와께서 너를 실족하지 아니하게 하시며 너를 지키시는 이가 졸지 아니하시리로다

이스라엘을 지키시는 이는 졸지도 아니하시고 주무시지도 아니하시리로다

여호와는 너를 지키시는 이시라 여호와께서 네 오른쪽에서 네 그늘이 되시나니

낮의 해가 너를 상하게 하지 아니하며 밤의 달도 너를 해치지 아니하리로다

여호와께서 너를 지켜 모든 환난을 면하게 하시며 또 네 영혼을 지키시리로다

여호와께서 너의 출입을 지금부터 영원까지 지키시리로다

세상과 환경을 보면 두려운 것들로 가득하다. 그러나 주님께서 천군 천사들을 보내셔서 우리를 지키시고 보호하신다. 그 은혜를 믿고 누리자.

넷째, 피난처이며 안식처이다.

광야에서 은혜를 입는 것이 안식이며 곧 평안이다. 성경의 믿음의 조상들은 위기

때 광야로 도피했다. 모세, 다윗, 엘리야, 바울이 그랬다. 광야는 우리에게 평안, 안식, 도피처가 되어 주고 영적 만족을 준다.

다섯째, 인도하심의 은혜다.

우리가 인생의 캄캄하고 고통스럽고 눈물겨운 광야를 지날 때 그 가운데서 은혜를 누리는 것은 전능하신 목자, 선하신 목자를 만나는 것이다. 전능하신 목자, 선하신 목자 되신 여호와 하나님을 알고, 그분의 인도하심을 따르는 것이다. 처음 가본 낯선 땅을 여행할 때 가이드가 가장 중요한 것처럼 누구나 처음 여행하는 인생의 길, 광야, 교회에서 선한 목자의 인도하심을 받는 것은 최고의 행복이며, 은혜이며, 축복이다.

이 땅의 교회는 선한 목자의 인도하심을 경험하는 곳이다. 그가 우리의 인도하심을 보면 큰 은혜이자 놀라움이다. 선한 목자 되신 하나님께서 우리를 인도하시는 모습은 마치 세상의 아버지 어머니들이 어린 자녀를 인도하는 모습과 같다.

※ 선한 목자는 우리 앞에서 인도하신다.

신명기 1:33

「그는 너희보다 먼저 그 길을 가시며 장막 칠 곳을 찾으시고 밤에는 불로,
낮에는 구름으로 너희가 갈 길을 지시하신 자이시니라」

우리를 위해 모든 것을 준비하시고 예비하시는 여호와 이레 하나님을 경험한다. 그는 그의 백성들보다 먼저 가시면서 길을 만드시고, 준비하시면서 앞서 인도해 주신다. 우리가 가는 길에 어떤 위험과 실패가 도사리고 있는지 우리는 알 수 없지만 하나님께서 그런 길을 피하게 하시고 안전하고 형통한 길로 인도해 주신다. 하나님은 역사상 전무후무하게 이스라엘 백성들 앞에서 불과 구름 기둥으로 인도하신다. 때문에 성도들은 사람을 보고, 환경을 보고, 세상을 보는 것이 아니라 오직 주님만을 바라보며 나아가야 한다. 지금 이 시대의 우리는 말씀과 성령의 감동, 인도하심을 따라야 한다.

※ 선한 목자는 우리의 손을 잡아 인도해 주신다.

사람들이 다 성숙하게 되면 인도자가 앞에서 인도해 주는 대로 따라만 가면 된다. 그러나 어린 자녀들은 앞에서 인도해도 인도자가 보이지 않기 때문에 부모가 손을 잡고 인도해야 한다. 복잡한 공원에서 부모의 손을 놓치면 미아가 되고 만다. 마찬가지로 우리가 하나님의 손을 놓치면 영적 미아가 되고 인생의 미아가 된다. 우리가 인생의 삶에서 힘들고 지칠 때, 우리가 인생의 삶에서 쓰러지고 넘어질 때, 우리가 인생의 삶에서 절망하고 낙심할 때 주님께서 우리에게 오셔서 우리의 손을 붙잡아 주신다. 때문에 우리는 두려울 것이 없다. 한 번도 가보지 않은 인생의 광야로 걸어가도 불안할 것이 없다. 전능하신 목자께서 나의 손을 붙잡고 계시기 때문이다.

출애굽기 13:9

「이것으로 네 손의 기호와 네 미간의 표를 삼고 여호와의 율법이 네 입에 있게 하라

이는 여호와께서 강하신 손으로 너를 애굽에서 인도하여 내셨음이니」

요한계시록 2:1

「에베소 교회의 사자에게 편지하라 오른손에 있는 일곱 별을 붙잡고

일곱 금 촛대 사이를 거니시는 이가 이르시되」

우리가 걸을 수만 있다면 우리의 손을 잡아 인도해 주신다. 때문에 우리는 하나님의 손을 붙잡는 것처럼 철저하게 주님만 의지해야 한다. 어린아이처럼 의지하는 것이다.

※ 선한목자는 우리를 그의 등에 업어서 인도해 주신다.

출애굽기 19:4

「내가 애굽 사람에게 어떻게 행하였음과 내가 어떻게 독수리 날개로

너희를 업어 내게로 인도하였음을 너희가 보았느니라」

주님께서 우리를 인도하시되 때때로 우리를 주님 등에 업어서 인도해 주신다. 우리가 너무 어려 도저히 걸을 수 없을 때, 우리가 너무 지쳐 도저히 걸을 수 없을 때, 우리가 병들어 걸을 수 없을 때, 우리가 심히 피곤해서 걸을 수 없을 때 주님은 우리를 그의 등에 업어서 인도하신다. 우리는 이런 때에 절망하고 포기하는 것이 아니라 눈물로 주님의 등에 기대기만 하면 된다.

※ 선한 목자는 우리를 가슴에 안아서 인도해 주신다.

우리가 도저히 하나님의 등에 업힐만한 힘조차 없을 때 우리의 참 좋으신 아버지가 되시는 하나님은 우리를 아버지의 가슴에 안아서 인도해 주신다.

신명기 1:31
「광야에서도 너희가 당하였거니와 사람이 자기 아들을 안음 같이
너희 하나님 여호와께서 너희의 행로 중에 너희를 안으사
이곳까지 이르게 하셨느니라 하나」

이사야 63:9
「그들의 모든 환난에 동참하사 자기 앞의 사자로 하여금 그들을 구원하시며
그의 사랑과 그의 자비로 그들을 구원하시고 옛적 모든 날에 그들을 드시며 안으셨으나」

마가렛 피쉬백 파워즈는 병상에 누워 죽음의 두려움과 공포에 있으면서 '모래 위의 발자국'이라는 시를 지었다. 수많은 곳에 작자 미상으로 소개되고 액자에 담겨 걸어둔 이 시는 사실 파워즈가 원고를 잃어버렸다가 찾은 것으로 그의 감동적인 시는 그의 아픈 경험에서 나온 영적 경험인 것이다.

어느날 밤 나는 한 꿈을 꾸었습니다.
내가 주님과 함께 해변가를 걷고 있었고
어두운 하늘을 가로질러
나의 삶의 장면들이 밝게 비쳐져 왔습니다.
나는 각 장면마다 모래 위에

두 사람의 발자국이 있는 것을 보았습니다.

하나는 나의 것이었고

다른 하나는 주님의 것이었습니다.

이윽고 내가 살아온 삶의 마지막 장면이

내 앞에 펼쳐졌을 때

모래 위에 새겨진 발자국은 한 사람의 것밖에 보이지 않았습니다.

그 때는 나의 삶 중에서 가장 힘들고 슬픈 순간이었습니다.

이 사실로 인해 나는 늘 가슴 아파했고

그래서 주님께 여쭈었습니다.

"주님, 제가 주님을 따르면 주님은 항상 저와 동행하며 친구가 되어주겠다고 하시지 않았습니까? 하지만 제 삶에서 가장 고통스러운 때는 왜 한사람의 발자국만 있었는지 이해할 수 없습니다. 제가 주님을 가장 필요로 할 때 어찌하여 주님은 저를 떠나 계셨습니까?"

그러자 주님은 속삭이셨습니다.

"나의 귀한 아이야. 나는 너를 사랑하며 결코 너를 떠나지 않을 거란다. 네가 가장 큰 시련과 어려움을 당한 그 때에도 결단코 떠나지 않았단다. 네가 한 사람의 발자국만 본 것은 내가 너를 안고 갔기 때문이란다."

누구나 이런 은혜를 누리는 것은 아니다. 광야에서 누리는 평강은 선한 목자 되신 주님과 아름다운 관계에 있어야 한다. 내가 철저하게 선한 양으로 주님께 의지할 때 우리를 업어주시고 안아주신다. 또한 구덩이에 빠져 허우적거리며 울부짖는 어린양처럼 울며, 절규하며, 울부짖을 때 이런 은혜를 주신다.

광야, 교회에서의 승리

실제로 광야나 사막을 건널 때는 중요한 법칙이 있다. 광야는 우리가 살아가는 일반적인 삶의 방법과는 너무나 다르다. 일상생활에서는 특별히 준비할 것이 없다. 그러나 광야에서는 다르다. 일상의 삶에서는 돈만 있으면 다 해결되지만 광야는 돈이 전혀 필요치 않다. 돈으로 할 수 있는 것이 아무것도 없다. 무인도를 생각해 보라. 광야도 무인도와 같다. 일상생활에서는 지도가 매우 중요하지만 광야에서는 지도가 아닌 나침판이 필요하다. 우리가 걸어가는 신앙의 광야, 영적 광야도 마찬가지이다. 신앙의 광야, 영적 광야, 교회는 지금까지 가지고 있던 것과 다른 신앙의 삶의 원리가 중요하다. 그래야 광야, 교회에서 승리할 수 있다.

첫째, 승리의 원리는 선택이다.

하나님은 그의 백성들 모두에게 복을 주시려고 천국에 복을 쌓아두셨다. 하나님은 공평하시고 사랑이시기 때문에 그의 백성들이 건강하고 행복하기를 원하신다. 그러나 교회에서나 삶에서 승리하는 것은 나의 선택에 달려 있다.

승리는 선택이다. 축복도 선택이다. 건강도 선택이다. 내가 무엇을 선택하는가에 따라 내 운명이 결정된다. 지금 내가 아픔과 불행과 질병과 어려움 가운데 있다면 하나님을 원망하고 불평하는 것이 아니라 지난날 나의 선택의 결과임을 알아 회개하며 회복해야 한다.

신명기 11:26-28

「내가 오늘날 복과 저주를 너희 앞에 두나니 너희가 만일 내가 오늘날 너희에게 명하는

너희 하나님 여호와의 명령을 들으면 복이 될 것이요 너희가 만일 내가 오늘날 너희에게

명하는 도에서 돌이켜 떠나 너희 하나님 여호와의 명령을 듣지 아니하고 본래 알지

못하던 다른 신들을 좇으면 저주를 받으리라」

신명기 30:15-20

「보라 내가 오늘 생명과 복과 사망과 화를 네 앞에 두었나니

곧 내가 오늘 네게 명령하여 네 하나님 여호와를 사랑하고 그 모든 길로 행하며

그의 명령과 규례와 법도를 지키라 하는 것이라

그리하면 네가 생존하며 번성할 것이요 또 네 하나님 여호와께서

네가 가서 차지할 땅에서 네게 복을 주실 것임이니라

그러나 네가 만일 마음을 돌이켜 듣지 아니하고 유혹을 받아 다른 신들에게 절하고

그를 섬기면 내가 오늘 너희에게 선언하노니 너희가 반드시 망할 것이라

너희가 요단을 건너가서 차지할 땅에서 너희의 날이 길지 못할 것이니라

내가 오늘 하늘과 땅을 불러 너희에게 증거를 삼노라 내가 생명과 사망과 복과 저주를

네 앞에 두었은즉 너와 네 자손이 살기 위하여 생명을 택하고

네 하나님 여호와를 사랑하고 그의 말씀을 청종하며 또 그를 의지하라

그는 네 생명이시요 네 장수이시니 여호와께서 네 조상 아브라함과 이삭과 야곱에게

주리라고 맹세하신 땅에 네가 거주하리라」

믿음은 선택이다. 순간, 순간의 선택이다. 우리는 승리를 선택해야 한다. 선택은

우리 몫이다.

둘째, 여호와께서 광야의 길을 걷게 하신 것을 기억해야 한다.

광야를 지내오면서 중요한 것은 그곳에서 경험한 것들을 잊지 말고 기억해야 한다(신 8:11: 14: 19). 하나님께서 수없이 광야의 삶, 광야의 길에서 하나님을 잊어버리지 말도록 명령하신다. 광야의 은혜를 기억하라는 명령이다. 그러나 그들은 너무나 쉽게 하나님을 잊어버렸다. 이것이 아픔이요. 고통이요. 실패다.

시편 106:13
「그러나 그들은 그가 행하신 일을 곧 잊어버리며 그의 가르침을 기다리지 아니하고」

신명기 8:2
「네 하나님 여호와께서 이 사십 년 동안에 네게 광야 길을 걷게 하신 것을 기억하라」

광야에서 받은 은혜와 은총, 광야에서 얻은 기적, 이적, 광야에서 얻은 임재 경험, 광야에서 얻은 복, 광야에서 얻은 감동, 능력, 광야에서 얻은 승리, 기도 응답 등. 이 감동, 감격을 기억해야 한다. 광야를 기억하는 것은 하나님을 기억하는 것이다. 광야에서 승리할 때는 언제였는지, 광야에서 기도가 응답된 것은 언제였는지, 광야에서 기적을 경험한 비결은 무엇인지, 이것을 절대로 잊지 말아야 한다. 뿐만 아니라 광야에서의 실패, 광야에서의 좌절, 절망, 광야에서의 고통, 광야에서의 눈물, 광야에서의 아픔과 쓰라림, 이것도 기억해야 한다.

유대인들이 위대한 것은 보통의 사람들은 성공하고 잘한 것을 기억하지만 그들은 실패하고 가장 부끄러운 것을 기억한다. 유월절을 시작하면서도 우리 조상들은 애굽에서 노예였다는 선포로 시작한다. 이는 동일한 실패, 아픔을 겪지 않기 위해서다. 그때의 아픔과 고통이 얼마나 크고 고통스러운 것인지를 기억해야 반복해서 실수하지 않고 죄를 이기고 탈선하지 않는다.

셋째, 성전 중심의 삶을 살아야 한다.

이스라엘 백성들은 성전을 중앙에 두고 동서남북으로 장막을 세우고 거주했다. 이것도 하나님께서 계획하신 것이다. 성전 중심, 교회 중심의 삶이란 예배 중심의 삶이다. 그들은 매일매일 양을 잡아 상번제를 드렸다. 이것이 우리의 우선순위여야 한다. 그들은 또한 하나님의 임재를 눈으로 보며 살았다. 불기둥, 구름기둥을 보았다. 이처럼 광야에서 그저 평범해 보이는 삶이 가장 우선에 두어야 할 중요한 삶이다. 지금의 교회 성도들 역시 마찬가지이다. 철저하게 예배 중심의 삶을 살아가야 하고 성전을 중심으로 한 삶을 살아가야 한다.

넷째, 여호와를 경외해야 한다.

하나님을 경외하는 정신은 성도들이 가져야 할 가장 기본적이며 중요한 정신이다.

잠언 1:7

「여호와를 경외하는 것이 지식의 근본이거늘 미련한 자는 지혜와 훈계를 멸시하느니라」

신명기 10:12

「이스라엘아 네 하나님 여호와께서 네게 요구하시는 것이 무엇이냐

곧 네 하나님 여호와를 경외하여 그의 모든 도를 행하고

그를 사랑하며 마음을 다하고 뜻을 다하여 네 하나님 여호와를 섬기고」

잠언 4:27

「여호와를 경외하는 것은 생명의 샘이니 사망의 그물에서 벗어나게 하느니라」

전도서 12:13

「일의 결국을 다 들었으니 하나님을 경외하고 그의 명령들을 지킬지어다

이것이 모든 사람의 본분이니라」

여호와를 경외하는 마음, 정신이 되어 있어야 죄악에 넘어지지 않는다. 여호와를 경외하는 마음이 있어야 여호와를 바로 섬길 수 있다.

여호와를 경외하는 것은 무엇인가?

여호와를 경외하는 것은 여호와를 최고로 존경, 존중하는 것이다. 여호와를 존경하며 두려워하는 것이다. 여호와를 사랑하기 때문에 두려워하는 것이다. 여호와를 하나님으로 높여 드리고 대접해 드리는 것이다. 여호와를 경외하는 삶은 악을 미워하고 멀리하면서 말씀에 순종하는 것이다. 여호와 하나님의 이름을 부르는 것부터, 여호와 하나님을 대하는 것, 여호와 하나님 앞에 행동하는 모든 것이 사랑과 존경에서 우러나야 한다. 여호와께서 내 앞에 계셔서 모든 것을 보고 계시고 알고 계신 것으로 인정하고 사는 것이다.

다섯째, 감사해야 한다.

광야에서는 감사는 고사하고 원망, 불평할 수밖에 없다. 실제로 이스라엘 백성들이 걸었던 애굽의 광야를 걸어보면 도저히 숨이 막혀서 몇 분도 걸을 수가 없고, 보이는 것은 온통 누런 돌들과 모래, 흙이다.

어떻게 보면 인간적으로는 도저히 감사할 수 없는 곳이 광야이다. 그럼에도 불구하고 하나님께서 광야에서의 원망, 불평을 인정하지 않으시고 반드시 심판하셨다. 그들은 재미가 없다고 원망한다. 교회도 마찬가지이다. 세상적이고 인간적으로 생각하면 참 재미가 없는 곳이다. 그러나 여호와는 어떤 환경에서도 감사의 표현을 듣기 원하신다. 이때의 감사는 기적이다.

여섯째, 옛 사람을 벗어 버리고 새 사람을 입어야 한다.

에배소서 4:22-24
「너희는 유혹의 욕심을 따라 썩어져 가는 구습을 따르는 옛 사람을 벗어 버리고
오직 너희의 심령이 새롭게 되어 하나님을 따라 의와
진리의 거룩함으로 지으심을 받은 새 사람을 입으라」

골로새서 3:9-10
「너희가 서로 거짓말을 말라 옛 사람과 그 행위를 벗어버리고 새 사람을 입었으니
이는 자기를 창조하신 자의 형상을 좇아 지식에까지 새롭게 하심을 받는 자니라」

엡 4:22-24의 벗는다는 것은 '계속적(continue)' 의미이다.

유대민족의 광야들

예수님의 비유 가운데 사람의 마음을 네 가지 밭과 네 가지 길에 비유해서 말씀하셨다. 네 가지 밭은 길가 밭, 돌짝 밭, 가시 밭, 옥토가 있다. 네 가지 길은 높은 길, 골짜기 길, 굽은 길, 험한 길이다.

이런 밭과 길은 시온의 대로가 되어야 한다. 밭과 길의 비유는 그 사람의 성격과 성품을 보여주고 그들이 어떻게 믿음 생활을 영위해 가는지 구별해 주신 것이다.

이스라엘 백성들이 광야를 지나면서 그들은 네 가지 광야에 머물렀다. 광야마다 목적이 있고 하나님께서 그곳에서 주시고자 하시는 메시지가 있다. 네 가지의 광야를 보면 네 가지의 교회가 보인다.

출애굽기 13:20
「그들이 숙곳을 떠나서 광야 끝 에담에 장막을 치니」

이스라엘 백성들은 고센 땅 숙곳을 떠나 에담광야에 이르렀다. 숙곳에서 에담광야 까지는 약 80km로 사흘을 걸어가야 하는 거리다. 이스라엘 백성들은 당연히 불레셋을 통과하는 길을 지나 가나안으로 가고자 했으나 하나님께서 전혀 길이 없는 홍해 앞 에담광야로 인도하신다(민 14:3).

에담광야에서 이스라엘 백성들은 진퇴양난의 위기에 빠져 죽음을 당할 것 같은 위기에 처해 있다. 앞에는 홍해가 가로막고 있고 뒤에는 애굽의 군대 전차들이 쫓아오고 있었기 때문이다.

그러나 하나님께서 아직 애굽을 벗어나지 못한 그들을 인도하시는데 구름기둥 불기둥으로 인도하시고 앞서 걸어가시면서 인도하여 홍해를 마른 땅같이 건너게 하신다.

에담광야는 이스라엘 백성들이 머물렀던 곳이 아니라 애굽에서 탈출하는 마지막 지점이다.

수르광야 : 수르교회

(출 15:22-27)

애굽을 떠나 홍해를 건넌 이스라엘 백성들이 첫 번째 만난 광야는 수르광야 또는 술광야이다. 수르, 술광야는 에담광야로(민 33:8) 부르기도 했다.

이것은 우리가 세상에 태어나 첫 번째 만나는 인생의 광야이기도 하고 우리가 예수 그리스도를 만나 구원을 얻고 하나님의 자녀가 된 뒤에 처음 만나는 교회이기도 하다. 때문에 인생의 여러 가지 광야에서 가장 우선적으로 중요한 것이 수르광야이다. 인생의 삶과 신앙의 삶에서 처음 만나는 광야는 너무나 중요하다. 그러나 이스라엘 백성들은 이 첫 번째 만난 광야에서 실패한다. 왜냐하면 애굽에서 탈출하면서 미처 광야의 삶을 준비하지 못했기 때문이다. 처음 신앙생활을 시작한 성도들도 잘 준비되지 않으면 얼마 되지 않아 실패하는 경우가 의외로 많다.

그러나 여호와 하나님께서 수르광야를 주신 것도 분명한 목적이 있고, 복이 있다.

수르광야의 의미는 무엇인가? 수르광야는 어떤 곳인가? 출애굽기 15장은 모세와 미리암의 찬양이다. 모세는 여호와께서 홍해에서 행하신 기적을 보고 그 놀라움과 경이로움에 여호와를 찬양한다. 미리암의 찬양 역시 마찬가지이다. 모든 여인들이 춤추며 찬양한다. 홍해를 마른 땅같이 건너는 기적을 경험하고 찬양하고 그리고 3일 동안을 걸었다. 그러나 그 지독하게 뜨거운 태양 아래서 3일 동안 물을 마시지 못 한 체 광야를 걸었다. 이것은 지옥과 같은 고통이다. 그들은 출애굽, 홍해의 기적을 보았기 때문에 물의 기적을 기대했다. 때마침 우물을 발견했지만 그 물이 써서 마실 수 없었다. 갈증이 극에 달한 그들은 3일 전의 그 놀라운 홍해의 기적을 망각하고 즉시로 원망, 불평한다. 정말 특별한 믿음을 가진 자들이 아니면 누구나 그럴 수밖에 없을 것이다. '마라'는 '쓰다, 괴롭다, 근심하다, 쓰라리다, 고통스러운 것, 갈급한 것'을 뜻한다. 사람들의 신앙생활 역시 마찬가지이다. 처음 신앙생활을 시작하는 성도들을 보면 방해하는 세력들이 많아서 아주 힘들어하는 경우가 많다.

그들이 수르광야에서 실패한 이유가 무엇인가?

처음 신앙생활을 시작할 때 잘못된 기대치가 있기 때문이다. '예수 믿으면 복 받는다', '예수 믿으면 잘 된다', '예수 믿으면 성공한다' 등등 교회들은 각종 꿈이나 비전들을 제시하면서 준비되지 못한 성도들을 다그칠 때 대부분 넘어진다. 모세의 믿음과 기적은 무엇인가? 모세는 울며 원망 불평하는 백성들을 신경 쓰지 않고 즉시로 울부짖는다. 이것이 기적의 동력이다. 신앙생활을 시작하면서 가장 먼저 배워야 하고 훈련해야 하는 것이 오직 기도이다.

수르광야 : 수르교회의 목적

수르광야, 수르교회에 대한 말씀을 묵상하면서 우리가 반드시 기억해야 되는 것은 왜 첫 번째 광야로서 수르광야를 주시고 그 광야를 만나게 하시고 수르광야로 이끄셨는가 하는 것이다. 이는 수르광야, 수르교회는 우리의 인생과 신앙의 삶에서 가장 중요하기 때문이다. 수르광야, 수르교회에서 가장 중요한 것이 무엇이기에 구원받은 후에 즉각적으로 가장 먼저 그 광야를 만나게 하셨을까? 수르광야, 수르교회를 주신 가장 중요한 목적은 무엇인가?

첫째, 그들의 믿음을 시험해 보시기 위함이다.

마라의 쓴물이 단물이 되었을 때 하나님께서 그들에게 법도와 율례를 정하시고 그들을 시험하신다. 그들의 순종의 여부를 시험하신다(출애굽기 15:25절). 신앙생활을 시작하면서 성도들이 가장 먼저 만나는 시험은 무엇인가? 세상을 버리는 것과 친구들과의 관계와 헌금의 문제다. 특히 십일조를 이해하는 데는 오랜 시간이 걸리기도 하고 아예 십일조 생활을 못하는 성도들도 있다. 이런 것은 믿음의 문제다.

둘째, 여호와는 치료의 하나님이심을 알고 믿게 하기 위함이다(출 15:26).

"나는 너희를 치료하는 여호와임이라"고 하신다. 쓴물을 치료하셔서 단물이 되게 하신 여호와는 치유의 하나님이시다. 사람만 치유하시는 것이 아니라 환경까지도 치유하시는 것이 하나님의 기적이다. 이제 막 애굽에서 구원받은 이스라엘 백성들에게는 전인적인 치료뿐만 아니라 환경의 치유 역시 중요하다. 이제 처음 구원받은 성도 역시 마찬가지이다. 여호와께서 자기 백성을 치유하시되 '애굽' 사람에게 내린 모든 질병 중 하나라도 내리지 않게 하시겠다고 약속하신다. 수르교회는 치유의 하나님을 경험하는 곳이다. 우리가 구원받은 후에 가장 먼저 만나고 경험해야 하는 분은 치유의 하나님이시다.

우리의 병든 몸과 마음이 치유의 하나님을 만나야 한다. 우리의 병든 가정이, 우리의 병든 정신이, 우리의 병든 교회가, 우리의 병든 사업장이, 우리의 병든 사회가 치유의 하나님을 만나야 한다.

셋째, 수르광야, 수르교회의 목적은 믿음의 연단이다.

수르광야를 지나면 금방 엘림이 나타난다. 엘림은 12개의 우물과 종려나무 70그루가 있다. 믿음의 가장 중요한 요소는 인내이다. 수르에서 조금만 가면 엘림인데 그

조금을 인내하지 못했다. 하나님은 우리 마음의 중심을 보신다. 우리들에게 오는 여러 광야들은 결국 우리의 믿음을 달아보기(Probation) 위함이다.

이스라엘 백성들은 광야에서 믿음이 2% 부족해서 원망, 불평한다. 우리들 역시 마찬가지이다. 우리들 역시 믿음생활 과정에서 시련, 연단을 만나면 믿음을 가지기보다는 원망, 불평이 앞선다. 아직도 믿음의 훈련이 되지 못했기 때문이며 광야의 보물을 보지 못하기 때문이다. 믿음이 전혀 없는 것이 아니다. 결정적인 순간에 인내가 부족하다. 수르광야, 수르교회는 하나님께서 우리의 믿음을 달아보시는 곳이다. 우연히 자연적으로 교회만 출석한다고 되는 것은 아니다. 훈련, 연단, 결심, 각오 등이 있어야 한다.

넷째, 정말로 중요한 수르광야, 수르교회의 목적은 은혜의 귀중성을 아는 것이다.

이스라엘 백성들이 구원받은 후 첫 번째 만나는 광야가 수르광야 마라인 것은 **목마른 인생은 하나님의 은혜 없이는 살 수 없음을 의미한다.** 오직 은혜로 구원받은 성도는 삶에서도 오직 은혜로만 살아갈 수 있다. 그러나 구원받고 은혜받은 성도들이 빠지는 아주 모순적인 함정이 있다. 구원은 은혜로 얻고 삶은 자기의 노력으로 살아가려는 것이다. 구원의 은혜에 감동해서 이제 자신의 의지와 노력으로 하나님을 기쁘시게 하고, 하나님을 사랑하고, 하나님에게 순종하고, 하나님께 합당한 삶을 살고자 한다. 자신의 의지와 노력으로 죄를 멀리하고 자신의 의지와 노력으로 의롭게 살려고 한다. 그러다가 교만과 절망에 빠진다. 우리가 오직 은혜로만 구원받은 것처럼, 우리가 살아가는 것 또한 오직 은혜로, 우리가 봉사하는 것 또한 오직 은혜로만 가능하다.

신광야 : 신교회
(출 16:1-12)

수르광야를 지나면 두 번째 만나는 광야는 신광야이다. 신광야에 도착한 것은 애굽을 탈출한 후 딱 한 달만이기 때문에 수르광야에 머문 기간은 한 달 정도이다. 이스라엘 백성들이 애굽에서 구원받고 차례로 여러 광야를 지나는 것은 이 시대에 구원받은 우리들에게도 동일한 광야의 여정이 있고 시험과 연단이 있음을 상징적으로 보여주는 것이다. 두 번째 광야, 두 번째 교회인 신광야, 신교회는 무엇이며 여호와께서 그들을 신광야, 신교회로 이끄신 목적은 무엇인가?

신광야는 어떤 곳인가?

신광야는 먹을 것을 구할 수 없는 배고픔의 장소이다. 주식으로 먹는 빵도, 고기도, 과일도, 채소도 구할 수 없다. 이스라엘 백성들이 애굽을 출발하면서 상식적으로 왕의 대로나 불레셋 해안가 도로를 이용하면 두 주 정도면 가나안 땅에 도착할 수 있다. 따라서 그들은 약 한 달간의 식량과 물을 여유 있게 준비했으나 광야에 머문 시간이 길어지면서 이제 애굽에서 준비해온 물과 식량이 다 소진된 체 신광야에 도착하게 되었다. 애굽에서 먹었던 어떤 음식도 구할 수 없다.

신광야, 신교회는 <u>인생의 배고픔, 인생의 굶주림이다</u>. 애굽에서 먹었던 음식을 더이상 먹을 수 없는 것 때문에 그들은 즉각 원망하고 불평한다. 신광야는 세상적, 인간적으로 보면 인생의 재미와 쾌락이 없고 인생의 만족이 없는 곳이다.

신교회 역시 그렇다. 교회는 세상적이고 인간적인 재미가 없는 곳이다. 종종 교회의 소그룹 모임들이 교회 안에서 친목 단체 같은 세상적, 인간적 재미를 찾다가 영성을 잃어버린 경우도 많다. 그러나 이 신광야 역시 하나님께서 예비하신 곳이며 인도하신 곳이다. 때문에 신광야, 신교회를 주신 하나님의 뜻과 목적을 아는 것이 중요하다.

신광야에서 실패한 이유

첫째, 불안 때문이다.

신광야 역시 소망이 보이지 않고 절망할 수밖에 없는 상황이다. '너희가 이 광야로 우리를 인도해 내어 이 온 회중이 주려 죽게 하는도다(출애굽기 16:3)'. 그들의 원망, 불평은 만족할 수 없는 불안 때문이다. 절망, 실망 때문이다. 마치 성도들이 신앙생활을 하면서 크게 하나님을 기대했다가 실망, 절망할 때와 같다. 기도가 응답되지 않을 때의 절망과 같다. 의식주의 불안과 미래의 불안이다.

둘째, 하나님의 기적을 망각했기 때문이다.

지금 이스라엘 백성들이 실패한 이유는 우리들이 가장 잘 넘어지는 이유이기도 하다. 그 엄청난 기적, 이적을 경험하고도 먹을 것이 없는 것 때문에 넘어진다. 우리가 광야에서 실패하지 않으려면 반드시 잊지 말고 기억해야 하는 것이 이것이다. 하나님을 만난 경험, 하나님을 만난 기적을 체험한 것, 하나님의 은혜를 체험한 것, 이것을 잊지 말아야 한다.

셋째, 전능하신 하나님을 의지하는 믿음이 없기 때문이다.

지금까지 기적, 이적을 경험했으면서도 여호와께서 얼마든지 큰 능력으로 기적을 일으킬 수 있다는 믿음이 없었다. 그들은 지금 광야에 서서 하나님을 의식하고 하나님을 깨달은 것이 아니라 아무것도 구할 수 없는 광야를 보고 자신들의 비어있는 음식 자루만 보고 있다. 그래서 믿음을 잃었다. 여호와께서는 벼랑 끝에서 기적을 일으키시는 분이시다. 이런 여호와 하나님을 경험하고도 너무나 현실만 보고, 없는 것만 생각하기 때문에 원망, 불평한다. 믿음 생활을 하면서 말씀을 의지하는 믿음이 아닌 인간적인 계산으로 어떤 것을 결정하고 추진하는 경우도 많다. 과연 교회는 믿음의 반석 위에 있는가?

신광야의 목적

하나님께서 그들의 순종 여부를 시험하시는 목적은 수르광야와 같지만 방법은 다르다. 여호와께서 그들의 원망, 불평을 들으시고 기적을 행하셔서 음식과 고기를 한없이 주시겠다 약속하신다. 그것이 만나와 메추라기이다. 이 만나, 메추라기를 주시고 원칙을 정하셨다. 매일 아침 일용할 것을 날마다 거둘 것, 여섯째 날에는 그 거둔 것을 준비하되 날마다 거둔 것의 갑절이 되게 할 것이다. 신광야, 신교회의 궁극적인 목적은 그들이 믿음으로 순종하는지 아닌지를 시험하시기 위함이다.

출애굽기 16:19-20
「모세가 그들에게 이르기를 아무든지 아침까지 그것을 남겨두지 말라 하였으나
그들이 모세에게 순종하지 아니하고 더러는 아침까지 두었더니 벌레가 생기고
냄새가 난지라 모세가 그들에게 노하니라」

여호와께서 매일 아침 일용할 음식을 거두게 하신 것은 여러 가지 목적이 있다. 여호와 하나님을 잘 기억하고 섬기게 하심이며 매일매일의 은혜의 귀중성을 깨닫게 하시기 위함이다. 예수님도 일용할 양식을 간구하신다. 어떤 광야이든지 교회이든지 그 목적은 믿음과 순종을 시험하시고 연단하시기 위함이다. 그러나 그들은 그 목적에서 실패했다. 오늘 우리에게도 마찬가지이다. 견딜 수 없는 배고픔의 광야, 인생의 광야가 올 때 믿음, 순종의 시험이란 사실을 알고 승리하자.

신광야, 신교회의 믿음 (출 16:8-12)

여호와께서 예비하시고 성령께서 인도하신 광야는 성도들의 믿음과 순종의 여부를 알아보시기 위함이다. 수르광야에서처럼 신광야 역시 분명한 목적이 있다. 그 목

적은 믿음과 여호와 하나님의 영광을 나타내는 것이다. 신광야는 인생의 배고픔을 경험하는 곳이다. 망망한 광야에서 먹을 것을 구할 수 없는 죽음의 공포가 있는 곳이다. 인생의 배고픔이란 상대적 빈곤, 상대적 배고픔이다. 인생의 불만족이다.

신광야의 믿음은 무엇인가?

첫째, 무엇보다 중요한 믿음은 신광야는 하나님께서 계획하시고 인도하신 장소라는 것이다.

누구에게나 광야는 피하고 싶은 장소이다. 그러나 하나님의 자녀들에게 광야는 반드시 필요한 장소이다. 예수께서 성령님께 이끌리어 광야에서 시험을 받으신 것처럼 우리들 역시 하나님의 계획과 성령의 인도하심에 따라 광야를 만나게 된다. 교회는 복음다운 복음, 말씀다운 말씀이 선포되어야 한다. 그러나 홍수가 나면 생수를 구하기 어려운 것처럼 설교가 넘쳐나지만 생수 같은 말씀은 적다. 성도들의 배고픔은 영적인 기근이다.

아모스 8:11
「주 여호와의 말씀이니라 보라 날이 이를지라 내가 기근을 땅에 보내리니
양식이 없어 주림이 아니며 물이 없어 갈함이 아니요
여호와의 말씀을 듣지 못한 기갈이라」

둘째, 신광야의 믿음은 여호와께서 우리 모두의 말을 다 알고 계시고 듣고 계시는

것을 아는 것이다.

여호와께서는 이스라엘 백성들이 광야에서 원망하는 모든 말을 다 듣고 계신다.

'여호와께서 너희가 자기를 향하여 원망함을 들으셨음이라'

이 사실을 잘 기억해야 한다. 여호와께서는 우리의 모든 원망, 불평의 말을 다 듣고 계신다. 그래서 하나님은 우리의 기도만 들으시는 것이 아니라 우리의 모든 생각, 말을 다 듣고 계시고, 들으신 대로 응답하신다. 바란광야에서도 마찬가지이다.

민수기 14:28
「그들에게 이르기를 여호와의 말씀에 내 삶을 두고 맹세하노라
너희 말이 내 귀에 들린 대로 내가 너희에게 행하리니」

내 말을 여호와께서 다 듣고 계신다. 내 기도를 여호와께서 다 듣고 계신다. 우리의 모든 생각을 다 알고 계시며 우리의 모든 독백까지도 다 듣고 계신다. 그러므로 교회에서 신앙생활 중 원망, 불평, 부정의 말은 버리고 감사의 말, 믿음의 말, 긍정의 말을 해야 한다. 이것이 여호와를 경외하는 것이고, 믿는 자의 모습이다. 여호와를 두려워하는 자는 생각과 말부터 변화되어야 한다.

셋째, 신광야의 믿음은 기적의 하나님을 바라보는 것이다.

출애굽기 16:4에 '보라'(הִנְנִי)는 1인칭 단수 대명사가 붙여졌다. 직역하면 '나를 보라' (Behold me)이다. 이 선포는 여호와 하나님의 감탄사 같은 것이다.

설교 강의를 하는 사람들이 "자 여기 보세요 여기 보세요", "자 잘 보세요, 잘 보세요"라고 사람들의 이목과 주의를 집중시키는 것과 같다. 여호와께서 상황의 급박성을 나타내어 지금 바로 여기서 어떤 중요한 기적을 나타내실 것을 강조하신 것이다. "나를 보라"는 "나의 기적을 보라"는 것이다. 내가 행한 일을 똑똑히 보라는 것이다. 우리가 생각할 때는 모든 것이 끝났고 모든 것이 망했고 포기할 수밖에 없는 상황, 전혀 소망과 희망이 없는 상황이지만 이때 메마른 광야를 보고, 환경, 상황을 보면 죽음이며, 절망, 낙심, 포기, 원망, 불평, 대적할 수밖에 없다. 광야를 보고 환경을 보면 그럴 수밖에 없다.

그러나 이런 광야, 환경에서 여호와께서 선포하신다.

"나를 보라. 환경을 보지 말고 나를 보라! 광야를 보지 말고 나를 보라! 사람을 보지 말고 나를 보라! 질병을 보지 말고 나를 보라! 불가능을 보지 말고 나를 보라!"

이것이 신광야의 믿음이다. 여호와께서는 이미 보이지 않는 곳에 만나와 메추라기를 마련해 두셨다. 다만 우리가 보지 못할 뿐이다. 이스라엘 백성들은 광야를 보니 두려웠다. 그들은 광야를 죽음의 장소로 여겼다. 이것이 불신이다. 여호와께서는 우리를 죽이시기 위해 광야로 이끄신 것이 아니라 기적을 보게 하시려고 광야를 주셨다. 그러므로 견딜 수 없는 인생이나 신앙의 고통에서 주님을 보라.

넷째, 신광야의 믿음은 믿음의 증거를 유산으로 전수하는 것이다.

신광야에서 하나님의 명령에 따라 만나를 오멜에 채워서 넘치게 항아리 가득 채워 법궤 앞에 보관했다(출 16:32-36). 그 목적은 기적, 경험을 증거로 붙잡으라는 것이다. 내가 경험한 믿음, 기적이 중요하고 이것이 믿음의 확신, 능력이 된다. 이처럼 내가 경험한 믿음의 증거를 자녀들에게 교육하고, 간증하여 믿음의 유산을 남기고 또한 이웃에게 증거해야 한다.

시내광야 : 시내교회

(출 19:1-6)

　　이스라엘 백성들이 애굽을 출발하여 만 석 달이 되었을 때 시내광야에 도착하게 되었다(출 19:1). 수르광야, 신광야를 거쳐 시내광야는 세 번째 만난 광야이다. 시내광야는 우리가 너무나 잘 알고 있는 장소다. 가장 많이 들었기 때문이다.

　　그러나 시내광야는 다른 어떤 광야보다 중요하다. 시내광야는 하나의 상징이며 그림자, 모형이다. 시내광야의 원형, 실체는 바로 교회와 성도의 교회생활, 신앙생활을 보여주고 있다.

　　이스라엘 백성들은 시내광야에서 약 1년동안 머물렀다. 시내광야에서 약 1년은 완전한 교회의 모습을 실제적으로 보여주며 증거해 주고 있다. 구약 시대나 신약 시대나 교회의 모델을 가장 잘 증거해 주는 곳이 바로 시내광야.

시내광야는 무엇이며 어떤 곳인가?

시내광야에서는 여러 가지 중요한 사건들이 많았다. 그 가운데서 우리가 반드시 본받아야 할 교회의 모습과 믿음의 삶을 보면 지금의 교회의 사역을 보게 된다.

첫째, 시내광야에서 첫 번째 행한 것이 인구조사이다.

민 1:1에 광야에서는 세 번에 걸쳐 인구조사가 진행되었다. 가족, 가문별 조사였다. 인구조사의 목적은 전쟁에 나갈 수 있는 자를 파악하기 위함이다. 이는 교회가 사명자, 헌신자를 세우기 위한 것과 같다. 가족, 가문별로 계수한 것은 교회 공동체의 연합, 하나 됨의 중요성을 보여주는 것이다.

교회의 생명은 공동체의 연합, 화평하기 위함으로 이것 때문에 예수께서 십자가에서 죽으셨다. 그러나 사단, 마귀는 교회의 연합, 하나 됨, 화목을 깨뜨리려고 사람들을 대적하게 만든다. 분쟁하는 교회는 망할 수밖에 없다.

교회는 주안에서 하나 되어야 하고 연합되어 사명을 감당할 수 있어야 한다. 연합되고 하나 되어야 사명을 더 효과적으로 감당할 수 있다. 하나 됨이란 자연적으로 되는 것이 아니다. 자신을 비우고 훈련해야 되며 성령의 기름 부으심이 있어야 한다.

둘째, 시내광야는 언약이 있다.

애굽에서 나온 이스라엘 백성들은 시내광야에 있는 산에서 여호와 하나님과 언약을 맺는다.

출애굽기 24:5-8

「이스라엘 자손의 청년들을 보내어 여호와께 소로 번제와 화목제를 드리게 하고
모세가 피를 가지고 반은 여러 양푼에 담고 반은 제단에 뿌리고 언약서를 가져다가
백성에게 낭독하여 듣게 하니 그들이 이르되 여호와의 모든 말씀을 우리가 준행하리이다
모세가 그 피를 가지고 백성에게 뿌리며 이르되 이는 여호와께서 이 모든 말씀에 대하여
너희와 세우신 언약의 피니라」

시내광야에서 피로서 언약을 맺는 것은 여호와 하나님과 백성들 간의 관계가 맺어진 것이다. 이것은 마치 결혼 서약과 같은 것이다. 교회는 예수 그리스도의 피로 세워진 언약의 공동체다. 시내광야에서 여호와께서 이스라엘 백성들과 언약을 맺음으로써 여호와는 아버지가 되시고 이스라엘은 자녀 되었다. 여호와는 선한 목자 되시고 이스라엘은 양이 되었으며 여호와는 남편이 되시고 이스라엘은 신부가 되었으며 여호와는 왕이 되시고 이스라엘은 백성이 되었다.

마찬가지로 교회 공동체를 통해 예수 그리스도의 피로 언약을 맺음으로써 예수 그리스도는 주가 되시고 우리는 그의 백성이 되었으며 예수 그리스도는 선한 목자가 되시고 우리는 그의 양이 되었으며 예수 그리스도가 신랑이 되시고 우리는 그의 신부가 되었다. 우리는 예수 그리스도와 언약을 맺은 자들이다. 언약을 지키는 것은 복과 승리이지만 언약을 깨뜨리는 것은 불행과 멸망이다.

셋째, 시내광야는 하나님의 말씀, 계명을 받은 곳이다.

여호와께서 시내광야에서 시내산으로 모세를 부르셔서 십계명과 말씀을 주셨다(출 20:1). 그리고 여러 가지의 법이 담긴 토라를 주셨다. 이 시내광야에서 주신 말씀은 구약 공동체, 구약 교회의 기초가 되었다. 신약의 교회와 이 시대의 공동체 역시 마찬가지이다. 교회의 기초, 근본은 하나님의 말씀, 성경이다. 교회에 말씀이 말씀대로 증거 되지 못한다면 교회는 살아계신 하나님의 전, 집이 아닌 그저 종교단체, 종교 집단에 불과하다.

말씀은 언약의 증거이며, 말씀은 기록된 언약이다.

"언약서를 가져다가 백성에게 낭독하여 듣게 하니(출 24:7)"

하나님의 말씀은 언약서이다. 하나님의 말씀인 성경 속에 많은 언약이 기록돼 있다.

넷째, 시내광야는 예배의 귀중성을 보여주는 곳이다.

예배는 하나님과 맺은 언약이다. 예배는 하나님께서 정하신 법도대로 드려야 하고 하나님께서 흠향하시고 기뻐 받으시도록 드려야 한다. 그러나 광야에서 잘못된 예배를 드리고 예배를 우습게 여겼다가 멸망한 자들도 많다.

민수기 3:4
「나답과 아비후는 시내 광야에서 여호와 앞에 다른 불을 드리다가

여호와 앞에서 죽어 자식이 없었으며 엘르아살과 이다말이

그의 아버지 아론 앞에서 제사장의 직분을 행하였더라」

그들은 제사장들이라도 다른 불, 곧 하나님의 뜻대로 예배하지 않아 곧 죽음을 당했다. 교회를 떠나는 것은 예배를 떠나는 것이다.

바란광야: 바란교회

(민 10:11-16)

이스라엘 백성들은 시내광야를 떠나 바란광야에 이르렀다. 이 바란광야는 이스라엘 백성들이 애굽을 떠난 후 네 번째 만나는 광야이다.

이는 우리가 세상에서 부름받아 구원받은 후 네 번째 만나는 우리 인생의 광야, 믿음의 광야이다. 이 바란광야도 역시 여호와 하나님께서 계획하시고 인도하신 곳이다. "여호와께서 모세에게 명령하신 것을 따라" 행진하기를 시작했다. 바란광야는 우리의 인생과 믿음의 길에서 가장 중요한 장소이다.

민수기10장에서 20장까지 약 38년간의 광야생활이 바로 이 바란광야에서 있었다. 그리고 바란광야는 하나님의 백성들이 건너야 하는 마지막 광야이다. 우리 인생의 마지막 광야이기도 하다. 그런 의미에서 바란광야는 가장 힘들고 고통스럽고 눈물겨운 장소이기도 하다.

바란광야는 인생의 마지막 광야이며 가장 오랫동안 머문 광야이지만 결코 잊지 말아야 하는 것은 이 네 가지 광야는 우리가 신앙생활을 하는 동안 교회 안에서 반복적으로 우리에게 다가올 수 있다.

바란광야는 어떤 곳이며 그 의미는 무엇인가?

이스라엘 백성들이 38년을 살았던 만큼 바란광야는 여러 가지 의미를 주고 있다.

첫째, 바란광야는 다른 모든 광야보다 가장 크고 넓고 험하고 두려운 곳이다.

전혀 사람이 살 수 없는 곳이다. 지형적으로는 기복이 심하고 기후 변화도 매우 심해 생명을 유지하기가 매우 어려운 곳이다. 바란광야는 가장 힘들고 크고 두려운 과정이다. 또한 가장 길고 오랜 시간 머물러야 하는 장소이며, 죽음도 불사해야 하는 장소이기도 하다.

성경에서 처음 바란광야에 살았던 사람은 하갈과 이스마엘이다(창21:8). 하갈은 아브라함의 가정에서 쫓겨나 바란광야로 도망을 갔다. 거기서 하갈은 이스마엘이 죽어져 가는 것을 볼 수 없어 아이를 나무 그늘 아래 두고 통곡하며 울었다. 바란광야는 인간의 힘으로 살아가기 힘든 장소이다. 교회의 삶도 마찬가지이다. 교회에서 우리에게 맡겨진 직분과 사명을 감당하는 것은 결코 쉬운 일이 아니다. 때문에 많은 사명자들이 포기하고 시험에 들기도 한다. 그러나 힘들고 아프지만 반드시 바란광야에 머물면서 사명을 감당해야 한다.

둘째, 바란광야는 위기에 처한 자들의 피난처이다.

바란광야는 핍박을 받는 자들에게는 가장 좋은 피난처이다. 하갈이 그랬고 다윗이 사무엘이 죽은 후 사울왕의 핍박을 피하여 도망쳐 살았던 장소이기도 하다. 대적들이 따라올 수 없는 장소이기 때문이다. 이것은 신앙적, 교회적으로도 마찬가지이다.

요한계시록 12:13-14
「용이 자기가 땅으로 내쫓긴 것을 보고 남자를 낳은 여자를 박해하는지라
그 여자가 큰 독수리의 두 날개를 받아 광야 자기 곳으로 날아가 거기서
그 뱀의 낯을 피하여 한 때와 두 때와 반 때를 양육 받으매」

붉은 용에게 박해를 받아 생명이 위태로운 여자는 큰 독수리의 날개로 광야로 나간다. 남자를 낳은 여인은 예수 그리스도를 오시게 하신 교회를 상징하기도 한다. 이스라엘 백성들에게나 오늘날의 성도들에게나 광야는 영적 피난처이다. 광야는 여호와 하나님께서 계신 곳이며, 광야는 여호와 하나님을 만나는 곳이며, 여호와 하나님께서 함께해 주시는 곳이다. 지금의 교회의 모습이다.

교회는 하나님께서 계신 곳이며, 하나님을 만나는 곳이며 하나님께서 함께해 주신 곳이다. 주의 장막은 광야의 성막이며 피난처이다. 주의 교회는 성전이며 피난처이다. 그러므로 교회에 있기를 힘쓰며 교회를 사랑하며 하나님을 독대하는 시간을 가지기를 힘써야 한다.

셋째, 바란광야는 진실한 신자와 불신자들을 구별하는 장소이다.

이스라엘 백성들은 바란광야에서 38년을 살면서 수없이 넘어지며 실패했다. 다베라에서 원망하고 악하게 울며 원망하다가 유황 불이 떨어져 불로 심판을 받았다. 미리암은 모세를 대적해 나병을 얻었다. 가나안 정탐꾼들의 불신적인 보고로 인해 백성들도 불신에 빠져 원망하고 대적하며 불평한다. 고라, 다단, 아비람의 반역으로 생매장됐으며 백성들이 모세와 아론을 원망하자 전염병으로 14,700명이 죽었다. 가데스 바네아에서는 다투고 원망한 것 때문에 불 뱀의 재앙으로 많은 사람들이 죽는다.

이 많은 실패와 심판과 재앙이 다 바란광야에서 일어났다. 여러 가지 환경과 삶 속에서 대부분의 사람들은 불신으로 원망, 대적, 불평, 비난, 비판 그로 인한 무서운 심판이 있으며, 죽음과 멸망을 맞이한다. 그러나 그런 환경 가운데서도 모세, 아론, 갈렙, 여호수아와 그들을 따르는 사람들은 끝까지 믿음을 지켰다.

이것이 중요하다. 바란광야를 통해 가장 힘들고 크고 두렵고 고통스러운 광야로 우리의 믿음을 달아 보시고 구별하시기 위함이다. 대부분의 시험의 목적도 그렇다. 가장 고통스러운 광야를 통해 진실한 신자와 불신자를 구별하시며 양과 영소를, 알곡과 가라지를, 좋은 고기와 나쁜 고기를, 진짜와 가짜를, 천국의 백성과 사단의 백성을 구별하신다.

넷째, 바란광야는 교회의 세대교체가 이루어지는 곳이다.

바란광야에서는 애굽에서 나온 20세 이상의 대부분의 사람들이 죽었다. 그리고 아론은 대제사장의 에봇을 벗어 아들 엘르아살에게 입혀준다(민 20:26). 사역의 위임식인 것이다. 이제 약속의 땅, 축복의 땅, 가나안 땅에 들어가려고 하면서 새로운 세대가 준비된다. 아름다운 세대교체가 이루어진다. 아름다운 세대교체가 이루어진 것은 믿음의 유산을 잘 받았기 때문이다.

네 가지 광야를 정리하면 교회 안에는 두 종류의 길을 걸어가는 성도들이 있다. 어떤 환경에서도 끝까지 믿음을 지켜 승리하는 자들과 세상, 환경, 사람들을 보면서 실패하고 멸망당한 자들이다. 광야교회를 보면 믿음으로 승리하는 자들 보다 실패하는 자들이 더욱 많았다. 이것이 예수님의 아픔이기도 하다.

'인자가 올 때에 세상에서 믿음을 보겠느냐(눅 18:8)'

두 종류의 길을 걸어가는 사람들이란 나그네의 길을 걷는 자와 순례자의 길을 걷는 자들이다.

나그네의 길은 무엇이며 순례자의 길은 무엇인가?

성경에 나그네란 말이 많이 나온다. 개역개정 성경은 구분하지 않고 모두 다 나그네로 번역했다. 나그네 (Stranger)는 '낯선 사람', '손님', '방문객', '모르는 사람'을 의미한다. 그러나 히 11:13과 벧전 1:1의 '나그네'는 그냥 나그네가 아닌 순례자(pilgrim)이다. 나그네와 순례자는 비슷한 것이 아니라 전혀 다른 개념이다.

'나그네' 하면 왠지 허무하고 슬픈 감정이 든다. 나그네길이란 허무하게 금방 지나가 버린 덧없는 세월을 말한다. 허전한 인생, 그냥 갈피를 잡을 수 없이 지나가는 인생이다. 대부분의 사람들은 이런 인생을 살아가고 있다.

성도들도 마찬가지이다. 믿음을 가지고 교회안에 있으면서도 나그네의 사상으로 나그네의 길을 걷고 있는 자들이 많다. 교회의 직분을 가졌지만 천국과 아무런 상관이 없는 것처럼 구원받지 못한 것처럼 살아가는 성도들이 의외로 많다.

순례자는 아무 의미 없이 살아가는 자들이 아니다. 순례자는 분명한 성도로서 삶의 의미가 있고 목적이 있고 기쁨이 있고 감격이 있다.

> 순례자의 삶의 의미는 전도이고, 선교이다.
> 순례자의 삶의 목적은 하나님께 영광 돌리는 것이다.
> 순례자의 삶의 감격은 예배이다.
> 순례자의 삶의 기쁨은 하나님의 임재를 경험하는 것이다.
> 순례자의 삶의 원칙은 사랑, 영적 교제이다.

때문에 순례자의 길을 걸어가는 순례자들은 그것이 고난의 길이라도 행복하다. 보람이 있고, 감격이 있다. 이것이 있다면 우리는 지금 교회에서 승리하고 있는 것이다.

나그네는 인생의 목적지가 없다. 오늘은 이곳, 내일은 저곳 정처 없이 살아간다.

바람 부는 대로 물결치는 대로 살아간다. 때문에 사는 것이 불안하고 두렵다. 죽음 후에도 어느 곳으로 가는지 알지 못해 두려워서 불안해한다. 죽지 않으려고 발버둥을 친다. 그러나 순례자는 분명한 목적지가 있다. 이스라엘 백성들은 여호와 하나님의 언약, 약속의 땅인 가나안이 있다. 이 가나안이 그들의 간절한 소망의 땅, 목적지이다. 이 약속의 땅, 목적지, 가나안이 없었다면 그들은 광야에서 결코 승리할 수 없었다. 순례자들에게도 분명한 목적지가 있다.

순례자는 돌아갈 본향이 있고 더 나은 본향이 있다(히 11:13-16). 곧 우리의 본향, 목적지, 천국이 있다. 그곳의 확증이 있다. 때문에 죽음이 두렵지 않다. 믿음의 선조들은 모두 다 이 천국, 본향의 목적지가 너무나 분명했기 때문에 그 본향을 위해 살아간 자들이다.

지금 너무나 많은 사람들이 죽으면 모든 것이 다 끝난 것처럼 생각한다. 이 세상의 것이 전부인 것처럼 살아간다. 계시록에서는 이 두 종류의 사람을 이렇게 표현한다. 나그네는 이 땅에 것만 추구하는 자들로, 땅에 것에만 못을 박고 살고, 세상적, 물질적인 것만 추구하며 사는 자들이다. 그래서 탐욕, 욕심이 가득하다.

그러나 순례자는 하늘에 속한 자들로 위에 것을 찾고 위에 것을 추구한다. 때문에 땅에 것에 연연하지 않고, 땅에 것을 내려놓고 버리고자 한다.

나그네는 혼자 인생을 걸어가는 사람이다. 아무도 없이 혼자 인생을 걸어간다. 함께 한 사람이 없고 도와줄 사람도 없다. 그래서 외롭고 초조하고 불안하다. 세상에는 점점 이런 사람들이 많아지고 있다.

그러나 순례자는 인생의 길, 사명자의 길을 걸으면서도 행복하다. 여호와께서 함께해 주시고 여호와께서 인도해 주시고 여호와께서 보호해 주시고, 가족 같은 교회 공동체가 있기 때문이다.

나그네에게는 형벌과 심판이 있다. 하나님의 원리는 이것이다. 하나님께서는 심는 대로 거두게 하시고, 일한 대로 갚아주시고, 행한 대로 보응하신다.

믿음의 길은 씨를 뿌리는 것과 같다. 나그네는 하나님 없이 살며 믿음 없이 사는 자들이다. 그래서 형벌과 심판이 있다.

히브리서 9:27
「한번 죽는 것은 사람에게 정해진 것이요 그 후에는 심판이 있으리니」

그래서 소망이 없는 자들, 세상에서 악하고 거짓되게 살아가는 자들은 나이 먹는 것이 두렵고 늙어가는 것이 두렵다. 죽음 이후의 결과가 두렵다. 그러나 순례자들은 하나님의 약속, 언약이 있다. 천국의 상급과 영광이 있다.

베드로전서 1:7
「너희 믿음의 확실함은 불로 연단하여도 없어질 금보다 더 귀하여
예수 그리스도께서 나타나실 때에 칭찬과 영광과 존귀를 얻게 할 것이니라」

지금 냉철하게 자신을 돌아보자. 나는 나그네의 길을 걷고 있는가. 순례자의 길을 걷고 있는가.

광야의 메시야(아사셀)

(레 16:6-10; 15-22)

광야의 아사셀은 신앙의 양면성, 말씀의 양면성을 보여준다. 아사셀은 지금까지 우리가 알고 있는 광야와 전혀 다른 광야의 모습을 증거해 주고 있다. 지금까지 우리가 상식적으로 알고 있는 광야는 교회이다. 광야는 하나님이 계신 곳이며 하나님을 만나는 곳, 복, 시련의 장소, 기적의 장소이다. 그러나 아사셀의 경우는 지금까지 우리가 알았던 정 반대의 개념을 증거해 주고 있다. 광야에서의 염소의 제사, 아사셀의 제사가 있다. 이것이 광야의 양면성이다. 염소의 제사, 아사셀의 제사는 이스라엘의 절기 가운데 매우 특별한 절기인 '대속죄일'의 규례이다.

대속죄일의 제정 배경과 목적

'대속죄일'의 절기가 제정된 배경과 목적이 무엇인가? 먼저 이 말씀과 속죄일의 배경을 보면 레 16:1에서 "아론의 두 아들이 여호와 앞에 나아가다가 죽은 후에~"

라고 말씀하신다. 아론의 두 아들이 죽은 후에 대속죄일이 제정되었다. 나답과 아비후가 각기 향로를 가져다가 여호와께서 명령하시지 아니한 다른 불을 담아 여호와 앞에 분향하다가 그 불로 성소에서 죽었다. 이 사건이 이스라엘 백성들에게는 너무나 두려운 일이었다. 이 제사장들의 죄와 성소의 죄를 정결하게 하기 위해 대속죄일의 절기를 선포하셨다.

대속죄일은 1년에 한차례 대제사장이 지성소에 들어가 온 백성의 일 년 동안 감추인 모든 죄를 위해 회개하면서 제사를 드리는 날이다. 대속죄일은 대 회개의 날이며, 큰 회개의 날이다.

여호와께서 이와 같이 하신 목적은 지성소에 들어가는 것이 얼마나 거룩하고 중요한 것인지를 알게 하시기 위함이다. 또한 하나님의 성전에서의 거룩함, 하나님께 나아가는 자들이 경외심으로 예배, 기도, 절기 등에 진실하고 성실해야 함을 말씀하시는 것이다. 이것이 우리의 마음, 정신, 사상이어야 한다. 하나님 앞에 나아가는 자들, 하나님의 음성을 듣기 원하는 자들, 하나님을 예배하는 자들, 하나님을 경험하기 원하는 자들은 나답과 아비후, 신약의 바리새인들처럼 외식적, 형식적, 가식적이어서는 안된다. 이런 것은 하나님께서 가장 싫어하시고 미워하는 일이기 때문이다. 하나님을 모독하고 우습게 여기는 것이기 때문이다.

광야에서 보냄 받은 염소와 아사셀

아론은 그 아들들의 죄를 위하고 가족과 가문의 속죄를 위하여 수송아지를 드린다. 대속죄일의 정해진 규례, 법이다. 대제사장은 자기 자신과 자기 집안의 죄로 인해 수송아지를 드려야 한다. 교회의 영적 지도자들은 그만큼 철저히 죄를 버려야 하고 하나님을 두려워해야 한다. 대제사장은 수송아지를 제물로 드려야 했는데 당시에는 가장 크고 값비싼 제물이었다. 그러나 백성들의 죄를 위해서는 두 염소를 드렸다. 이것은 대속죄일의 절기에만 정해진 것이다. 다른 모든 제사는 양, 비둘기, 송아지를 드린다. 두 마리의 염소 중 한 마리는 여호와께, 한 마리는 산 채로 아사셀에게 보냈다.

광야의 아사셀은 무엇인가?

아사셀은 세 가지의 해석이 가능하다.

첫째, 내어보냄 받은 염소 자체를 말한다.

둘째, 절벽 낭떠러지 그곳에서 낭떠러지 아래로 밀어 버려서 죽임 당하게 하는 것을 의미한다.

셋째, 아사셀은 광야에 존재하는 모든 사단, 마귀, 귀신들의 우두머리로 보는 것이다. 붉은 용, 루시퍼, 바알세불 등의 이름이다.

세 번째 해석이 가장 적합한데 아사셀은 여호와 하나님과 반대되는 개념으로 말씀하고 계시기 때문이다. 이것이 말씀의 양면성, 신앙의 양면성이다.

광야는 교회이며 하나님이 계시고 하나님을 만나며 예배하는 곳이다. 그런데 그런 광야에 사단, 마귀, 귀신, 붉은 용이 존재한다. 이것이 이 세상에 존재하는 교회의 모습이며 교회의 양면성이다. 교회 안에는 얼마든지 가라지 같은 자들, 염소 같은 자들, 방해하고 대적하는 자들이 있다. 이것이 교회의 아픔이다. 어둠의 영들, 마귀의 생각을 가진 자들 때문에 이 세상의 교회에는 분쟁, 다툼이 있고 영적 전쟁이 있다.

요한복음 13:2
「마귀가 벌써 시몬의 아들 가룟 유다의 마음에 예수를 팔려는 생각을 넣었더라」

교회 안에 이런 자들이 문제이다. 겉으로는 신앙생활을 잘 하는 것 같고 열심인 것 같고, 똑똑한 것 같은데 속에는 마귀의 생각, 사상, 정신, 개념, 사고를 가진 자들이 있다. 광야의 아사셀은 광야의 마귀, 귀신들의 우두머리, 대장을 상징하는 것으로 볼 수 있다.

이 아사셀에게 살아있는 염소를 보낸 것은 무슨 뜻인가? 염소를 보내는 것 또한 특별하다. 광야로 보냄을 받은 염소에게 두 손으로 안수하고 접근하기 어려운 광야에 보낸다(레 16:21-22). 이스라엘 백성들에게 있어서 염소 자체는 부정하고 더러운 짐승이다. 이런 짐승이 여호와께 제물로 드려지고 아사셀에게 보내진다. 산 염소는 아사셀에게 보내면서 두 손으로 머리에 안수한다. 이는 이 염소가 이스라엘 백성들의 모든 죄와 모든 불의 성소의 모든 죄를 담당해야 했기 때문이다. 그만큼 죗값, 죄짐이 크고, 무겁고, 두려운 것이다. 지금도 유대인들은 이와 비슷한 대속죄일을 지키고 있다. 두 명의 제사장이 아사셀을 위한 염소를 데리고 사해 바다 근처 유대 광야에 가서 염소를 낭떠러지에 밀어서 다시는 예루살렘으로 돌아오지 못하게 한다. 이때 예루살렘 성소에 기다리던 성도들은 산 염소가 낭떠러지에 떨어졌다는 하얀 깃발의 신호가 보이면 크게 환호성을 지른다. 그리고 다 같이 외친다. 그 말씀이 시 103:12이다.

시편103:12
「동이 서에서 먼 것 같이 우리의 죄과를 우리에게서 멀리 옮기셨으며」

산 염소, 아사셀은 이 말씀을 상징적으로 보여주는 것이며 시청각적으로 증거해 주는 것이다. 왜 사단의 대장인 아사셀에게 보낼까? 대적자들에게 정죄의 빌미를 주지 않기 위함이다. 또한 범죄 한 사람들의 운명, 결과를 보여주는 것이다. 그리고 범죄한 사람들은 악령의 지배에 놓이게 되는 것을 보여주는 것이다. 예수님은 죄 아래 내어준 바 되셨다.

대속죄일과 광야가 주는 의미

대속죄일의 규례인 두 염소와 아사셀에게 보낸 염소 등이 주는 진정한 하나님의 뜻, 의미는 무엇인가.

첫째, 광야는 예수 그리스도께서 오시는 장소이다. 즉 메시아가 임하실 장소이다.

대부분의 유대인들은 메시아, 곧 그리스도께서 광야에 오실 것으로 믿었다. 때문에 그들은 광야가 매우 두려운 장소요. 고통의 장소이면서도 광야를 귀하게 여기며 그곳에 머물기를 좋아한다. 예수님도, 세례요한도, 바울도, 제자들도 광야에 머물기를 원했다. 광야는 메시야, 그리스도께서 오시는 장소이다. 아사셀에게 보냄 받은 염소나 여호와께 제물로 드려진 염소는 우리의 죄짐과 죗값을 담당하시고 골고다를 오르신 주님의 모습을 미리 예언, 계시해 주고 있다. 예수 그리스도는 베들레헴에서 태어남과 동시에 광야인 애굽으로 피난했다. 그리스도께서 속죄 제물이 되실 때에는 광야의 두 염소처럼 여호와께 드려진 제물이 되고 악한 자들에게 내어던져진, 보냄 받은 산 염소 같은 제물이 되셨다. 아사셀 같은 악령, 악한 자들에게 제물로 보내졌기 때문에 견딜 수 없는 조롱과 핍박과 수치를 당하시고 로마 군병들의 채찍에 맞으셔야만 했다.

수치의 염소가 산 제물이 된 것처럼 그리스도는 우리의 수치를 다 감당해 주셨다.

그러므로 교회는 광야에 오신 그리스도로 말미암아 광야에서 시작된다. 우리는 대속죄일 아사셀에게 보냄 받은 염소를 묵상할 때마다 나의 죄짐, 수치, 부끄러움을 다 담당하려고 옷이 벗겨지고 채찍에 맞으며 가장 수치스럽고 부끄러운 모습으로 우리 대신 십자가를 져주신 그 은혜, 그 사랑을 기억하고 감사할 수 있어야 한다.

둘째, 대속죄일은 예수 그리스도께서 우리의 대제사장이 되심을 증거한다.

'대속죄절', '대속죄일'은 대제사장에 의해 일 년에 딱 한 번 하루에 이루어졌다. 이 대속죄일은 두 염소가 모든 이스라엘 백성들의 불의와 죄를 지고 죗값을 담당한 것처럼 예수 그리스도는 우리의 죗값을 담당하신 대제사장이 되신다.

히브리서 3:1

「그러므로 함께 하늘의 부르심을 받은 거룩한 형제들아
우리가 믿는 도리의 사도이시며 대제사장이신 예수를 깊이 생각하라」

히브리서 7:26-27

「이러한 대제사장은 우리에게 합당하니 거룩하고 악이 없고 더러움이 없고
죄인에게서 떠나 계시고 하늘보다 높이 되신 이라 그는 저 대제사장들이 먼저
자기 죄를 위하고 다음에 백성의 죄를 위하여 날마다 제사 드리는 것과 같이
할 필요가 없으니 이는 그가 단번에 자기를 드려 이루셨음이라
율법은 약점을 가진 사람들을 제사장으로 세웠거니와 율법 후에 하신 맹세의 말씀은
영원히 온전하게 되신 아들을 세우셨느니라」

광야에 오신 그리스도는 우리의 대제사장이 되신다.

셋째, 예수 그리스도의 많은 사역은 광야에서 이루어졌다.

광야에서 유혹을 받으시고, 광야에서 기도하시고, 광야에서 금식하시고, 광야에서 오천 명을 먹이신다. 사람이 살 수 없는 그곳, 악령이 존재하는 그곳, 죽음이 도사리고 있는 곳에 그리스도의 기적이 있다. 그러므로 광야(교회)에서 예수 그리스도를 만나며 광야(교회)에서 예수 그리스도의 기적을 경험해야 한다.

광야의 진단

1. 영혼육 전인격이 치유되었는가?

2. 전인적 성장은 되고 있는가?

3. 세상 것을 버리며 새로워지고 있는가?

4. 예배에는 성실한가?

5. 헌신된 삶을 살고 있는가?

6. 사명을 인식하고 사명에 충실한가?

7. 성화의 과정에 있는가, 퇴보하고 있는가?

8. 말씀과 기도의 삶에 충실한가?

9. 내세의 소망은 확실한가?

10. 하나님의 영광을 드러내는 삶을 살고 있는가?

11. 영적 싸움에서 승리하고 있는가?

12. 계속적으로 옛 사람을 벗고 새 사람을 입고 있는가

13. 나그네 길과 순례자의 길 중 어느 길을 걷고 있는가?

14. 날마다 예수님을 경험하고 있는가?

광야의 과업

1. 교회의 본질인 말씀과 기도의 훈련

2. 역동적인 예배

3. 순례자의 길을 걷기

4. 계속적으로 옛 사람을 버리고 새 사람을 입는 훈련

5. 마음의 할례

6. 제자훈련

7. 전인적 성전 세우기

8. 부록도표: 치유성장 원리 광야 참조

요 단 강
성령임재
믿음의능력

요단강의 의미
(수 3:14-17)

사십 년 동안 광야교회 생활을 마치고 이제 요단강을 건너 가나안 땅에 들어가기 위해 모압평지에 이르렀다. 모압평지는 요단강을 건너기 위해 아주 중요한 장소이다. 이곳에서 요단강을 건널 준비가 필요하기 때문이다.

요단강은 보리를 거두는 시기에는 물이 가장 많아 위험한 때이다(수 3:15). 이러한 위험의 때에 그들은 요단강을 건너야 한다. 요단강의 지리적, 지형학적 모습을 보면 요단강은 헤르몬 산에서부터 시작해서 사해까지로 직선거리는 124km이고 갈릴리 호수에서 사해까지만 보면 96km이다. 강을 따라가면 약 320km이다. 강의 폭은 2~30m까지 다양하고 건너뛸 수 있는 곳도 약 60군데나 된다. 수심은 0.8~3m 정도 된다.

요단강의 의미는 무엇일까? 요단강은 구약에서 하야르덴이라고 불렀고 이것을 헬라 사람들이 발음하기 좋도록 요르다네스라고 불렀다. 히브리어의 뜻은 '내려가는 강'이란 뜻이고 '급하게 흘러내리는 강'이란 의미이다. 셈족어의 의미는 '강의 심판 자', '물의 심판 자'란 뜻으로 이는 요나처럼 범죄자들을 강물에 던져 사형시키는 제도에서 왔다. 이 요단강은 이스라엘 백성들에게나 지금 우리들에게나 매우 중요한 장소이며 과정이다. 왜냐하면 요단강에서는 무수한 기적과 능력과 이적들이 행해졌기 때문이다.

광야에서 가나안 땅에 들어가는 것은 가데스 바네아라는 장소가 가장 가깝고 좋은 곳이기 때문에 그곳에 진을 치고 가나안 땅을 정탐했다. 이곳이 아니더라도 광야에서 요단강을 건너지 않고 바로 가나안 땅으로 들어갈 길은 많다. 그러나 여호와 하나님께서는 반드시 요단강을 통해서만 가나안 땅에 들어가게 하셨다.

이 길, 이 과정은 결코 쉬운 길이 아님에도 불구하고 왜 하나님께서 꼭 요단강을 건너서 가나안 땅에 들어가게 하셨을까? 또한 유대인들은 요단강을 건너면서 무엇을 깨닫게 되었을까? 이 요단강이 우리에게는 무엇이며 요단강이 우리에게 어떤 의미를 주고 있는가? 상식적으로 요단강의 의미가 무엇이라고 생각하는가?

거의 대부분의 성도들은 요단강은 죽음을 의미하는 것으로 생각한다. 가나안을 천국으로 착각하기 때문이다. 그래서 찬송가에서조차 요단강을 죽음의 상징으로 부르고 있다. 그러나 요단강은 죽음과 전혀 관계가 없고 가나안 역시 천국을 상징하는 것이 아니다. 이것은 성경을 심각하게 오해한 것이다. 만일 가나안 땅이 천국을 상징하고 요단강이 죽음을 상징한다면 요단강을 건너지 못한 모세와 광야에서 죽은 자들은 어떻게 설명해야 하나. 이스라엘 백성들에게 있어서 요단강은 생명이며 풍성한 은혜이다.

하나님께서 이스라엘 백성들에게 요단강을 건너 가나안 땅에 들어가게 하신 이유는 이것이다.

요단강의 경험이 없이는 가나안의 승리가 없기 때문이다.
요단강의 경험이 없이는 사명의 승리가 없기 때문이다.
요단강의 경험이 없이는 사역의 승리가 없기 때문이다.
요단강의 경험이 없이는 삶의 능력이 없기 때문이다.
요단강의 경험이 없이는 영적 전투에서 승리할 수 없기 때문이다.

요단강의 영적, 신앙적 의미

요단강의 영적, 신앙적 의미로 요단강은 성령의 임재와 능력을 경험하는 곳이다. 성령의 능력, 성령의 세례와 기름 부으심을 받는 상징적 의미를 가지고 있다.

나아만 장군은 요단강에서 일곱 번 목욕하고 나병이 치유되었다(왕하 5:14).

엘리사는 요단강에서 엘리야 보다 갑절의 영감, 성령의 능력을 받았다(왕하 2:7-9).

야곱은 얍복 강가에서 천사와 씨름하고 능력을 얻었다(창 32:22).

얍복강은 요단강의 상류 지류로서 요단강과 연결되어 있다.

요단강을 기적적으로 건넘으로써 이스라엘 백성들은 여호와의 손이 강하심, 능력이신 것을 알게 되었다(수 4:22-24).

예수님께서 요단강에서 세례를 받으셨을 때 성령이 비둘기같이 임하셨다(마 3:13,17).

예수님께서 요단강에서 세례를 받으셨을 때 성령의 충만함을 받으셨다(눅 4:1).

이처럼 요단강은 성령의 임재를 경험하는 곳이다. 요단강이 죽음을 상징하는 성경적 근거는 없다. 요단강을 건너는 경험을 하지 않고는 가나안을 정복할 수 없다는 것은 요단강에서 성령의 능력을 받지 않고는 사역을 감당할 수 없고 성도답게 살 수도 없고 능력 있는 삶을 살 수는 더욱 없다는 것이다. 가나안을 정복하기 위해서는 반드시 요단강에서 성령을 경험해야 한다. 왜냐하면 가나안은 그냥 비어있는 땅이 아니라 강대한 일곱 족속이 가나안 땅을 차지하고 있기 때문에 단순하게 정복할 수 있는 곳이 아니다. 때문에 요단강의 경험이 무엇보다 중요하다. 오늘을 살아가는 성도들 역시 마찬가지이다. 하나님의 사명, 사역을 감당하는 것은 세상의 지식이나 세상적인 지혜나 기술로 되는 것이 아니다. 하나님의 사역은 하나님의 성령의 능력으로 하는 것이다. 여기 예수님께서 부활하신 후 처음 제자들을 만나셔서 내리신 명령이 있다.

요한복음 20:22
「이 말씀을 하시고 그들을 향하사 숨을 내쉬며 이르시되 성령을 받으라」

"성령을 받으라" 예수님의 명령이다.

예수님은 승천하시면서 제자들에게 약속하셨다. 사실 이런 약속은 이미 요한복음 14-16장까지에서 여러 번 말씀하신 것이다.

누가복음 24:49
「볼지어다 내가 내 아버지께서 약속하신 것을 너희에게 보내리니 너희는 위로부터 능력으로 입혀질 때까지 이 성에 머물라 하시니라」

사도행전 1:4-5

「사도와 함께 모이사 그들에게 분부하여 이르시되 예루살렘을 떠나지 말고
내게서 들은 바 아버지께서 약속하신 것을 기다리라 요한은 물로 세례를 베풀었으나
너희는 몇 날이 못되어 성령으로 세례를 받으리라 하셨느니라」

제자들은 예수님께 삼 년이나 훈련을 받았지만 약하고 부족하고 두려움도 많았다. 예수님을 버리고 도망치고, 모른다고 부인하고, 도저히 그들의 사상과 정신도 변화되지 않았다. 따라서 예수님은 그런 제자들에게 자신의 사역을 위임할 수 없었기 때문에 성령의 능력이 임할 때까지 일하지 말도록 명령하신다. 성령의 능력이 임하기 전에는 사역의 능력도 열매도 없기 때문이다. 봉사하려면 하나님이 공급하시는 힘, 능력으로 하라(벧전 4:1), 하나님의 성령으로 봉사하라(빌 3:3).

예수님의 명령과 약속대로 제자들은 예루살렘의 다락방에서 전심으로 기도하던 중 성령의 능력, 성령의 세례와 기름 부으심을 받았다. 사도들에게는 예루살렘의 다락방이 바로 성령을 경험한 요단강이었다. 이후로 사도들은 완전히 변화되었다. 이전의 제자들이 아니다. 두려움도 교만도 다 깨지고 능력 있는 자들이 되었다.

사도 바울은 다메섹 도상이 요단강의 경험이었다. 다메섹에서 예수님을 만나고 다메섹에서 아나니아에게 안수 받고 성령 충만을 받았다.

당신의 요단강은 어디인가?

당신은 요단강을 경험했는가?

당신은 요단강의 성령의 능력, 기름 부으심, 성령의 불을 경험했는가?

요단강의 표징
(수 4:1-9)

요단강을 건넌 이스라엘 백성들에게 하나님께서 두 가지를 말씀하신다. 하나는 열두지파의 대표들이 요단강 가운데서 큰 돌을 어깨에 메고 나와 돌무더기를 만드는 것이고 다른 하나는 요단강 가운데에 돌무더기를 쌓아 두는 것이다.

여호와께서 여호수아에게 말씀하신다. 제사장들의 발이 굳게 선 곳에 즉 요단강 중앙에 돌을 세우라. 이 돌단은 이스라엘 백성들 가운데 표징이며, 지금 성도들에게도 매우 중요한 표징이다.

'이것이 너희 중에 표징이 되리라'(수 4:6). 여호와의 명령으로 쌓은 돌무더기는 열두 지파를 상징하며 이스라엘 백성들과 그 자녀, 후손들에게 영원한 표징이 된다. 왜 여호와께서 꼭 돌로서 표징을 삼으셨을까? 그 표징은 영원하기 때문이다. 이스라엘 백성들은 요단강 가운데서 메고 온 큰 돌을 길갈에 쌓아두었다. 당시에 길갈은 매우 중요한 장소였다. 요단강을 건넌 후 첫 번째 진을 친 곳으로 요단강을 건넌 후 할례를 행하고, 유월절을 지킨 곳이다. 길갈에서 여리고를 정복하고, 길갈에서 사울이 왕 위에 오르며, 사무엘이 순회한 곳이며 선지학교가 있는 곳이다. 이처럼 길갈은 오랜 역사 동안 이스라엘에서 매우 중요한 장소로 신앙의 중심지가 되었다. 이런 곳에 요단강을 건넌 표징으로 돌단을 쌓았다.

돌단, 돌무더기의 표징은 어떤 의미일까?

첫째, 돌단의 표징은 구별이다.

이것 역시 참으로 중요하다. 여호수아는 제사장들이 밟고 서 있었던 요단강 한가운데 돌단을 쌓아두었다. 물이 넘치면 보이지 않는다. 그럼에도 불구하고 요단강 가운데 물속에 큰 돌들로 무더기를 쌓아 둔 것은 분명한 구별과 경계를 의미한다.

창세기 31:51-52

「라반이 또 야곱에게 이르되 내가 나와 너 사이에 둔 이 무더기를 보라
또 이 기둥을 보라 이 무더기가 증거가 되고 이 기둥이 증거가 되나니
내가 이 무더기를 넘어 네게로 가서 해하지 않을 것이요 네가 이 무더기,
이 기둥을 넘어 내게로 와서 해하지 아니할 것이라」

이스라엘 백성들은 무엇과 구별되는 것인가?

애굽과 구별된 것이다. 여호와께서 40년 동안 광야를 걷게 하신 것은 애굽을 벗어버리고 잊어버리게 하심이었다. 이제 40년이 되어 애굽을 아는 자들이 광야에서 죽고 새 시대의 사람들이 가나안에 들어간다. 이제 애굽과 완전히 구별되고, 애굽과 아무 상관이 없게 되었고, 완전히 새롭게 된 것이다. 다시는 애굽을 의지하거나 애굽에 내려갈 이유가 없다. 오늘 우리에게도 마찬가지이다. 하나님의 큰 은혜로 구원을 받았으나 구원 후 교회에 다닌 것만으로는 세상과 구별될 수 없고 옛사람과 구별될 수 없다. 요단강의 성령이 경험될 때 구별된 삶, 세상과 이별 된 삶이 가능하다. 그러므로 요단강에서 경험한 성령의 표징을 마음에 새겨야 한다.

둘째, 돌무더기는 언약이다.

창세기 31:44-49
「이제 오라 나와 네가 언약을 맺고 그것으로 너와 나 사이에 증거를 삼을 것이니라
이에 야곱이 돌을 가져다가 기둥으로 세우고 또 그 형제들에게 돌을 모으라 하니
그들이 돌을 가져다가 무더기를 이루매 무리가 거기 무더기 곁에서 먹고
라반은 그것을 여갈사하두다라 불렀고 야곱은 그것을 갈르엣이라 불렀으니
라반의 말에 오늘 이 무더기가 너와 나 사이에 증거가 된다 하였으므로
그 이름을 갈르엣이라 불렀으며 또 미스바라 하였으니 이는 그의 말에
우리가 서로 떠나 있을 때에 여호와께서 나와 너 사이를 살피시옵소서 함이라」

돌은 언약의 상징이다. 인류는 처음 돌단에서 제사, 예배를 드렸다. 우리에게 요단강의 언약인 성령을 주신 것은 우리의 믿음을 견고하게 하기 위함이다.

셋째, 돌무더기의 표징은 증거이다.

표징이란 증거, 표시(sign)이다.

여호와는 확신과 표징, 증거의 하나님이시다. 여호와 하나님은 우리에게 결코 흔들리지 않는 증거를 주셨다. 이는 영원한 증거이다. 믿음의 증거, 구원의 증거, 천국의 증거, 용서의 증거, 자녀의 증거, 그 증거는 성령님이시다. 성경에서 자주 예수님은 반석, 돌에 비유되셨다. 산돌, 거룩한 돌, 신령한 반석 등 돌의 표징은 증거이고 그 증거는 성령님이시다. 이미 홍해에서 자세히 다룬 대로 성령은 증거, 증인, 인치심, 보증이 되신다. 이 경험이 있어야 믿음이 흔들리지 않고 견고해진다.

넷째, 영원한 기념이다(수 4:4-9).

기념이란 생각하고 기억하는 것이다. 영원히 생각하고 기억하라는 것이다. 요단강의 경험은 절대로 잊지 말라는 것이다. 우리는 너무 쉽게 망각한 것 때문에 실수하고 실패한다. 때문에 우리는 절대로 잊지 말고 기억해야 한다. 이것은 하나님의 명령이다. 하나님은 이스라엘 백성들이 너무나 잘 망각하는 것 때문에 여러 가지 방법을 주셨다.

민수기 15:38-39

「이스라엘 자손에게 명령하여 대대로 그들의 옷단 귀에 술을 만들고 청색 끈을 그 귀의 술에 더하라 이 술은 너희가 보고 여호와의 모든 계명을 기억하여 준행하고 너희를 방종하게 하는 자신의 마음과 눈의 욕심을 따라 음행하지 않게 하기 위함이라」

옷단 귀에 술을 만들어 늘 보고 있어야 한다. 절대로 잊어버리지 않게 하기 위함이다. 우리가 반드시 기억해야 할 것은 무엇인가? 무엇보다 절대로 잊지 말고 반드시 기억해야 하는 것은 요단강의 경험이다. 급하고 강한 바람처럼 불의 혀같이 갈라지는 것과 같은 성령의 세례, 불의 임재, 기름 부으심을 기억해야 한다. 성령의 경험으로 가슴이 뜨겁고 날아다닐 것 같은 엄청난 영적 경험을 기억해야 한다. 이스라엘 백성들이 광야에서 넘어지고 실패한 것은 여호와 하나님의 기적, 능력, 은혜를 너무나 쉽게 금방 잊어버렸기 때문이다. 망각은 멸망이며 반복된 실패이며, 사망이다.

시편 106:13
「그러나 그들은 그가 행하신 일을 곧 잊어버리며 그의 가르침을 기다리지 아니하고」

여호와께서 행하신 일, 애굽에서의 구원, 홍해를 마른 땅같이 건넘, 광야의 기적이 모든 것을 잊어버렸다. 그래서 자주 광야에서 원망하고 불신하고 불평하다가 멸망했다. 하나님의 명령은 지금도 유효하다. "너는 기억하라(신 5:15)" 무엇을 기억하라고 강조하시는가? 애굽의 종 되었던 것에서 구원된 것을 기억하라는 것이다. 우리는 죄악에서 구원되어 천국의 백성이 되고 나 같은 죄인이 하나님의 자녀가 된 것을 결코 잊지 말아야 한다. 우리들 개개인들이 각자 받은 큰 은혜, 감동, 기적, 기도의 응답, 복 등이 있고 우리들 개개인이 경험한 성령의 내주하심, 성령의 충만, 성령의 세례, 성령의 기름 부으심, 성령의 능력이 있다. 이것을 기억하고 하나님께 감사하며 예배해야 한다.

때로는 우리 자신의 실수, 실패, 패배, 죄악의 고통, 비극, 슬픔, 절망, 좌절, 자포자기했던 때도 기억해야 한다. 하나님의 징계가 얼마나 아프고 힘들고 고통스러운지를 기억해야 죄 가운데 넘어지지 않는다.

세계를 통틀어 패전과 패배의 날을 기념일로 지키는 나라나 민족은 유대인들 밖에 없다. 유대인들은 패배를 통해 엄청난 교훈을 얻는다. 패배는 깊이 있는 경험을 주고 풍성한 내일을 약속하는 교훈의 보물 창고다. 유대인은 패배했을 때 오히려 용기를 얻는다. 그러나 아랍 사람들은 패전을 통해 아무것도 배우지 못했기 때문에 중동의 6일 전쟁에서 유대인들은 250만 명에 불과했는데 2억 가까운 아랍이 실패했다. 실패의 아픔도 성령의 경험, 영적 경험도 절대로 잊지 말아야 한다.

성령님은 어떤 분이신가

성령님은 어떤 분이실까? 성경에서 성령님을 증거하는 말씀들이 많다.

첫째, 성령님은 하나님의 영, 그리스도의 영이시다.

로마서 8:9
「만일 너희 속에 하나님의 영이 거하시면 너희가 육신에 있지 아니하고 영에 있나니
누구든지 그리스도의 영이 없으면 그리스도의 사람이 아니라」

성경에서 성령님을 표현한 가장 많이 사용된 것은 "성령님은 영이시다"라는 것이다. 성령님은 영이신데 그 이름은 다양하다. 성령님은 여호와의 영, 하나님의 영, 예수의 영, 그리스도의 영, 생명의 영, 부활의 영, 주의 영, 그의 영이시다. 성령께서 영이신 것은 사람에게 몸이 있고 마음, 감정이 있고, 하나님의 형상을 닮은 영이 있

기 때문이다. 만일 사람에게 영이 없다면 사람은 짐승과 같다. 우리가 하나님의 형상을 가진 영적인 존재라는 것은 하나님의 영을 가졌기 때문이다. '영'이란 볼 수 없고 만질 수 없이 초월해 계신 분을 의미한다. 사람의 영 역시 우리가 만질 수 없고 볼 수 없지만 사람 안에 있다. 사람에게서 영이 떠나버리면 사람은 죽는다. 성도가 살았다는 것은 영이 있기 때문이다. 성령님은 영이시다. 하나님의 영, 예수의 영, 그리스도의 영이시다.

둘째, 성령은 인격적인 분이시다.

인격적이라는 것은 사람다운 것이다. 이것 역시 동물과 다른 것이고 이것 역시 죽은 자와 다른 것이다. 죽은 자는 인격이 없다. 생명이 없기 때문이다. 인격이란 예의, 지, 정, 의를 가진 것이다.

성령님은 인격적이셔서 상식 밖에서 일하지 않으신다. 소위 성령을 받아 은사, 방언 받은 자들이 전혀 인격적이지 못한 경우가 많다. 성령을 오해했기 때문이다. "성령님이 인격적이시다"라는 것은 성령님은 말씀하시고, 들으시고, 일하시며, 행하시는 분이시라는 것이다.

셋째, 성령님은 예수님과 같은 사역을 하시는 보혜사이시다.

성령님은 하나님의 영으로 가장 선하시며, 사랑이시며, 성도들을 도우시며, 인도하시며, 보호하시며 감동을 주신다.

넷째, 성령은 양자의 영이시다.

로마서 8:15

「너희는 다시 무서워하는 종의 영을 받지 아니하고 양자의 영을 받았으므로

우리가 아빠 아버지라고 부르짖느니라」

다섯째, 성령은 진리의 영이시다.

요한복음 5:26

「아버지께서 자기 속에 생명이 있음 같이 아들에게도 생명을 주어 그 속에 있게 하셨고」

예수님과 성령의 사역 (관계)

　예수님의 사역 원리는 매우 감동적이다. 예수님은 어떤 사역을 하시든지 언제나 동일한 원리로 일하셨다. 먼저 하나님께 간절히 기도해서 하나님의 뜻을 구하여 알고 하나님의 뜻을 아신 후에는 오직 성령님과 함께 일하셨다. 예수님은 전능하신 하나님의 능력을 가지셨으나 결코 혼자 일하시지 않고 성령님과 함께 역사하신다. 하물며 한없이 부족하고, 미련하고, 영적 지식도, 지혜도 없는 사람은 더더욱 성령의 역사가 없이는 일할 수 없다. 하나님의 일을 한다고 노력하고 열심을 낼 수 있으나 거기에는 열매가 없고, 교회의 덕이 되지 못하고, 하나님의 영광이 없다.

　예수님은 성령의 권능으로 잉태되셨다(마 1:18; 눅 1:35).
　예수님은 사역을 시작하시기 전 먼저 성령으로 세례를 받으셨다(눅 3:21-22).
　예수님은 성령께 이끌리셔서 광야에서 시험을 받으셨다(마 4:1-10).
　예수님은 성령께서 임하심으로 사역하셨다(눅 418-19).

예수님은 성령과 권능으로 기름 부어지셨다(행 10:38).

예수님은 성령의 권능으로 가르치셨다(요 3:34).

예수님은 성령의 능력으로 전도, 치유를 행하셨다(눅 4:14-15).

예수님은 성령의 권능으로 귀신들을 내어 쫓으셨다(마 12:28).

예수님은 성령의 권능으로 자신을 하나님께 드리셨다(히 9:14).

예수님은 성령의 권능으로 부활하셨다(롬 1:4).

요단강의 영적 실제
(마 3:11-17)

　요단강의 경험이 지금 우리에게 주는 영적, 신앙적 실제는 무엇인가? 성도들이 반드시 경험해야 하는 요단강의 영적 경험, 즉 성령의 경험은 무엇인가? 요단강의 영적 실제는 예수 그리스도의 공적 사역이 시작된 곳이며 복음이 시작되고 신약시대가 시작된 곳이다. 이는 예수님께서 요단강에서 세례를 받으시면서 성령을 경험한 후부터 시작된다. 세례 요한은 요단강가에서 회개를 선포하고 회개한 자들에게 세례를 베풀었다. 그리고 예수님께서 요단강에서 세례를 받음으로 성령님이 임재 하셨고 이때부터 예수님의 사역이 시작되고, 신약시대가 시작되고 예수님의 복음 선포가 시작되었다.

누가복음 16:16

「율법과 선지자는 요한의 때까지요 그 후부터는 하나님 나라의

복음이 전파되어 사람마다 그리로 침입하느니라」

사도행전 1:8

「오직 성령이 너희에게 임하시면 너희가 권능을 받고 예루살렘과 온 유대와 사마리아와

땅 끝까지 이르러 내 증인이 되리라 하시니라」

오직 성령, 오직 성령, 오직 성령의 권능, 오직 성령의 권능을 경험해야 사명을 감당하고 증인의 삶을 살아갈 수 있다. 성령께서 역사하시는 단계별 사역을 실제로 깨달아 알고 경험하자.

성령의 임재 (灵生; Born again)

우리가 예수 그리스도를 처음 만날 때 가장 먼저 경험하는 영적 단계이다. 성도들이 느낄 수도 없고 알 수도 없이 임하시는 성령이시다. 성령의 임재는 바람같이 임재하신다.

성령 임재의 목적은 무엇인가? 바로 영적 거듭남, 영적 탄생이다.

요한복음 3:5

「예수께서 대답하시되 진실로 진실로 네게 이르노니

사람이 물과 성령으로 나지 아니하면 하나님의 나라에 들어갈 수 없느니라」

요한복음 3:7-8

「내가 네게 거듭나야 하겠다 하는 말을 놀랍게 여기지 말라 바람이 임의로 불매

네가 그 소리는 들어도 어디서 와서 어디로 가는지 알지 못하나니

성령으로 난 사람도 다 그러하니라」

성령님의 사역 가운데 가장 중요하고 첫째 되는 사역이 거듭남, 구원이다. 여호와 하나님은 성도들의 거듭남, 구원을 계획하시며 예수 그리스도는 우리의 거듭남, 구원을 성취하시고 성령님은 그 거듭남, 구원을 성도들에게 개인 적용하셔서 천국의 길을 깨달아 알아 예수님을 영접하게 하신다.

성령님은 우리에게 영생을 주시고, 우리에게 천국을 주시며 하나님의 자녀이며 거듭남, 구원, 용서를 주시려고 영적인 눈을 주시고 감동을 주셔서 예수님을 깨닫게 하시고 말씀을 깨닫게 하시며 구원의 길로 인도하시고 성도들의 마음을 변화시키셔서 감동하게 하시며 사람들에게 믿음을 주시고 십자가를 믿게 하신다. 이것을 영생(灵生, Born again)이라 부른다. "영적 탄생" 이것은 기적 중의 기적이다. 오늘 우리가 다 여기에 있게 된 것이 성령의 임재의 역사 때문이다.

성령의 내주 (灵安)
(롬 8:9-11)

성령께서 임재하신 후 우리가 그 성령의 임재하신 목적대로 내 자신이 죄인인 것을 깨닫고 회개하고 예수 그리스도를 믿고 마음에 모시고 거듭난 자들은 이제 성령께서 그들 안에 계신다. 이것을 성령의 내주하심이라 부른다. 성령님은 하나님의 영, 예수의 영, 그리스도의 영, 진리의 영으로 우리안에 계신다. 정말 놀라운 감동이고, 감

격이다. 나 같은 죄인 안에 성령님께서 살아계시는 것은 엄청난 복이다.

요한계시록 3:20
「볼지어다 내가 문 밖에 서서 두드리노니 누구든지 내 음성을 듣고 문을 열면
내가 그에게로 들어가 그와 더불어 먹고 그는 나와 더불어 먹으리라」

주님께서 영으로 우리 안에 들어오시는 것은 주님의 영이신 성령으로 들어오신 것이다. 우리가 성령으로 거듭난 순간 우리에게는 엄청난 변화가 있다.

첫째, 우리의 신분의 변화다. 사단, 마귀의 자녀에서 하나님의 자녀가 되었다.

둘째, 몸이 변화되었다. 귀신들의 놀이터에서 하나님의 전, 성령의 전이 되었다.

고린도전서 3:16
「너희는 너희가 하나님의 성전인 것과 하나님의 성령이
너희 안에 계시는 것을 알지 못하느냐」

고린도전서 6:19
「너희 몸은 너희가 하나님께로부터 받은 바 너희 가운데 계신
성령의 전인 줄을 알지 못하느냐 너희는 너희 자신의 것이 아니라」

셋째, 소속이 변화되었다. 지옥에서 천국으로, 사망에서 생명으로, 심판에서 자유함으로 변화되었다.

이처럼 성령의 내주하심으로 인해 우리의 영혼육 모든 것이 변화되었다. 이것 역시 느껴지는 자가 있고 느껴지지 않는 자가 있지만 우리가 진심으로 죄인임을 고백하고 예수 그리스도를 믿음으로 마음에 영접했다면 이미 우리 속에 성령께서 들어와 계신다. 이것을 '성령의 내주하심'이라고 한다. 성령의 내주하심 즉 내 안에 살고 계심은 너무나 분명한 진리이고, 사실이다. 성령께서 반드시 내 안에 계셔야 하고 성령께서 내 안에 계신 것이 경험되어야 한다.

로마서 8:9

「만일 너희 속에 하나님의 영이 거하시면 너희가 육신에 있지 아니하고 영에 있나니
누구든지 그리스도의 영이 없으면 그리스도의 사람이 아니라」

이 말씀을 두렵고 떨림으로 받아 경험하고 확신해야 한다.

"누구든지 그리스도의 영이 없으면 그리스도의 사람이 아니라"

내 안에, 내 심령 속에 그리스도의 영이 없으면 그리스도의 사람이 아니다.

성령께서 내 안에 계신 것을 어떻게 알 수 있는가? 성령께서 내 안에 계신 '증상'들, 싸인(sign)들은 내적 평안 즉 마음의 평안이다(눅 7:50). 성령은 평안의 영이시다.

성령님이 계신 곳에 참 평안이 있다. 이것을 '영안(靈安)' 영적 평안이라 부른다. 이 마음의 평안, 영적 평안은 예수 그리스도를 처음 믿는 순간에 경험되어지는 것이다. 이는 누구나 느낄 수 있고 경험할 수 있다. 예수님을 처음 마음에 모신 순간, 예수님을 처음 믿는 순간 우리의 마음에 부어지는 형용할 수 없는 평안함이다. 우리가 만일 교회를 오래 다니면서도 그런 경험이 없다면 진실하게 예수 그리스도께서 내 마음에 계시는지 확인할 필요가 있다. 비록 살다가 보면 그 평안이 상실될 때도 있다. 성도라고 늘 평안하고 행복할 수만은 없다. 그러나 회개하면 회복시켜 주신다.

성령께서 내 안에 계시는 또 하나의 증상은 예수 그리스도의 영이신 성령을 마음에 모시고 살면 죄를 미워하고 죄를 멀리하게 된다. 아직 성도가 천국에 이르지 못했기 때문에 죄에 넘어질지라도 영적으로 아파하며 죄와 싸우고자 한다.

로마서 7:24

「오호라 나는 곤고한 사람이로다 이 사망의 몸에서 누가 나를 건져 내랴」

성령은 거룩한 영이시다. 죄가 싫고 미워진다.
성령 내주하심의 또 하나의 증거, 증상은 귀신들이 알고 두려워하는 것이다.

야고보서 2:19

「네가 하나님은 한 분이신 줄을 믿느냐 잘하는도다 귀신들도 믿고 떠느니라」

무수한 성도들의 증거가 있다.

※ 성령 내주의 목적 (고후 1:18-22)

성령의 내주하심을 반드시 확인하고 확신해야 하는 것은 성령의 내주하심은 성도들의 거듭남, 구원, 하나님의 자녀 됨, 천국의 백성, 의인 됨의 인치심, 증거, 증인, 증언자, 보증인이 되시기 때문이다.

성령의 세례 (灵洗)
(요 1:32-34)

우리가 끝까지 향기롭고 멋있는 성도로 남기 위해서는 매순간 성령님을 의식하며 경험하며 살아가야 한다. 그러나 세상적인 것 탐욕적인 것만 추구하다가 성령을 잃어버린 자들도 많다. 하지만 그들의 삶은 비참하다.

베드로후서 2:20
「만일 그들이 우리 주 되신 구주 예수 그리스도를 앎으로 세상의 더러움을 피한 후에
다시 그 중에 얽매이고 지면 그 나중 형편이 처음보다 더 심하리니」

베드로후서 2:22
「참된 속담에 이르기를 개가 그 토하였던 것에 돌아가고 돼지가 씻었다가
더러운 구덩이에 도로 누웠다 하는 말이 그들에게 응하였도다」

정말 삶이 더럽고 추해진다. 세례요한이 요단강에서 예수님을 선포하고 증거한

것을 보면 예수께서 이 세상에 오신 몇 가지 목적 가운데 하나는 우리에게 성령의 세례를 베푸시기 위함이다.

주님께서 우리를 구원하시고 생명을 풍성하게 하시고 성령의 세례를 베푸시는 이 세 가지가 매우 중요한 목적이셨다. 성령의 세례를 다른 말로는 마음의 할례라고 부른다. 성령세례의 영적 단계는 '영세(靈洗)'이다. 영적 세례, 마음의 세례, 인격의 세례, 마음, 정신, 사상의 세례이다. 우리는 반드시 이 세례를 경험해야 한다. 그래야 성령이 좀 더 실제적으로 느껴지게 되고, 인격의 변화와 신앙의 성숙이 이루어진다. 성령의 세례는 획기적인 변화를 경험하는 것으로 사상, 인품, 생각, 성격, 마음의 치유이자 거듭남이다. 마음이 거듭나고 인격이 거듭나고 정신이 거듭나고 생각이 거듭나야 한다. 그래서 마음에 시온의 대로가 열려있어야 한다. 그러면 하나님을 깊이 경험하게 된다.

마태복음 5:8
「마음이 청결한 자는 복이 있나니 그들이 하나님을 볼 것임이요」

성령의 세례가 임해야 성도들이 변화되고 새로워진다.

성도들이 성령의 세례, 마음, 인격의 세례를 받아야 할 이유는 무엇인가?
첫째, 사람의 마음이 어려서부터 악하기 때문이다(창 8:21).
둘째, 사람의 마음이 만물보다 심히 부패하고 더럽기 때문이다(렘 17:9).
셋째, 사람의 힘으로 죄를 이길 수 없기 때문이다(롬 7:19).

넷째, 하나님께 쓰임 받을 수 없기 때문이다(딤후 2:20-21).

※ 성령의 세례는 무엇인가?

　일반적으로 세례는 사죄의 증거, 구원의 표이다. 이것은 긍정적인 의미이다. 그러나 매우 중요한 부정적 의미는 심판과 죽음이다. 물세례는 물로 심판받아 죽음을 통과한 것을 상징한다. 성령의 세례는 성령으로 죽어져 인격이 거듭난 것이다. 이 성령 세례를 심리 치유적인 면에서 가장 잘 표현한 학자가 찰스 솔로몬(Charls Solomon) 박사다. 그는 성령의 세례, 마음의 할례를 실제적인 외과 수술과 똑같은 '영성치유'(Spiritual therapy)라 불렀다. 영성 치유, 즉 성령세례란 성령께서 우리의 병든 마음, 병든 생각, 병든 감정, 병든 정신, 병든 사상, 병든 인격을 수술해 주시는 것이다. 솔로몬박사는 이 성령의 세례를 실제적인 성령의 외과 수술로 인정한다. 성령의 치유는 경험해 본 자들만이 이해할 수 있다. 성령의 외과수술, 이 경험 없이 변화는 불가능하다. 성령세례, 마음의 할례, 성령의 외과 수술은 우리의 병든 마음을 갈아엎는 것이다.

예레미야 4:3-4
「여호와께서 유다와 예루살렘 사람에게 이와 같이 이르노라 너희 묵은 땅을 갈고
가시덤불에 파종하지 말라 유다인과 예루살렘 주민들아 너희는 스스로 할례를 행하여
너희 마음 가죽을 베고 나 여호와께 속하라 그리하지 아니하면 너희 악행으로 말미암아
나의 분노가 불 같이 일어나 사르리니 그것을 끌 자가 없으리라」

예레미야 4:14

「예루살렘아 네 마음의 악을 씻어 버리라 그리하면 구원을 얻으리라

네 악한 생각이 네 속에 얼마나 오래 머물겠느냐」

호세아 10:12

「너희가 자기를 위하여 공의를 심고 인애를 거두라 너희 묵은 땅을 기경하라

지금이 곧 여호와를 찾을 때니 마침내 여호와께서 오사

공의를 비처럼 너희에게 내리시리라」

성령의 세례, 마음의 할례는 마음 가죽을 베고 마음의 묵은 땅을 갈아엎는 것이다. 그렇게 함으로서 성령께서 우리의 마음을 치유해 주셔서 우리의 옛 사람, 옛 자아, 옛 성품, 옛 습관이 죽어지고 거듭나는 것이다.

※ 성령세례의 증거 (겔 11:16-20)

첫째, 감정의 변화

막힌 담이 허물어지고 막힌 수도관이 뚫린 것 같은 감정의 시원함, 상쾌함이 있다. 감정의 긍정적인 변화다. 몸과 마음이 가벼워지고 후끈해진다.

둘째, 성품과 인격의 변화

성령세례는 마음의 할례이고 이것은 성령의 외과 수술이다. 외과 수술이기 때문에 마음의 질병을 도려내는 것이고 마음의 상처를 도려내는 것이며, 마음의 종기를 잘라내는 것이다. 병들고 상처 나고 고장 난 마음의 악성 세포를 수술해 내는 것, 마음의 암세포를 제거하는 것이다.

셋째, 세속적인 사람에서 영적인 사람이 되는 것

인본주의, 사람중심의 사람이 신본 중심, 하나님 중심의 사람이 된다. 세상적이며 세상 것에만 목숨을 걸고 사는 사람이 영적이며 신앙적이 된다. 성령세례를 받기 전 제자들은 지극히 인간적이고 자기중심적이고 세상적이었다. 예수님 뒤에서 출세, 성공, 지위 때문에 다투었다. 자신의 성공, 생명 위해 예수님을 부인하고 배신했던 제자들이 전도자, 선교사, 순교자들이 되었다.

넷째, 삶의 목적, 자세의 변화

성령의 세례를 받는 자들에게는 정신, 사상, 삶의 목적의 변화가 있다. 분명한 천국의 소망을 가지고 천국의 소망을 위해 투자한다. 자기 자신만을 위해서 살았던 자들이 이제 성령의 세례가 임하면 주님을 위해 살고 교회를 위해 헌신한다.

※ 성령세례의 실제

첫째, 하나님의 약속을 믿는 것이다.

에스겔 36:24-27

「내가 너희를 여러 나라 가운데에서 인도하여 내고 여러 민족 가운데에서
모아 데리고 고국 땅에 들어가서 맑은 물을 너희에게 뿌려서 너희로 정결하게 하되
곧 너희 모든 더러운 것에서와 모든 우상 숭배에서 너희를 정결하게 할 것이며
또 새 영을 너희 속에 두고 새 마음을 너희에게 주되 너희 육신에서 굳은 마음을 제거하고
부드러운 마음을 줄 것이며 또 내 영을 너희 속에 두어 너희로 내 율례를 행하게 하리니
너희가 내 규례를 지켜 행할지라」

하나님께서는 깨끗한 그릇, 성결한 그릇, 구별된 그릇을 사용하시기 위해 성령의
세례를 약속하셨다. 이 약속을 믿고 의지하고 붙잡아야 한다.

둘째, 성령의 세례를 간절히 사모해야 한다.

이것이 가장 중요하다. 현실에 안주해서 무관심하지 말고 간절히 사모해야 한다.
사모하되 마음, 성품, 성격, 인격의 치유를 기대하며 사모해야 한다. 사모하되 간절히
사모해야 한다. 진심으로 사모해야 한다.

셋째, 결단의 기도, 집중 기도가 있어야 한다. 그 한 주제의 기도에 올인 해야 한다.

사도행전 1:14

「여자들과 예수의 어머니 마리아와 예수의 아우들과 더불어
마음을 같이하여 오로지 기도에 힘쓰더라」

하나님께서는 성도들이 마음을 같이하여 합심 기도하면 기뻐하신다. 마음, 정신을 하나로 모으고 오로지 기도에 힘써야 한다. 영적 지도자들, 성령세례를 경험한 지도자들은 모두 다 이런 절규가 있었다. 제자들이 소리치며 울부짖어 절규한다. 이를 위해 집중기도, 결단의 기도가 필요하고 오직 성령세례를 위해 철야기도, 금식기도, 산기도, 새벽 작정기도, 저녁 작정기도, 상번제기도 등에 동참하는 것이 중요하다.

성령의 감동 (콧交)

영성의 단계, 성령의 과정 네 번째는 성령의 감동을 경험하는 것이다. 이것은 영적 교제이며 영교(콧交)라고 부른다. 성령의 감동이란 무슨 의미인가? 우리는 종종 "와! 감동이다", "와! 완전 짱이다"라는 표현을 한다. 깜짝 놀랄만한 일이 있을 때 이런 표현을 쓴다. 성경의 의미 역시 비슷하다. 감동이란 "들어 올리다", "열망하다", "돌진하다", "고무되다", "흥분되다", "기분이 업되다"라는 의미이다. "강하게 돌진하는 것"이다. 성령의 감동이란 하나님의 신에 붙들려 하나님의 열정으로 가득한 것이다. 하나님의 신에 붙들렸다는 것은 세상적인 말로 하면 '신들린 사람'이다.

신들린 사람은 인간적인 지혜와 재능과 능력을 초월한 사람을 의미한다. 신들린 것과 같은 사람은 신들린 숯, 신들린 연기, 신들린 연주, 신들린 샷 등을 나타내는데 이런 것을 통틀어 신바람이라고 표현하기도 한다. 성령의 열정에 붙들린 자, 하나님은 이런 자들을 찾고 계신다. 성령께 전적으로 붙잡힌 사람이다. 하나님은 이런 자들에게 사명을 주시고 하나님은 이런 자들을 크고 귀하게 사용하신다.

창세기 41:38

「바로가 그의 신하들에게 이르되 이와 같이 하나님의 영에 감동된 사람을
우리가 어찌 찾을 수 있으리요 하고」

사울도 다윗도 하나님의 영에 크게 감동한 일꾼들이었다. 인생의 승리자, 사명의 승리자가 되기 위해서는 성령의 감동이 있어야 하고 성령의 감동에 크게 감동되어 있어야 한다(삿 14:5 삼손, 삼상 11:6).

사무엘상 11:6

「사울이 이 말을 들을 때에 하나님의 영에게 크게 감동되매 그의 노가 크게 일어나」

사무엘상 16:13

「사무엘이 기름 뿔병을 가져다가 그의 형제 중에서 그에게 부었더니 이 날 이후로
다윗이 여호와의 영에게 크게 감동되니라 사무엘이 떠나서 라마로 가니라」

※ 성령의 감동으로 사는 삶

첫째, 성령의 감각으로 사는 것이다.

성령께서 느끼신 것처럼 느끼는 것이며 성령께서 생각하신 것처럼 생각하고, 성령께서 보신 것처럼 보는 것, 성령께서 아파하시는 것처럼 아파하는 것, 성령께서 기뻐하시는 것처럼 기뻐하는 것, 성령께서 말씀하신 것처럼 말하는 것, 성령의 지각, 미

각, 후각, 촉각, 시각을 가지는 것. 삶과 사역에서 성령님을 느끼고 교감하며 사는 것이다. 교회 공동체 역시 서로 성령님의 감동, 교감, 성령님의 생각, 느낌을 가지는 것은 매우 중요하다. 이런 성령의 감동이 없이 사람들의 생각과 감정을 앞세우기 때문에 교회에서 다툼과 분쟁이 일어난다. 서로가 기도하고 성령의 감동으로 생각이 모아지면 그만 놀랄 수밖에 없고 성령의 감동임을 고백할 수밖에 없게 된다.

둘째, 성령의 관점을 가지는 것이다.

사람의 마음과 생각 속에는 어려서부터 형성된 생각의 틀, 사고의 틀이 있다. 이것 때문에 똑같은 세상, 똑같은 사건, 사고를 평가하고 이해하는 것이 다르다.

분석적인 사람은 모든 사람과 환경을 비판적으로 본다.
총체적인 사람은 모든 사람과 환경을 긍정적으로 본다.
부정적인 사람은 모든 사람과 환경을 부정적으로 본다.
긍정적인 사람은 모든 사람과 환경을 좋은 감정으로 보려고 한다.

서로의 관점, 틀이 다르기 때문에 싸우고 다투게 된다. 때문에 성령의 눈으로 보고 이해하는 것이 중요하다. 성령께서는 어떻게 보실까? 성령께서는 어떻게 이해하실까? 성령께서는 어떻게 하실까? 이것이 중요하다. 내 생각, 내 생각의 틀, 내 기준, 내 것대로 사람을 판단하고 환경을 판단하는 것이 아니라 성령의 눈, 관점을 가져야 한다. 성령의 감동, 느낌, 성령의 교감, 관점이 있으면 가정 공동체나 교회 공동체가 하나 되고 행복을 누리게 된다.

셋째, 성령의 열심과 열정을 가지는 것이다.

요한복음 2:17
「제자들이 성경 말씀에 주의 전을 사모하는 열심이 나를 삼키리라 한 것을 기억하더라」

제자들은 예수님의 열심을 기억한다. 예수님은 성령의 열심과 성령의 감각을 가지셨다. 성령님께 감동된 모습이 열심, 열정이다. 열심은 헬라어로 '젤로스(ζῆλος)'로 "주전자에 물이 끓는 것, 삼킨다, 소멸된다"라는 의미이다. 성전을 사모하는 마음이 펄펄 끓어 자신을 태우는 것이다. 내가 하나님의 열심으로 너희를 위하여 열심을 내노니(고후 11:2). 성령의 감동, 열심, 열정이 있으면 가슴이 뜨거워진다. 가만있을 수 없어서 성령의 불타는 열정으로 최선을 다한다.

성령의 인도하심(灵順)
(눅 2:23-29)

성령의 인도하심을 받아 살아가는 것은 성령님과 영적 지혜를 나누는 것으로 이것 역시 이론이나 지식이 아닌 우리가 날마다 경험해야 하는 실제이다. 성령의 인도하심 없이 살고 있다면 하나님과 상관없이 내 맘대로 살고 있는 것이다.

성령의 감동이나 인도하심 없이 내 마음대로, 내 감정대로, 내 기분대로, 내 생각대로, 내 방법대로 살기 때문에 불안하다. 두렵고 실패한다.

성도들이 신앙생활을 하고 세상을 살아가면서 성령의 인도하심을 반드시 받아야 할 이유가 무엇인가?

우리는 우리의 앞길을 알 수 없기 때문이다. 사람들은 누구나 자기들의 앞길을 알지 못한다. 그래서 두렵고 불안하다. 자신들의 앞길이 불안하고 두렵기 때문에 점을 치고, 사주, 운세를 보곤 한다. 그래도 그런 것으로 안심이 되지 않기 때문에 노심초사한다. 우리 앞에 사고가 있다는 것을 안다면 누가 당하겠는가? 우리는 단 5분 후의 일도 알지 못한다. 어느 길이 안전하고 형통한 길인지, 어느 길이 위험한 길인지 알지 못한다. 그러나 성령께서 정확하게 알고 계시기 때문에 성령의 인도하심을 따라 살면 위험한 길은 피하게 하시고 안전하고 평안하고 형통한 길로 인도해 주신다.

성령의 인도하심을 받는 실제적 삶은 무엇인가?

첫째, 성령의 지시를 받는 것이다.

성령의 지시를 받는다는 것은 성령의 가르치심을 받는 것이며, 성령의 명령을 받는 것이며, 성령의 말씀을 받는 것, 성령의 묵시를 받는 것이다.

누가복음 2:26
「그가 주의 그리스도를 보기 전에는 죽지 아니하리라 하는 성령의 지시를 받았더니」

성령께서 직접 세미한 음성과 말씀을 주실 수도 있고 설교자들을 통해 말씀하시기도 한다.

둘째, 마음의 매임, 묶임을 받는 것이다.

사도행전 20:22-24

「보라 이제 나는 성령에 매여 예루살렘으로 가는데 거기서 무슨 일을 당할는지
알지 못하노라 오직 성령이 각 성에서 내게 증언하여 결박과 환난이 나를 기다린다
하시나 내가 달려갈 길과 주 예수께 받은 사명 곧 하나님의 은혜의 복음을
증언하는 일을 마치려 함에는 나의 생명조차 조금도 귀한 것으로 여기지 아니하노라」

"성령에 매여", "오직 성령이 각성에서 내게 증언하여" 우리의 마음이 성령님께 묶이고 매이는 것은, 우리의 마음이 성령님께 붙잡힌 바 되는 것이다. 즉 우리의 마음에 엄청난 부담감을 주시는데 이것은 거룩한 부담감이다. 성령께서 우리의 마음을 꼭 붙들어 버리시면 그 일을 하지 않고는 결코 평안할 수가 없게 된다. 우리가 순종할 때 마음의 부담감이 사라지고 큰 평안, 기쁨이 온다. 마음이 매이고, 묶이고 붙들린 것을 사도 바울은 성령께서 우리 마음에 소원을 두신 것으로 표현한다.

빌립보서 2:13

「너희 안에서 행하시는 이는 하나님이시니 자기의 기쁘신 뜻을 위하여
너희에게 소원을 두고 행하게 하시나니」

하나님께서 하나님의 영이신 성령을 통해 우리 안에서 행하신다. 행하시는 것은 능력있게 일하시며 성령께서 그렇게 능력 있게 우리 속에서 역사하시되 우리의 마음에 소원을 두신다. 하나님께서 기뻐하시는 일을 하게 하시는 의지를 주시고 반드시 그것을 하고 싶은 불타는 마음을 주신다.

셋째, 성령의 인도하심을 받는 것은 성령의 이끌림을 받는 것이다.

성령의 인도하심을 따라 사는 것은 성령의 이끌림을 받아 사는 것이다. 성령께서 이끄신 대로 이끌려가고 순종하는 것이며 따라가는 것이다. 인간적인 고집을 부리지 않는 것이다. 우리 속에는 언제나 두 마음이 싸운다. 육체의 욕심과 성령의 감동 두 마음이 끊임없이 갈등한다. 이런 갈등 속에서 성령의 강한 이끄심에 순종하는 것이 성령의 인도하심을 받는 것이다.

성령충만 (灵性)

(엡 5:18)

20세기 후반을 살아오면서 교회에서나 강의 중에서 가장 많이 사용된 용어 가운데 하나가 바로 '영성(灵性)'이다. 교회에서 성도들의 신앙의 자세를 판단할 때 '영성'이라는 잣대를 사용한다. 그 사람은 영성이 있다 없다로 판단하는데 이 '영성'이란 말이 집중적으로 사용되다가 이어령 장관이 예수를 믿고 '지성에서 영성으로'라는 책을 출판하면서 기독교의 영성은 집중적으로 조명을 받게 되었다. 그러나 '영성'이란 가장 오해가 많다. 왜냐하면 '영성'이란 단어는 원래 기독교에서 사용된 언어가 아니라 이교도들이 사용한 용어였기 때문이다. 기독교의 영성이란 아직도 "이것이다"라는 정의를 내리기 어려운 상태이다. 영성에 대한 책을 주로 많이 저술했던 장신대 오성춘 교수는 영성은 정의할 수 없다고 표현했다. 요단강의 성령의 경험, 다섯 번째 단계는 영성(spirituality)이다. 영성은 우리에게 매우 중요하다. 영성을 기독교적으로 이해하는 것이 중요하고 영성을 성경적으로 이해하는 것이 중요하다.

성경적 영성, 기독교적 영성은 무엇인가?

기독교의 영성은 육적(fleshly), 세속적(worldly)의 개념과 대비되는 것이다. 이것은 한 마디로 표현하면 성령 충만이다. '영성이 있다 없다', '영성이 충만하다 없다', '영성이 강하다 약하다'는 말은 '성령이 충만하냐 아니냐'의 차이이다. 성령충만은 영성이 좋은 것으로 이해한다.

성령충만이란 무엇인가?

성령충만에서 '충만'이란 말은 언어적으로 해석하면 플레루스데(πληρούσθε)이다. 이는 '만족하다, 성취하다, 완성하다, 평평하게 되다'라는 뜻이다. 성령충만이란 성령으로 만족되고 성령으로 완성되고 성령으로 성취되어가고 성령으로 감화되어 가는 것이다. 중요한 것은 성령충만은 우리의 성품, 인격과 관계되어 있다. 사도 바울은 성령충만을 술 취한 성품, 인격에 비유하고 있다. 왜냐하면 술이 충만한 사람은 자신의 사리판단이나 의지와 상관없이 술의 지배를 받기 때문이다. 성령으로 충만한 사람들은 자신의 감정, 고집을 꺾고 오직 성령의 지배, 통치를 받아 살아간다.

에베소서 5:18
「술 취하지 말라 이는 방탕한 것이니 오직 성령으로 충만함을 받으라」

술 취한 인격은 무엇인가? 술 취한 인격은 한마디로 사람다움을 포기한 인격이고 짐승 같은 인격이다. 그저 술이 지배하는 대로 사는 것이다. 그러나 교회 안에 있는 성도들 가운데 술 취하지 않았지만 술 취한 것 같은 인격을 가진 자들이 있다. 정말 사람의 상식을 벗어난 성도들이 있다. 기본 인격이 안 된 자들이다. 이것이 교회 안에 큰 문제거리다. 이런 자들 때문에 에베소 교회는 심각한 문제였다. 성경은 자주 성령 충만을 술 충만, 술 취함에 비유하고 있다.

사도행전 2:13
「또 어떤 이들은 조롱하여 이르되 그들이 새 술에 취하였다 하더라」

결국 성령충만은 성령의 지배, 다스림, 통제를 받는 것이다. 이로 인해 성령의 사상, 인격, 성품, 정신을 가지는 것이다. 성령의 정신, 사상, 인격을 가져야 우리의 성품, 인격이 변화된다. 성령의 인격, 인품은 감사, 화목이다. 또한 성령의 열매들이다. 이 성령의 열매는 성품, 인격의 문제다. 그리고 성령의 열매는 성품, 인격을 다른 사람의 유익과 관계되어 있다.

성령충만을 받지 못한 이유는 무엇인가?

첫째, 상처 난 자아, 병든 자아 때문이다.

이 자아가 성령의 생각과 충돌되어 순종하지 못하게 한다. 우리의 상처 난 감정이 조금만 도전받고 무시당하면 섭섭하고 억울한 감정 때문에 분노, 혈기, 대적을 드러낸다.

둘째, 교만 때문이다. 우리가 교만하기 때문에 성령을 의식하지 못한다.

셋째, 습관화된 죄 때문이다.

타성에 젖은 죄 때문에 전혀 죄의식이 없다. 성령과 상관없이 습관적인 죄대로 살아간다.

넷째, 세상을 사랑하기 때문이다.

성령충만의 실제는 무엇인가?

첫째, 성령의 성품, 인격을 간절히 사모해야 한다.

자신의 습관적인 죄, 병든 성품, 상한 감정, 고장 난 성격 이런 것을 간절히 치료되기를 사모하는 것이다. 그러면 성령을 의식할 수밖에 없다.

둘째, 습관적인 죄, 마귀의 감정을 대적해야 한다.

셋째, 간구와 전적 의탁이다.

성령의 은사 (灵敏)

(고전 12:4-13)

요단강 성령의 경험 일곱 번째는 성령의 은사이다. 성령의 은사를 받는 것은 영민한 (灵敏) 것이다. 영민하다는 것은 다른 말로 하면 영재, 영특하다는 것이다. 영재교육 이것은 세상적이지만 하나님의 일꾼들은 영적 영재가 되어야 하고 영민하고 영특해야 한다. 세상에서는 영재교육을 받고 지식을 많이 쌓아야 영민한 사람이 되고 영특한 사람이 된다고 생각한다. 그러나 성경은 성령의 은사와 지혜가 임해야 한다고 말씀하신다. 때문에 교회 일을 하다 보면 가슴이 저리도록 답답한 사람들이 있다. 세상적인 지혜와 지식이 있음에도 불구하고 교회 일을 너무나 지혜롭지 못하게 하는 것은 성령의 은사가 없기 때문이다. 유능한 미래학자 피터 드러커는 미래사회는 지식, 정보, 우주 시대가 된다고 했다. 지금은 노력만으로 살 수 없는 시대다. 농사를 지어도 지혜가 있어야 한다. 과학 영농의 시대다.

은사란 무엇인가?

헬라어로 '선물', '자질 부여', '신비한 능력', '하나님께서 주신 영적 능력', '비상한 능력', '특별한 재능'이다. 그 사람에게만 주신 특별한 재능인 것이다. 하나님께서 그의 자녀들에게 다 이런 재능, 은사를 주셨다. 그러므로 하나님께서 내게 주신 은사를 발견하는 것이 중요하다. 남들 보다 좀 더 잘하는 것, 다른 사람들이 보지 못하는 것을 보는 것, 재미있는 것, 보람되게 느껴지는 것, 열매가 있는 것들이 성령께서 내게 주신 은사들이다. 기독교 서점에는 은사 테스트 검사 방법도 나와 있다.

은사를 주신 목적은 무엇인가?

우리가 성령의 은사에 대한 말씀을 받으면서 성령 은사의 목적을 분명히 해야 한다. 다른 성도들이 가진 은사를 부러워하지 말아야 하고, 시기, 질투하거나 욕심을 부리거나, 교만하거나 남용해서는 안 된다. 하나님께서 은사를 주신 목적은 그리스도의 몸을 세우고 온전케 하고(고전 12:27), 하나님의 영광을 위해, 덕을 세우고 교회를 돌보기 위해(고전 12:25, 고전 14:3-11,12), 오직 섬김(고전 12:7)으로 다른 사람을 유익하게 하며, 증인의 삶을 살아가게 하기 위함이다. 은사는 다른 사람을 세우고 교회를 바르게 섬기고 세워가도록 주신 것이기 때문에 자랑하거나 교만하지 말아야 한다.

성령께서 은사를 주시는 원칙은 성령님의 기쁘신 뜻대로 주신다(고전 12:11). 그리고 사모하는 자들(고전 12:31, 14:1), 겸손한 자들, 기도자들에게, 잘 사용하는 자들에게 주신다. 은사를 잘 사용하여 열매를 맺는 자들에게는 더 큰 은사를 주시지만 은사를 받았지만 하나님의 사명과 사역에 게으르고 나태하면 은사를 거두어 가시고 책망도 하신다.

마태복음 25:20-21

「다섯 달란트 받았던 자는 다섯 달란트를 더 가지고 와서 이르되 주인이여
내게 다섯 달란트를 주셨는데 보소서 내가 또 다섯 달란트를 남겼나이다

그 주인이 이르되 잘하였도다 착하고 충성된 종아 네가 적은 일에 충성하였으매

내가 많은 것을 네게 맡기리니 네 주인의 즐거움에 참여할지어다 하고」

마태복음 25:26-30

「그 주인이 대답하여 이르되 악하고 게으른 종아 나는 심지 않은 데서 거두고

헤치지 않은 데서 모으는 줄로 네가 알았느냐 그러면 네가 마땅히 내 돈을 취리하는

자들에게나 맡겼다가 내가 돌아와서 내 원금과 이자를 받게 하였을 것이니라 하고

그에게서 그 한 달란트를 빼앗아 열 달란트 가진 자에게 주라 무릇 있는 자는 받아

풍족하게 되고 없는 자는 그 있는 것까지 빼앗기리라 이 무익한 종을 바깥 어두운 데로

내쫓으라 거기서 슬피 울며 이를 갈리라 하니라」

성령의 기름 부으심 (靈刀)

(눅 4:16-19)

※ 기름 부으심의 중요성

성령의 기름 부으심은 성령의 역사 가운데 매우 중요한 단계이다. 성령의 임재, 내주, 은사, 세례 이런 것은 단회적으로 끝나는 것이지만 성령의 기름 부으심은 계속적으로 우리의 모든 사역위에 나타나야 한다.

구약시대의 일꾼들은 모두 다 '기름부음'을 받은 자들이다. 구약시대에서 왕, 제사장, 선지자들은 반드시 기름부음을 받았다. 이 기름부음이 예수님께서 오심으로서

성령의 기름 부으심으로 성취되었다. 제자들의 사역은 성령의 기름 부으심을 받은 이전과 이후로 구별된다. 성령의 기름 부으심이 임하기 전에는 교만하고 다투고 지극히 인간적이고 세상적이다. 예수님을 유대인의 왕으로 세우고자 하는 생각들도 있었다. 때문에 예수님께서 로마의 군인들에게 붙잡혔을 때 예수님을 홀로 두고 도망치고 외면하고 모른다고 부인했다. 그러나 제자들이 약속하신 성령의 기름 부으심을 경험한 후에는 전혀 다른 일꾼들이 되었다. 능력의 복음을 전하고 핍박받는 것을 두려워하지 않고 엄청난 기적과 이적을 행하고 끝내 순교자들이 되었다.

성령의 기름 부으심은 하나님의 사역뿐만 아니라 우리가 하는 사회 일, 직장 일에도 성령의 기름부음이 있어야 한다. 이것이 없이는 무능하고 무기력한 사람이 되고 만다. 성령의 기름 부으심을 받아야 직장에서도 지혜로운 일꾼으로 인정을 받는다.

※ 성령의 기름 부으심은 무엇인가?

구약에서 기름 부으심의 의미는 무엇이며 신약에서 기름 부으심의 상징, 예표는 무엇이며 왜 일꾼들에게 기름 부으심이 필요한가?

첫째, 구약에서 기름은 사랑 돌봄, 기쁨 만족, 평안 안식, 존경, 화평, 회복의 의미였다.

이만큼 많은 의미와 상징을 가지고 있어서 기름 부음은 너무나 중요한 것이다.

둘째, 기름 부음은 치유의 상징이다.

마가복음 6:12-13
「제자들이 나가서 회개하라 전파하고 많은 귀신을 쫓아내며
많은 병자에게 기름을 발라 고치더라」

누가복음 10:34
「가까이 가서 기름과 포도주를 그 상처에 붓고 싸매고
자기 짐승에 태워 주막으로 데리고 가서 돌보아 주니라」

기름은 치유의 도구이다. 기름 부으심은 치유인데 성령의 기름 부으심은 성령의 치유, 성령의 수술, 영적 치유이다. 예수님께 성령의 기름 부으심이 임하신 것 역시 치유하시기 위함이다.

야고보서 5:14
「너희 중에 병든 자가 있느냐 그는 교회의 장로들을 청할 것이요
그들은 주의 이름으로 기름을 바르며 그를 위하여 기도할지니라」

성령의 기름 부으심은 치유의 기적이다. 이 치유는 육체의 치유만이 아닌 우리의 전인격의 치유이다. 성령이 넘치도록 부어지면 치유의 기적이 일어난다. 그러므로 성령으로 기름 부어져 성도들의 전인격이 치유되는 기적을 경험하게 해야 한다.

셋째, 기름은 능력의 상징이다.

성령의 기름 부으심의 경험, 일곱 번째 단계는 영력(靈力)이다. 영력이란 영적 능력이며 소위 말하는 영발이다.

시편 23:5
「주께서 내 원수의 목전에서 내게 상을 차려 주시고
기름을 내 머리에 부으셨으니 내 잔이 넘치나이다」

왜 원수가 지켜보고 있을 때 머리에 기름을 부어주셨을까? 원수 앞에서 싸우고 대적할 힘과 능력을 주시는 것이다. 성령의 기름 부으심은 성령의 권능, 능력을 주시는 것이다.

사도행전 1:8
「오직 성령이 너희에게 임하시면 너희가 권능을 받고」

이것은 실제적인 것이다. 삼손, 다윗 등은 성령의 기름 부으심이 임하자 곰, 사자를 죽였다. 성령의 기름 부으심이 있을 때 마귀에게 눌린 사람들도 치유할 수 있다. 우리에게 성령의 기름 부으심이 있어야 하고 성령의 권능, 능력이 있어야 한다.

※ 성령의 기름부으심의 목적

첫째, 악령과 대적하고 영적 승리를 위한 것이다(행 10:38, 요 3:34).

둘째, 하나님을 높이기 위함이다(행 10:44-46).

셋째, 사역의 열매를 위함이다.

넷째, 말씀의 능력을 위함이다.

다섯째, 전인적 치유를 위함이다(눅 4:18).

여섯째, 증인의 삶을 위함이다(행 1:8, 눅 4:19, 행 5:32).

※ 성령의 기름 부으심의 비밀 (행 2:14:21)

오순절의 성령강림은 베드로에게나 제자들에게 대단히 크고 놀라운 감동이었다. 그들 역시 급하고 강한 바람처럼 갑자기 임재하신 성령 강림을 본 것도 처음이었고, 성령강림을 경험한 것도 처음이기 때문이다. 오순절에 예루살렘 한 다락방에서 일어난 이 엄청난 영적 경험은 역사 속에 획기적인 사건이다. 2000년 전 예루살렘 한 다락방에서 일어난 성령의 역사는 성령의 감동, 세례, 기름 부으심이 한꺼번에 동시에 일어난 사건이다.

※ 성령의 기름 부으심을 받는 비밀은 무엇인가?

첫째, 하나님의 언약과 약속을 믿고 사모하는 것이다.

사도행전 2:17-18

「하나님이 말씀하시기를 말세에 내가 내 영을 모든 육체에 부어 주리니

너희의 자녀들은 예언할 것이요 너희의 젊은이들은 환상을 보고 너희의 늙은이들은

꿈을 꾸리라 그 때에 내가 내 영을 내 남종과 여종들에게 부어 주리니
그들이 예언할 것이요」

이 말씀은 구약 요엘서 2:28-29절에 예언된 말씀이다. 이 예언의 말씀이 오순절 날 예루살렘 한 다락방에서 이루어졌다. 예수님께서 오신 후에 이런 예언의 말씀들은 놀랍게 성취되었다. 예수님 또한 성령 보혜사를 보내실 것을 여러 번 말씀해 주셨다. 성령을 부어 주시되 '모든 육체', '만민에게' 부어주시겠다 언약하시고 예언해 주셨다.

이 언약, 예언, 약속의 말씀을 믿고 한 다락방에 모여 사모하며 기다리는 자들에게 성령의 기름 부으심이 임했다. 그날 그 방에 있던 모든 자들에게 성령의 기름 부으심이 임했다. 이 하나님의 언약, 예언, 약속이 성취되고 예수님의 언약, 예언, 약속이 성취된 것처럼 오늘 우리에게도 성취되어짐을 믿어야 한다. 약속을 믿고 사모하며 기대해야 한다.

둘째, 하나님의 말씀, 복음을 들을 때 성령의 기름 부으심이 임한다.

사도행전 10:44-46
「베드로가 이 말을 할 때에 성령이 말씀 듣는 모든 사람에게 내려오시니
베드로와 함께 온 할례 받은 신자들이 이방인들에게도
성령 부어 주심으로 말미암아 놀라니 이는 방언을 말하며 하나님 높임을 들음이러라」

백부장 고넬료는 말씀을 듣되 하나님을 경외하며 말씀을 지극히 사모하는 마음이

있었다. 이 말씀이 놀라운 것은 오순절 날 다락방에 모인 모든 자들에게 성령이 부어진 것처럼 고넬료의 집에 있는 모든 사람들에게 동일하게 부어졌다. 놀라운 일이다. 베드로에게도 충격이다. 고넬료는 이방인임에도 불구하고 제자들에게 임한 것과 동일한 성령의 부어지심이 임했다. 엄청나게 쏟아부어 주시는 은혜다.

사도행전 11:15-17
「내가 말을 시작할 때에 성령이 그들에게 임하시기를

처음 우리에게 하신 것과 같이 하는지라 내가 주의 말씀에

요한은 물로 세례를 베풀었으나 너희는 성령으로 세례를 받으리라 하신 것이 생각났노라

그런즉 하나님이 우리가 주 예수 그리스도를 믿을 때에 주신 것과 같은 선물을

그들에게도 주셨으니 내가 누구이기에 하나님을 능히 막겠느냐 하더라」

지금도 복음, 예수 그리스도, 십자가가 선포되고 그 말씀을 들을 때 성령이 부어진다.

셋째, 성령의 기름 부으심은 이미 성령을 경험한 영적 지도자들에게 안수를 받을 때 임했다.

사도행전 19:2
「이르되 너희가 믿을 때에 성령을 받았느냐 이르되 아니라

우리는 성령이 계심도 듣지 못하였노라」

이들은 이미 예수 그리스도를 믿고 있는 자들이기 때문에 성령의 임재, 내주하심이 있는 것은 당연하다. 다만 깨닫지 못하고 있으며 강력한 기름 부음을 경험하지 못한 것이다. 그러나 사도 바울이 안수하매 성령의 기름 부으심이 임했다.

사도행전 19:6

「바울이 그들에게 안수하매 성령이 그들에게 임하시므로 방언도 하고 예언도 하니」

넷째, 기도다. 올인하는 기도, 작심, 작정한 기도다.

목적을 분명히 하고 간절하게 끝까지 포기하지 않는 기도가 중요하다.

사도행전 8:14-17

「예루살렘에 있는 사도들이 사마리아도 하나님의 말씀을 받았다 함을 듣고
베드로와 요한을 보내매 그들이 내려가서 그들을 위하여 성령 받기를 기도하니
이는 아직 한 사람에게도 성령 내리신 일이 없고 오직 주 예수의 이름으로
침례만 받을 뿐이더라 이에 두 사도가 그들에게 안수하매 성령을 받는지라」

성령의 조명 (灵感)

(고전 2:6-16)

※ 성령의 조명이란 무엇인가?

조명(illumination)은 글자 그대로 빛을 비추는 것이다. 무대조명 빛은 비추되 무대 중앙에서 연기하는 특정 인물 한 사람에게만 비추어 주는 조명을 의미한다. 성령의 조명이란 성령께서 우리에게 영적 빛을 비추어 주셔서 영적 진리를 깨닫고 발견하게 해 주시는 것이다. 이 성령의 조명은 다른 말로는 성령의 섭리, 성령의 감각, 성령의 지혜라고 할 수 있다. 곧 성령께서 우리에게 영적 지혜와 신적 지혜를 주시는 것이다.

성경에는 두 가지의 지혜를 말씀하고 있다. 이 세상 지혜와 영적 지혜, 통치자들의 지혜와 하나님의 종들의 지혜, 영적 지도자들의 지혜. 그리고 없어질 지혜와 영원한 지혜, 마귀의 지혜와 하나님의 지혜.

영적 지혜, 신적 지혜, 하나님의 지혜를 가지는 것이 바로 성령의 조명이다. 이 성령의 빛, 조명이 있어야 영적 지혜자가 된다. 이 성령의 조명 단계를 '영감(靈感)'이라 부른다. 영감은 성령의 빛이 비추어짐으로써 영적 감각을 가지는 것이고, 영적 세계를 깨닫는 것이다. 성령의 조명을 성경적인 말로 하면 성령의 계시, 예언이다. "오직 하나님이 성령으로 이것을 우리에게 보이셨으니(고전 2:10)." 조명은 헬라어 아포칼룹토(ἀποκαλύπτω). "나타내다, 계시하다"이다. 성령은 지혜의 영이시며 계시의 영이시다.

에베소서 1:17
「우리 주 예수 그리스도의 하나님, 영광의 아버지께서 지혜와 계시의 영을
너희에게 주사 하나님을 알게 하시고」

성령은 지혜와 계시의 영이시다. 때문에 성령의 조명, 계시가 있어야 영적으로나 세상적으로나 지혜자가 되며 하나님의 뜻과 계획을 깨달을 수 있다.

※ 성령의 조명, 영감으로 사는 것은 무엇인가?

첫째, 하나님의 말씀과 뜻을 깨닫는 것이다.

성령의 조명이란 말은 종교개혁 당시 루터나 칼빈, 낙스 같은 종교개혁자들이 처음 사용하기 시작했다. 왜냐하면 그때까지만 해도 로마 카톨릭은 성경을 교회에만 두고 신부들만 해석할 수 있다고 했다. 그러나 종교개혁자들은 성령께서 조명해 주시면 누구든지 성경을 이해할 수 있게 된다고 믿었다. 성령의 빛이 비추어져야 말씀이 바르게 깨달아진다고 믿었다.

고린도전서 2:10-12

「오직 하나님이 성령으로 이것을 우리에게 보이셨으니 성령은 모든 것 곧 하나님의 깊은

것까지도 통달하시느니라 사람의 일을 사람의 속에 있는 영 외에 누가 알리요

이와 같이 하나님의 일도 하나님의 영 외에는 아무도 알지 못하느니라

우리가 세상의 영을 받지 아니하고 오직 하나님으로부터 온 영을 받았으니

이는 우리로 하여금 하나님께서 우리에게 은혜로 주신 것들을 알게 하려 하심이라」

하나님의 일은 하나님의 영 외에는 아무도 알지 못한다. 하나님의 영이신 성령께서 하나님 아버지의 뜻과 마음을 우리에게 알려주셔야 한다. 때문에 늘 순간마다 성

령님을 의식하고 성령님과 동행하면 성령님으로 충만한 가운데 있어야 한다. 그래야 꼭 하나님의 뜻을 깨달아야 할 때 성령께서 깨닫게 해 주신다. 성령을 잃어버리고 아무렇게나 살다가 정말 하나님의 뜻을 알고자 할 때는 잘 응답되지 않는다. 그러므로 성령의 사람들이 되자. 성령께서 미리 알려 주시는 것, 이것을 섭리라고 부른다. 성령의 섭리를 깨닫는 것은 행복이다. 미리 피할 길을 주시고 미리 준비하게 하시고 미리 대처하게 하신다.

둘째, 성령의 조명으로 사는 것은 영적 통찰력을 가지는 것이다.

통찰력. 저는 이 단어만 들어도 가슴이 뛴다. 영적 통찰력이 있어야 신앙에서 승리하고 세상에서도 승리할 수 있기 때문이다. 통찰력이란 어떤 것을 보고 단번에 깨달아 아는 것. 직관력이라고 할 수 있다. 즉 성령의 지시와 가르침으로 어떤 것을 딱 보고 아는 것이다. 이것을 세상 말로는 신통력이라 한다. 마치 노련한 의사들의 진단과 같은 것이다. 진맥이나 진찰, 관진을 통해 아는 것처럼 말이다. 세상의 의사나 사람들은 많은 경험과 지식을 통해 안다. 그러나 영적인 것을 깨달아 아는 것은 성령의 조명 없이는 도저히 불가능하다. 그래서 성령의 조명 없이는 세상에서 아무리 지식이 많고 박식해도 예수님을 알지 못하며 내세도, 자신의 미래도 알지 못한다. 세상의 전문가, 달인이라고 할지라도 분명한 한계가 있다. 에디슨은 '천재는 1%의 영감과 99%의 노력으로 이뤄진다'고 했다. 이 말의 원 뜻은 왜곡되었다. 에디슨은 99%의 노력이 중요한 것이 아니라 1%의 영감이 중요함을 강조한 것이다.

영감은 통찰력이 있는 자, 창의력이 있는 자다. 어머니들은 아이들을 창의력 학원에 보내지만 이는 가르침으로 되는 것이 아니다. 성령의 사람이 되게 하는 것이 중요하다.

셋째, 영적 분별력을 가지는 것이다.

영적인 일은 영적인 것으로 분별된다. 그러한 일은 영적으로 분별되기 때문이다.

고린도전서 2:14
「육에 속한 사람은 하나님의 성령의 일들을 받지 아니하나니
이는 그것들이 그에게는 어리석게 보임이요,
또 그는 그것들을 알 수도 없나니 그러한 일은 영적으로 분별되기 때문이라」

분별력은 어느 시대에나 중요하지 않은 때가 없었지만 요즈음은 너무나도 중요하다. 사람들이 분별력이 없어서 엄청난 손해와 사기를 당한다. 보이스피싱, 스미스피싱, 다단계 등등. 분별력이란 구별의 능력이다. 어떤 말을 듣고 진짜와 가짜, 진실과 거짓, 성령과 악령을 구별할 수 있어야 한다.

요단강의 진단

1. 성령의 임재를 경험했는가?

2. 성령의 내주하심의 증거는 있는가?

3. 성령의 인치심은 받았는가?

4. 성령의 은사는 발견했는가?

5. 성령의 감동으로 살고 있는가?

6. 성령의 인도하심이 경험되는가?

7. 성령의 충만함 아래에 있는가?

8. 성령의 세례, 마음의 할례를 경험했는가?

9. 성령의 기름부으심이 있는가?

10. 성령의 조명으로 살아가고 있는가?

요단강의 과업

요단강은 성령을 경험하는 과정이다. 성도로 거듭난 자들이 반드시 경험해야 하는 과정이다. 개개인이 성령을 단계별, 과정별로 경험했는지 진단해 보고 성령을 경험하게 해야 한다. 교회는 이 성령의 구체적인 경험없이 인간의 지식, 경험, 자신의 지혜로만 사역하려고 할 때 문제가 야기된다.

성도들에게 성령의 임재부터 성령의 내주하심, 성령의 감동, 성령의 인도, 성령의 세례, 성령의 충만, 성령의 은사, 성령의 기름부음, 성령의 조명까지 단계별로 자세히 강의하고, 진단해서 이 과정을 경험하게 해야 한다. 개인별로는 자신들의 유익한 방법을 찾되 교회는 이런 기회를 제공한다. 기도원, 부흥회, 수련회, 상번제 기도 등.

※ 부록 : 치유성장원리

신 벗 음
낮 아 짐
영   점
구 원 의 성 품

네 발에서 신을 벗어라

(출 3:1-5)

구약시대에나 신약시대나 지금 시대나 하나님께서 사람을 사용하시는 법칙이 있다. 하나님께서는 사람을 선택하시고 연단, 훈련하신 후에 사용하신다.

"네 발에서 신을 벗어라."

성경에서 하나님은 모세와 여호수아에게 이 명령을 주고 있지만 모든 종들, 일꾼들에게 반드시 신을 벗는 연단이 있었다. 아브라함에게는 백세가 될 때까지 아들이 없었고, 이삭은 이스마엘 때문에, 야곱은 형 에서 때문에, 다윗은 사울왕 때문에 지독한 신 벗음의 아픔과 연단이 있었다. 예수님은 제사장, 선지자, 율법사, 서기관, 바리새인 등을 제자로 삼으신 것이 아니라 보잘것없는 어부들, 세리 등을 제자로 삼으셨다.

"네 신발을 네 발에서 벗어라"

신을 벗는 의미

지금 내가 신고 있는 신발을 벗는 것은 신앙적인 차원에서 어떤 의미가 있는가?

첫째, 모세에게 주신 명령은 도망자, 도피자의 신발을 벗는 것이다.

모세는 여호와 하나님의 특별한 섭리가 있어 바로의 궁에 들어가 왕자가 되었다. 그러나 하나님의 때와 명령을 기다리지 않고 자신의 의지로 자기 민족을 돌보려다가 애굽의 감독을 죽인 사건이 폭로되어 미디안 광야로 도망을 친다. 그는 지금까지 신고 있었던 왕자의 신발, 사명자의 신발을 벗고 도망자, 도피자의 신발을 신었다. 하나님께서 떨기나무 불 앞으로 모세를 부르셔서 모세에게 네 발에서 신발을 벗으라는 말씀은 애굽에서 도망칠 때 신었던 그 비겁하고 비굴한 신발을 벗으라는 것이다. 먹고살기 위해 신고 있는 신발을 벗으라는 것이다. 도망자의 삶, 도피자의 삶을 버리라는 것이다. 이는 예수님을 버리고 도망쳤던 제자들을 다시 부르시는 주님의 모습이다.

문을 잠그고 숨어서 두려움에 떨고 있던 제자들에게 오셔서 평강과 성령을 선포하셨다. 사명을 버리고 갈릴리 호수에서 고기 잡던 제자들을 다시 부르시는 모습이다.

지금, 우리에게, 우리 교회에 가장 중요한 것이 이것이다.

도망자의 신발을 벗어야 한다.

도피자의 신발을 벗어야 한다.

도망치려는 신발을 벗어야 한다.

사명을 잊어버린 신발을 벗어야 한다.

대적자의 신발을 벗어야 한다.

이기적이고 비겁하고 비굴한 신발을 벗어야 한다.

사명에 게으르고 불충한 신발을 벗어야 한다.

도망자, 도피자의 신발을 벗고 사명, 소명을 회복하라는 것이다. 여호와께서 모세를 다시 사명자의 위치로 부르신 것이다. 그러나 모세는 계속 변명, 핑계를 대면서 사명을 피한다. 그리고 지금의 삶에 안주하려고 한다. 그러나 하나님은 진노하신다(출 4:10, 13, 14). 모세는 이런 저런 변명을 하고 있지만 사실은 핑계에 불과하다. '모세가 애굽 사람의 모든 지혜를 배워 그의 말과 하는 일들이 능하더라(행 7:22)'

신명기 25:9-10

「그의 형제의 아내가 장로들 앞에서 그에게 나아가서 그의 발에서 신을 벗기고

그의 얼굴에 침을 뱉으며 이르기를 그의 형제의 집을 세우기를 즐겨 아니하는 자에게는

이같이 할 것이라 하고 이스라엘 중에서 그의 이름을 신 벗김 받은 자의 집이라 부를 것이니라」

얼마나 수치스러운 일인가. 사명을 저버리면 신을 벗겨 버리고 얼굴에 침을 뱉으면서 소리쳤다. '신 벗긴 자의 집' 정말로 수치스러운 일이다. 성도들도 마찬가지이다. 직분자, 사명자를 포기하면 부끄러움과 수치를 당한다. 그러므로 사명과 직분을 맡은 자들은 자신의 위치에서 헌신하며 충성하고 있어야 한다.

둘째, 발에서 신을 벗는 것은 겸손함, 낮아짐이다.

성경적인 겸손이란 세상 사람들이 말하는 것과 다르다. 성경적인 겸손이란 예수께서 하나님이시면서 이 세상에 오셔서 나와 같은 사람이 되신 것처럼 내가 다른 사람, 다른 문화에 성육신해서 그런 사람과 같아지는 것이며 그들의 문화에 동화되는 것이다. 선교사의 첫 번째 자격이 이것이다. 그 나라와 그 사람들과 그들의 문화에 성육신하는 것이다. 또 하나 성경적인 겸손은 자신이 흙임을 아는 것이다. 겸손 'Humility'는 토양, 흙을 의미하는 'Humus'에서 유래되었다. 사람의 겸손은 자신이 흙에서 와서 흙에서 살다가 흙으로 돌아가는 것을 아는 것이고 또한 인생은 흙처럼 연약한 존재임을 알고 인정하는 것이다. 이것을 알고 인정하면 낮아지고 겸손할 수밖에 없다. 예수 그리스도는 이 세상에 오신 것 자체가 신발을 벗는 아픔이었다. 주님은 신발이 벗겨진 체 십자가를 지고 골고다의 언덕길을 오르시며 신발이 벗겨진 체 십자가에 달리셨다. 그러므로 우리가 주님의 제자로 부름을 받았은즉 교만과 강함의 신발을 벗고 낮아지고 깨어지고 항복해야 한다. 하나님은 자아가 강한 자를 크고 귀하게 사용하실 수 없기 때문에 자아를 깨뜨려 사용하신다. 문제는 약함이 아니라 강함이다.

셋째, 하나님의 종, 일꾼, 노예가 된 것을 의미한다.

고대의 종들은 신을 신지 않았다. 신발을 벗음은 하나님의 종임을 인정하고 하나님께 항복, 순복하고 철저하게 종의 위치에 서는 것이다. 종, 노예들에게 신발을 벗기는 것은 도망을 방지하기 위함이지만 자신이 노예임을 알고 철저하게 주인에게 순종하게 하기 위함이다.

고린도전서 4:1
「사람이 마땅히 우리를 그리스도의 일꾼이요 하나님의 비밀을 맡은 자로 여길지어다」

하나님의 부르심과 선택을 입어 하나님의 종이 되고 일꾼이 된 자들은 결코 자신이 주인인 것처럼 행세하고, 왕처럼 행세하지 말고 노예, 종의 위치에 있어야 한다. 로마시대에 종, 노예란 군대의 함선, 배 밑 바닥에서 노를 젓는 자들이다. 이들은 너무나 힘들고 고통스러운 상황에서 벗어나고자 하지만 등에 책찍을 맞으며 가장 비천한 상태로 살면서 죽기까지 종, 노예를 벗어날 수 없다. 성도로서의 삶뿐만 아니라 하나님의 종들, 일꾼들로 살아가면서 철저하게 하나님의 종, 노예의 의식을 가지고 종의 위치에 있어야 한다.

종은 철저하게 두 가지를 인식하며 살아야 한다. 하나는 종은 주인이 책임져 주신다는 것과 또 하나는 종은 철저히 순종해야 한다는 것이다. "종은 주인이 책임져 주신다"는 것은 "너는 나의 종이다"라는 선포로 하나님께서 책임져 주겠다는 약속이다. 종은 무엇을 먹을까 입을까 마실까 걱정하지 않는다. 종은 주인을 믿고 의지하기만 하면 된다. 종은 도망치지 않으면 된다. 종은 주인의 집 안에 있기만 하면 되는 것이다. 철저히 순종해야 한다는 것은 이유, 불만 없이 오직 순종해야 한다는 것이다. 이 정신이 되어 있어야 한다. 종이 교만해서 주인인 체하고 주인의 자리를 탐하고 불순종하면 쫓겨난다. 멸망한다. 그러나 오늘날의 교회에 자신이 주인인 것처럼 기득권을 가지고 교회를 흔들고 좌지우지하는 자들이 얼마나 많은가?

넷째, 신을 벗는 것은 꿈과 비전을 버리는 것이다.

2000년 대를 전후해서 선교단체나 교회들마다 꿈과 비전을 가지라는 설교도 많고 표어도 많았다. 교회들마다 '2030', '2040' 슬로건을 내걸고 성도들을 다그쳤다. 30년까지 개척교회 100개, 선교사 100가정 등 그러나 그 꿈을 이룬 교회는 거의 없다. 개인도, 회사도 그렇다. 입만 열면 꿈, 비전을 자주 이야기하는 사람들을 보면 대부분 자신의 욕구와 야망이다. 너무나 많은 사람들이 자신의 욕구와 야망을 꿈과 비전으로 포장한다. 나의 욕망, 욕구, 야망의 꿈과 비전을 버리고 예수님의 꿈과 비전을 가져야 한다.

여호수아 역시 모세의 뒤를 이어 이스라엘의 지도자가 되어 이제 요단강을 건너 가나안 땅에 들어가게 되었다. 그는 길갈에 진을 치고 거기서 할례를 행하고, 유월절을 지키고 차츰 여리고로 나아가려고 하면서 여호수아는 꿈에 부풀어 있었을 것이다.

아론도 모세도 밟아보지 못한 약속의 땅 가나안에 들어와서 이제 그 땅을 정복할 꿈에 젖어 있었을 것이다. 바로 그때 여호와의 사자가 나타나 여호수아에게 여호와 하나님께서 모세에게 하셨던 똑같은 명령을 하신다. "네 발에서 신을 벗으라" 여리고 전쟁 직전에 가나안 땅을 정복하려는 큰 꿈과 비전을 내려놓게 하신다. 여호수아는 여리고를 정탐하고 여리고를 무너뜨릴 작전을 세웠지만 하나님께서 그 모든 것을 내려놓게 하시고 하나님께서 친히 하나님의 방법으로 여리고를 정복하신다. 놀라운 감동이다. 우리가 가지고 있고 교회가 가지고 있는 꿈과 비전이라는 것이 나 자신의 욕망, 야망은 아닌지 나의 비전은 예수님의 비전인지 냉철하게 판단하자.

아브라함은 신을 벗는 연단을 받는데 25년이 걸렸다. 75세에 아들을 주신다는 약속을 받고 사모하며 기다렸으나 아들이 없어 엘리에셀을 아들 삼고자 하고 하갈을 취하여 이스마엘을 얻었다. 그리고 100세가 되어서야 아들 이삭을 얻었다. 아브라함에게 25년은 너무나 긴 시간이었고 사라는 이미 출산이 불가능한 나이와 상태가 되었다. 25년의 낮아짐의 시간, 신발을 벗어던지는 시간은 결코 만만치 않아서 실수하고 넘어지기도 한다.

요셉은 17세에 왕, 지도가가 되는 꿈을 꾸었다. 그러나 요셉도 13년 동안 신을 벗고 낮아지는 모진 연단이 있었다. 30세에 애굽의 총리가 되었다 이것 역시 요셉이 하나님께 꿈을 받았을 때는 전혀 예상할 수 없었던 것이다. 이스라엘 사람이 이스라엘의 지도자가 아닌 애굽의 지도자, 총리가 되었다. 하나님의 계획이고 섭리하심이다. 모세는 40년, 이스라엘 백성도 40년, 다윗은 17년, 제자들은 3년 동안 발에서 신을 벗고 겸손하게 하나님의 종의 위치에 있어야 하는 연단을 받았다.

다섯째, 죄악, 탐욕을 버리고 거룩한 사람이 되는 것이다.

하나님의 가장 중요한 마지막 훈련은 우리의 발에서 신을 벗게 하는 것이다. 하나님은 들에서 양을 치던 모세에게 임하셔서 "네 발에 신을 벗으라" 즉 "네 신발을 네 발에서 벗어라"라고 말씀하신다. 모세가 80년 동안 훈련을 받고 이제 마지막 평가를 받는 모습이다. 지금 모세가 서 있는 땅은 거룩한 땅이다. 여호와께서 임재해 계시기 때문이다. 그러나 사람의 신발은 이 세상 온갖 더러운 것을 밟고 다닌다. 그래서 더러움과 죄악의 상징이기 때문에 신발을 벗어야 했다.

하나님께서 여호수아에게 동일한 말씀을 주신 것도 같은 의미이다. 여리고나 가나안 땅은 애굽 못지않게 우상숭배와 죄악이 범람한 곳이다. 남녀노소를 막론하고 우상숭배, 음란, 강포, 더러움이 가득했다. 그래서 심판, 재앙이 임박한 상태다. 하나님께서 보시기에 전혀 소망이 없는 악한 곳이다. 이런 장소에 들어가기 전에 성결과 거룩함을 준비하는 것이 무엇보다 중요하다.

모세와 여호수아는 치열한 전쟁을 통해 이곳까지 왔고 앞으로도 많은 전쟁을 치러야 한다. 여호수아에게는 실제적인 전쟁이지만 오늘을 살아가는 성도들에게는 영적 전쟁이 있다. 영적 전쟁을 치러야 하는 일꾼들, 사명자들에게 가장 중요한 것은 성결, 거룩함이다. 이것이 준비되지 않으면 마귀에게 발목이 잡히고 패배할 수밖에 없다. 마음과 생각 속에 있는 음란, 부정, 부패, 시기, 미움, 원망 다 벗어 버려야 한다. 마음에 거리끼는 것은 다 벗어 버려야 한다.

예수의 피, 성령의 불로 다 씻어 버리고 태워버려야 한다. 이스라엘 백성들이 광야에서 하나님을 원망, 불평, 시험한 것은 그들의 욕심, 탐욕 때문이었다.

모세는 떨기나무 불꽃 앞에서 모든 것을 다 내려놓았다. 유일한 재산인 지팡이까지 던졌다. 그 결과 그때부터 모세의 지팡이가 아닌 하나님의 지팡이가 되었다. 가나안 정복, 여리고 공격을 앞두고 자신을 정결케 하고 자신을 내려놓고 비우는 은혜가 있어야 한다. 사도바울은 예수 그리스도를 만난 후 세상의 모든 것을 배설물처럼 여겼다. "네 발에서 신을 벗어라" 이 하나님의 음성이 우리들의 가슴에 계속적으로 들려져야 하고 그때마다 순종해야 한다. 성도들이나 개개인들이 큰 계획이나 사업을 할 때도 이 말씀을 잘 기억해야 한다. 여리고성은 탐욕적인 것이 매우 많았다. 신발을 벗는 아픔이 없이는 여리고의 유혹을 이길 수 없다.

디모데후서 2:20-21
「큰 집에는 금 그릇과 은 그릇 뿐 아니라 나무 그릇과 질그릇도 있어
귀하게 쓰는 것도 있고 천하게 쓰는 것도 있나니 그러므로 누구든지 이런 것에서
자기를 깨끗하게 하면 귀히 쓰는 그릇이 되어 거룩하고 주인의 쓰심에 합당하며
모든 선한 일에 준비함이 되리라」

더럽고 추하고 죄악된 신발을 벗어버리고 거룩하게 된다는 것은 세상 것을 버리고 세상과 구별되는 것이다. 세상 것을 멀리하는 것이다. 유행이나 세상의 명품이나 세상의 아름다운 것에 관심 두지 않는다. 위에 것을 생각하고 위에 것을 찾아야 한다.

여섯째, 하나님과 언약, 계약을 맺는 것이다.

우리는 모두 다 하나님과 계약을 맺어 하나님의 자녀가 되었다. 구약시대에는 여러가지 계약 방법이 있다.

고대에는 물물 교환을 할 때나 중요한 거래를 할 때나 어떤 결정을 할 때 신발을 벗어 상대방에게 건네줌으로 계약이 성사되었다. 이 신발은 증명이며 증거물이며 인장과 같은 것이다.

룻기 4:7-8
「옛적 이스라엘 중에는 모든 것을 무르거나 교환하는 일을 확정하기 위하여
사람이 그의 신을 벗어 그의 이웃에게 주더니 이것이 이스라엘 중에 증명하는
전례가 된지라 이에 그 기업 무를 자가 보아스에게 이르되
네가 너를 위하여 사라 하고 그의 신을 벗는지라」

당시 모세나 여호수아뿐만 아니라 하나님의 종들이 네 발에 신을 벗으라는 명령이 있을 때 그 의미를 잘 알고 있었다. 때문에 하나님께서 모세와 여호수아에게 네발에서 신을 벗으라고 말씀하신 뜻을 알았다. 따라서 하나님과 언약, 계약을 맺을 수 없다면 신발을 벗어서는 안 된다. 오히려 하나님께 호소해야 한다. 사명을 감당할 그릇이 되지 못해 신발을 벗을 수 없다고 절규해야 한다. 이미 신발을 벗었다는 것은 계약이 성사된 것이다. 성도들은 모두 다 하나님과 계약을 맺은 자들이다. 예수님을 믿겠다고 고백한 것 자체가 계약이고, 세례를 받기 전 서약을 하는 것도 계약이다. 따라서

그 계약을 파기하거나 어기면 죽음이요 멸망이다.

성도란 무슨 뜻인가? 신앙생활을 하는 자들이 가장 많이 오해하는 것이 '성도'라는 단어의 의미이다. 보통 성도를 한문으로 해석해서 거룩한 무리라고 이해한다. 하여 성도가 된 것을 부끄러워하고 얼른 집사, 권사, 장로가 되어야 한다고 생각한다. 그러나 성도란 정말 고귀한 이름이다. 자랑스러워해야 할 이름이다. 성경적으로 하면 성도란 '하나님과 언약을 맺은 자'란 의미이다.

시편 50:5
「이르시되 나의 성도들을 내 앞에 모으라 그들은 제사로 나와
언약한 이들이니라 하시도다」

성도는 하나님과 언약, 계약을 맺은 자들이며 하나님과 언약, 계약을 예배를 통해 유지하는 것이다. 그러므로 성도나 직분자에게 최고의 헌신은 예배를 생명같이 귀하게 여기는 것이다.

일곱째, 자신의 권리, 소유를 다 포기하고 양도하는 것이다.

종은 자신의 소유가 없다. 그럼에도 불구하고 자신의 것이라고 생각하며 아까워하는 것이 문제이다. 성도는 내 것이라고 주장할 수 있는 것이 아무것도 없다(눅 12:6-21). 모든 것이 주님의 것이다. 나는 청지기, 관리인, 지배인, 매니저일 뿐이다. 그래서 포기와 양도를 훈련해야 한다. 내 것이라고 쌓아두고 지나치게 사모하고 의

지하면 주께서 다 거두어 가시고 흩어 버리실 수 있다. 자신의 권리를 포기하고 주님께 양도하는 것은 제자 되고 일꾼 된 자들의 기본자세며 정신이다.

내 발에 신을 벗는 것은 자기를 부인하고 자기를 버리는 것이다. 자신의 권리, 목적, 계획을 버리며, 자신의 욕구, 야망을 버리며, 세상의 유혹을 버리며, 세상과 세상에 관계되고 연결된 것을 버리는 것이다. 세상에 의지했던 것을 끊어 내는 것이다. 주님께 철저하게 양도하는 것이다.

여덟째, 하나님의 주권을 인정하는 것이다.

성도들은 하나님을 향하여 "주여! 주여!" 하면서도 하나님을 주님으로 인정하는 삶을 살지 못한다. 주님을 주님으로 인정하는 삶도 살지 못한다. 기도할 때마다 주님을 부른다. "주여, 주여"는 무슨 의미인가? 단순한 주인이 아니라 "주권자여, 주재시여!"라는 의미이다. 주권자, 주재란 최고의 통치자를 말한다. 여호수아는 즉시로 이것을 알고 "나의 주여, 나의 주여" 하며 순종했다. 신발을 벗는 것은 그분이 나의 주권자, 나의 왕, 나의 통치자, 나의 지배자 되심을 인정하는 것이다. 이것을 인정하고 이제 나의 뜻을 접고 하나님의 뜻에 순종하는 것이다.

나의 계획을 접고 하나님 계획에 순종하는 것, 나의 방법을 접고 하나님 방법에 순종하는 것, 나의 권리를 접고 하나님의 권리에 순종하는 것, 나의 모든 결정권을 접고 하나님의 결정을 따르는 것이다.

신벗음의 실제 : 영점

(零點 : Ground Zero)

영점이란 무엇인가?

1945년 8월 7일 일본 히로시마에 인류 최초의 원자폭탄이 투하되었다. 도시 전체가 완전히 초토화 되도록 파괴되고 황폐화되어 아무것도 남아있는 것이 없고 온전한 것이 없었다. 이런 핵폭탄이 떨어진 땅에 큰 구덩이가 생긴 결과를 보고 과학자들은 "Ground Zero"라고 불렀다. 그러다 2001년 9월 11일 미국 무역센터가 비행기 테러로 파괴되었을 때 건물이 무너져 내려 움푹 파인 가장 낮은 곳을 또 'Ground Zero'라고 불렀다. 이 낙하점이 바로 영점, Zero이다. 아무것도 없는 상태. 이것을 영점이라고 부른다. 이런 영점은 건물과 환경에만 있는 것이 아니라 성도들의 영혼에도 있고 특별히 영적 지도자들은 반드시 거쳐야하는 훈련 같은 과정이기도 하다. 그러나 그 시간은 도저히 견딜 수 없는 고통이고 절망이고 아픔이며 감옥같다.

영점(Ground Zero)은 '자아의 관점'이며 자아의 관점은 나 자신이 나를 바라보는 시각이다. 정직하고 정확하게 나는 어떤 사람인지를 아는 것이다. 나는 누구인가를 바로 알고 자신을 정확하고 정직하게 바르게 보고 바르게 아는 자들이 은혜를 받은 사람이며 복받은 사람이다.

나는 누구이며 나는 어떤 사람인가? 살다가 보면 사람들은 대부분 자신의 착각 속에 살고 있는 자들이 많다. 사람들은 대부분 자신을 과대평가하고 과대포장해서 자신은 괜찮은 사람이며 자신은 남들보다 더 잘났고 똑똑한 것처럼 생각하는 사람들이 많다. 그래서 인간관계에 실패하고 사회에 동화되지 못한 경우도 많다. 자신만이 의롭고 바르고 자신만이 잘할 수 있다고 착각한다. 자신이 꼭 적합한 사람이기 때문에 당선되어야 한다고 외친다.

그러나 대다수의 사람들이 자신을 바로 보지 못하고 자신을 바로 알지 못하면서 엄청난 꿈, Vision, 야망, 성공 등을 추구하며 살아간다. 그러다가 실패에 실패를 거듭하고 모든 꿈, 비전은 포기할 수밖에 없는 환경이 되어서야 진실한 자신의 모습을 발견하게 되고 절규하며 통곡한다. 하나님께서는 우리가 우리의 참 모습을 깨닫도록 실패에 실패를 거듭하도록 기다리시며 허락하고 계신다.

다윗은 누구보다 고통과 아픔 가운데 여호와 하나님께 절규했지만 여호와께서 자신의 기도에 응답하시지 않은 것 때문에 큰 절망 가운데 빠졌다. 밤낮으로 부르짖어도 응답이 없다. 신음해도 듣지 않으신다. 때문에 여호와께서 자신을 멀리 떠나 계시며 여호와께서 자신을 버리신 것으로 생각한다.

시편 22:1-2

「내 하나님이여 내 하나님이여 어찌 나를 버리셨나이까 어찌 나를 멀리 하여

돕지 아니하시오며 내 신음 소리를 듣지 아니하시나이까

내 하나님이여 내가 낮에도 부르짖고 밤에도 잠잠하지 아니하오나

응답하지 아니하시나이다」

이는 하나님의 자녀들에게는 지극한 고통이다. 세상에 단 한 분 하나님만 의지하며 살아왔는데 그 하나님께서 자녀들의 기도를 외면하시고, 자녀들의 신음 소리도 못 들은 체하시고, 자녀들의 절규도 응답하지 않으시고, 자녀들에게서 멀리 떠나 계시고, 자녀들을 버리신 것처럼 하실 때 자녀 된 성도들은 연약하기 짝이 없고 죄인 된 모습으로 소망이 전혀 없이 절망할 수밖에 없다. 이것이 한두 번이 아니고 길어지고 반복될 때 대부분의 사람들은 넘어지고 쓰러진다.

영점의 진리

영점의 지독한 아픔에서 우리가 반드시 깨달아야 하는 진리가 있다. 이 진리가 깨달아져야 영점에서 승리할 수 있다.

첫째, 하나님의 생각과 나의 생각이 다르다는 것이다.

하나님의 길과 나의 길이 다르며, 하나님의 계획과 나의 계획이 다르고, 하나님의 꿈과 나의 꿈이 다르다. 하나님의 비전과 나의 비전이 다르다는 것을 명심해야 한다.

이사야 55:8-9
「이는 내 생각이 너희의 생각과 다르며 내 길은 너희의 길과 다름이니라
여호와의 말씀이니라 이는 하늘이 땅보다 높음 같이 내 길은 너희의 길보다 높으며
내 생각은 너희의 생각보다 높음이니라」

우리의 기도, 우리의 신음, 우리의 절규, 우리의 아픔의 울부짖음에 하나님께서 당장 응답하시지 않는 것은 하나님의 계획과 우리의 계획, 하나님의 생각과 나의 생각, 하나님의 길과 나의 길, 하나님의 계산과 나의 계산이 너무나도 다르기 때문이다. 우리는 이 절망, 실수, 실패, 좌절, 버림당한 느낌, 감정, 상황을 통해 하나님의 생각과 나의 생각이 너무나 다름을 깨닫는다. 그리고 비로소 자신의 참 모습, 자신의 정확한 모습을 발견하게 된다. 여호와께서 일꾼을 세우고 일하시는 모습이 그렇다. 하나님 앞에서 우리의 참 모습을 바로 볼 수 있어야 진심으로 겸손할 수 있다. 일꾼은 하루아침에 세워지는 것이 아니다. 일꾼은 되고 싶다고 되는 것도 아니다. 다윗은 이 아픔, 절망, 좌절, 고통을 통해 자신의 진짜 모습을 보게 된다.

둘째, 자신의 참모습이 무엇인가를 발견하는 것이다.

냉정하고, 냉철하게 나의 진짜 모습을 볼 수 있어야 한다. 성경에는 영점에서 자신의 모습을 깨닫고 고백했던 자들의 모습이 많이 있다. 아브라함은 자신이 티끌, 재 같다고 고백했다.

창세기 18:27
「아브라함이 대답하여 이르되 나는 티끌이나 재와 같사오나 감히 주께 아뢰나이다」

다윗은 자신을 "나는 벌레요, 사람이 아니다"(시 22:6)라고 고백한다. 원문은 구더기로 되어 있다. 사람들이 가장 혐오하는 벌레이다. 왜 다윗은 하나님의 비전을 가지고 있고 엄청난 하나님의 기적과 승리를 경험했으면서도 자신을 이렇게 표현했을까? 당시의 사람들에게 비방, 조롱, 멸시를 당하고 있었기 때문이다. 승승장구하고 전쟁에서 승리만 하던 다윗에게는 충격적인 일이다. 한때는 사울이 죽인 자는 천천이요 다윗이 죽인 자는 만만이라는 민요를 들을 만큼 인정받은 다윗이었지만 그것은 자신의 모습이 아니었다. 사실 전적인 하나님의 은혜였다.

그러나 지금 다윗은 자신의 참 모습을 보고 있다. 하나님께서 다윗에게서 은혜를 거두시고 하나님께서 다윗을 내버려 두시고, 하나님께서 다윗에게 응답하지 않으시고, 하나님께서 다윗에게 무관심하시고, 하나님께서 다윗에게서 멀리 떠나 계신 것처럼 하시니 그때에야 다윗은 자신의 참 모습을 보게 되는 것이다. 하나님의 은혜, 응답, 도우심, 돌보심, 함께하심이 없으니 자신은 벌레요 구더기 같음을 고백한다. 적어도 하나님 앞에서는 그렇다.

모세는 나는 말을 잘 못하고, 나는 입이 뻣뻣하고 혀가 둔하다고 고백한다(출 4:10).

여호수아는 여호와의 사자 앞에 엎드렸으며, 이사야는 "화로다 나여 망하게 되었구나 나는 입술이 부정한 사람이로다", 예레미야는 "슬프도소이다 주 여호와여 보소서 나는 아이라 말할 줄을 알지 못하나이다"라고 호소한다.

동정녀 마리아는 "나는 비천한 여종"이라 했으며 베드로는 "나는 죄인이로소이다. 나를 떠나소서", 세례요한은 "나는 그의 신 들기도 감당치 못한다", 사도바울은 "죄인 중에 내가 괴수니라(딤전 1:15), 나는 만삭되지 못하여 난 자 같다(고전 15:8)"고 고백했다. 그러나 사도 바울은 실제는 그렇지 않으며 인간적으로 보면 그는 당시 최고의 지성이며 엘리트요, 대단한 인물이었다(고후 11:5-6; 22-23).

다만 하나님 앞에서 자신을 세워보니 그렇다고 고백하는 것이다.

하나님 앞에서 나의 참 모습은 무엇인가?
하나님 앞에서 내 자신의 고백은 무엇인가?
하나님 앞에서 나의 진실한 자아는 무엇인가?

나 또한 내 모든 꿈, 비전을 다 포기하고 내려놓을 수밖에 없는 때가 있었다. 그것은 내 인생을 포기한 것과 같고 그것은 삶의 의미를 포기한 것과 같으며 사는 것이 무의미하게 되었다. 정말 30년 동안 죽도록 기도했는데 무응답, 30년 동안 신음, 절규했는데 무응답, 30년 동안 몸부림치며 신음하며 절규했는데도 하나님은 침묵하셨다. 하나님의 침묵은 가장 두렵고 무서운 것이다.

하나님은 이스라엘 백성들에게 '버러지 같은 너 야곱아'라고 부르신다.

이사야 41:14
「버러지 같은 너 야곱아, 너희 이스라엘 사람들아 두려워하지 말라
나 여호와가 말하노니 내가 너를 도울 것이라 네 구속자는 이스라엘의 거룩한 이이니라」

아!!!! 하나님의 지독한 침묵 때문에 하나님 앞에서 나는 버러지 같고 티끌 같고 지렁이 같은 존재였다. 한때는 대단한 인물인 줄 알고 교만했던 때가 있었고 그래도 괜찮은 목사라고 생각하기도 했는데 하나님의 영점에 머물면서 버러지 같고 티끌 같고 지렁이 같은 존재임을 깨달았다. 모든 꿈, 비전을 포기할 수밖에 없었고 나는 아무것

도 아님을 알았다. 이것이 지금을 살아가는 나의 매일매일의 고백이다.

'주님, 저는 버러지 같고 티끌 같은 존재입니다. 하나님의 은혜, 돌보심, 함께 하심이 없으면 살아갈 수가 없습니다'라고 고백했다. 이것이 성도들의 매일의 고백이어야 한다. 혼자 인생의 길을 살아가게 될 때는 버러지 같고 티끌과 같은 영혼의 영점을 경험하게 된다.

우리의 입술로만 그렇게 고백하는 것이 아니라 마음으로부터 진심으로 그렇게 여겨야 한다.

셋째, 하나님의 약속, 꿈, 비전은 자연적으로 되는 것이 아니다.

다윗은 여호와 하나님으로 부터 지독하게 힘들고 아프고 고통스럽고 죽을 것 같은 깨어짐의 연단을 받는다.

시편 142편 원문 표제가 1절로 되어 있다. "다윗이 굴에 있을 때에 지은 마스길 곧 기도"라고 되어 있다.

지금 다윗은 사울 왕의 추격을 피해 도망에 도망을 거듭하면서 더 이상 도망칠 곳이 없는 유대광야 사해 근처 엔게디 동굴 속에 숨어 죽음의 공포로 인해 울부짖고 있다.

거기서 다윗은 분명하게 자신의 자아를 보고 있다. '나는 심히 비천합니다'. '내 영혼이 옥에 있습니다'(시 142:6-7).

여호와께서 다윗을 아주 비굴하고 비천하게 만드신다. 가장 낮은 곳까지 낮추시며 피할 수조차 없게 하시고 꼼짝도 못하게 하신다. 그의 비천함, 두려움, 절망, 고통이 극에 달해있다. 그에게는 이미 여호와께서 주신 꿈, 비전, 약속이 있었다. 이미 사무엘을 통해 왕으로 기름 부어주셨다. 그에게는 이 놀라운 하나님의 약속이 있었고 그 약속과 비전을 가지고 이스라엘을 블레셋으로부터 자유하게 하고 강성한 나라로 만들고자 하는 꿈이 있고 골리앗을 이기고 하나님의 이름을 존귀하게 하고 하나님을 영화롭게 하는 신앙의 모습을 보여주기도 했다. 그러나 지금 다윗은 사울의 공격을 피하여 동굴에 숨어 죽음의 공포 가운데 있다.

그는 심히 비천하고 그의 영혼은 감옥에 갇혀 있는 것과 같이 고통스러워한다. 처절하게 낮아져 비천한 가운데 있고 영혼이 감옥에 갇힌 것 같이 전혀 자유, 기쁨이 없는 상태다. 지극히 비천하고 영혼이 감옥에 갇혀 있어 하나님의 꿈, 약속은 다 사라지고 죽음의 고통만이 있다. 얼마나 하나님이 야속하고 원망스럽겠는가? 하나님께서 왕이 되는 꿈을 주셨고 이미 왕으로 기름부음도 받았다. 그러나 지금은 죽음의 상태까지 몰리게 하셨다. 영혼이 감옥에 갇힌 것, 영혼이 사단, 마귀, 붉은 용의 포로가 되어 꼼짝할 수 없는 상태로 느끼고 있다. 자신이 왕이 되겠다는 것도 아니고 그저 양을 치는 목동의 삶을 살고자 했고 다윗의 아버지 이새까지도 다윗을 왕의 재목으로 생각하지 않았다. 그런데 하나님께서 주권적으로 왕으로 세우시고 지금은 그를 지독하게 낮추신다.

인생을 살다보면 하나님의 일꾼, 지도자로 부름받는 자들은 이런 극한 상태에 떨어질 때가 있고 마음, 정신, 영혼이 감옥에 갇혀 버린 것 같은 고통이 올 때가 있다. 40년 가까이 목사의 길을 걸어오면서 이런 영점을 통과한 때가 여러 번 있었다. 그때마다 똑같은 마음으로 절규했다.

'하나님 제가 언제 목사되겠다고 했습니까. 절대로 목사하지 않겠다고 도망도 다녔는데 하나님께서 주권적으로 이끄셔서 어쩔 수 없이 목사가 되었는데 왜 이러십니까. 왜 이렇게 힘들게 하십니까. 왜, 왜, 왜입니까. 어찌 하란 말입니까'.

이렇게 참 많이도 절규했다. 그러나 이런 환경에도 하나님의 계획이 있었다.

몇 년 전 미국을 방문했을 때 워싱턴DC 중심부에 있는 한국전쟁 참전 용사 기념관을 간 적이 있다. 거기에 이런 글귀를 보고 참 감동을 받았다.

"Freedom is not FREE(자유는 공짜가 아니다)."

하나님의 일꾼은 공짜로 우연히 자연적으로 되는 것이 아니다. 하나님께서 우리를 낮추실 때에는 어느 정도까지만 우리를 낮추시는 것이 아니라 가장 낮은 밑바닥, 더 이상 낮아질 수 없는 밑바닥, 더 이상 내려갈 곳이 없는 밑바닥, 더 이상 망할 것도 없는 밑바닥, 더 이상 더럽고 추한 것 없는 밑바닥, 더 이상 나빠질 수 없는 밑바닥까지 낮추신다.

넷째, 나를 향한 하나님의 계획이 있다.

예수님은 병든 나사로를 금방 고쳐주실 수 있는데도 그가 점점 더 떨어져 육체가 죽어 썩어 냄새가 날 때까지 내버려 두신다. 그냥 보고만 계신다. 우리의 꿈, 비전, 소원, 약속, 내게 주신 말씀, 믿음, 소망, 의욕, 사명. 이 모든 것이 썩어 냄새가 날 때까지 그 더럽고 추한 절망과 두려움의 밑바닥, 영점에 내버려 두신다. 다 포기할 때까지 내버려 두신다. 하나님의 약속의 말씀과 비전을 주시고도 말이다. 차라리 약속하지 않으시고 꿈과 비전을 주시지 않았으면 기대라도 하지 않았을 텐데 말이다. 그러나 우리에게 주신 영점에는 분명한 하나님의 계획이 있다. 이 영점을 통과해야 꿈 비전을 주신대로 사용하신다.

미국과 한국의 소위 아주 잘나가고 한때 크고 놀랍게 사용되던 목회자들이 스캔들, 불법적인 돈 문제에 걸려 하루아침에 사라진 자들도 의외로 많다. 영점을 주신 하나님의 계획을 무시하고 자기의 의지대로 행했기 때문이다.

나를 지독하게 낮추시고 지옥까지 내려가게 하시는 하나님의 연단에는 나를 향하신 하나님의 계획이 있다. 이것을 붙잡아야 한다.

아브라함, 이삭, 야곱, 모세, 요셉, 이사야, 예레미야, 바울, 베드로. 모두 다 언약, 약속을 받았지만 여호와께서 그들을 그 아프고 비극적인 최악의 밑바닥 영점까지 낮추셨다. 이 일을 여호와께서 행하셨기 때문에 분명한 여호와 하나님의 뜻과 목적과 계획이 있었다. 그러나 하나님은 그 크고 엄청난 계획을 이루시기 전에 우리의 성품과 정신을 준비시키신다.

영점의 은혜

영점은 인간적, 환경적으로 보면 도저히 견딜 수 없는 지옥 같지만 영적, 신앙적, 결과적으로 보면 큰 은혜이다.

첫째, 영점은 하나님을 깊이 경험하는 곳이다.

영점은 하나님의 능력을 경험하는 곳이며 하나님을 만나는 곳이다. 하나님은 모든 것이 완벽하게 갖추어진 곳에 오시지 않는다. 그런 곳에는 하나님을 필요로 하지 않기 때문이다. 그러므로 심히 미천한 곳, 비천하고, 비굴한 곳에 떨어지는 것이 은혜이다. 하나님을 깊이 경험하는 은혜이다.

"여호와께서 높은 곳에 앉으셨으나 스스로 낮추셨다."

시편 113:7-8

「가난한 자를 먼지 더미에서 일으키시며 궁핍한 자를 거름 더미에서 들어 세워

지도자들 곧 그의 백성의 지도자들과 함께 세우시며」

궁핍은 그냥 가난한 것이 아닌 가장 낮고 천해서 전혀 먹을 것이 없는 가난함이다. 압박, 핍박, 강탈당해서 가난한 것이다. 거름 더미는 오물 더미로 쓰레기 더미이다. 당시에 사회에서 가장 천한 자들로 버림받은 자들이다. 이들은 정상적인 집에서 살 수 없었다. 주님은 이런 자들에게 오신다.

예수님은 이런 곳에 오셨고 지금도 이런 곳에 오고 계시며 앞으로도 이런 곳에 오신다. 인생의 최저점인 가장 비천한 곳, 인생의 영점인 망해 버린 곳, 인생의 영점인 티끌 같은 곳, 거름더미, 쓰레기 같은 인생을 사는 자들, 병든 자들, 당시 사회에서 버림받은 자들에게 오신다. 자신이 완전히 실패하고 망했다고 생각하는 영점에 오신다. 이런 내 인생의 영점은 하나님을 만나는 곳이며 이런 내 인생의 영점은 예수님을 경험하는 곳이다.

양이 길을 잃어버리면 목자가 양을 찾아온다.

양이 구덩이에 빠지면 목자가 건져주신다.

양이 감옥에 갇히면 목자가 빼내 주신다.

양이 지옥에 떨어지면 목자가 구원해 주신다.

이어령 교수의 인터뷰에서 "나는 문학 비평가로서 실패했다. 아버지로서 실패했

다. 나는 최고의 아버지인 줄 알았다. 50년 전 딸에게 가장 예쁜 옷을 사주고 용돈도 넉넉히 주고. 그러나 비평가로 실패하고 절망에 빠지고 아버지로서 실패하고 딸에게 너무나 큰 상처와 아픔을 주었다"고 고백하며 죽어가는 딸 앞에서 절망하고 아파하며 딸에게 편지를 보냈다.

"오늘은 너의 생일이고 우연히도 내가 세례를 받은 날이다. 네가 그렇게 기뻐하는 것을 보니 너에게 최고의 생일 선물을 준 것 같구나. 아니지, 네가 나에게 선물을 준 것이다. 암에 걸렸던 너의 아픔으로 시력을 잃어가던 너의 어둠으로 나를 영성의 세계로 이끌어 주었다. 네가 애통하고 서러워할 때 내 머릿속의 지식은 검불에 지나지 않았고 내 손에 쥔 지폐는 가랑잎 보다 못하다는 것을 알았다. 70평생 살아온 내 삶이 잿불과도 같은 것이라는 것을 가르쳐 준 것이다."

이것이 이어령 교수의 인생의 영점이다. 죽어가는 딸에게 아무것도 해줄 수가 없어 그저 바라만 보고 있어야 하는 고통, 그는 그 영점에서 예수님을 만났다. 이 땅 최고의 지성이 인생의 영점에서 눈물로 예수님을 만나고 경험했다. 인생의 영점은 하나님을 경험하고 예수님을 경험하는 시간이다.

그러나 인생의 영점에서 누구나 다 하나님을 경험하는 것은 아니다. 영점에서 하나님을 만나지 못한 체 영혼육이 망해버린 자들도 수없이 많다.

미국에서 매년 60만 명이 bypass수술(관상동맥 대체관 수술) 후에 반드시 새롭게 지켜야 할 준수사항이 전달된다. 채식위주 식단, 담배 술 끊을 것, 규칙적인 운동할 것, 스트레스 줄일 것 등인데 90%가 적응하지 못하고 이전 습관이 변화되지 못한체 죽음을 선택한다. 이것이 인간의 한계이다.

영점에서 하나님을 경험해야 한다.

둘째, 영점의 은혜는 하나님의 돌보심이다.

하나님께서는 이스라엘 백성들이 하나님을 배신하고 우상을 숭배하며 하나님을 완전히 잃어버리게 되었을 때 주의 종, 선지자들을 보내셔서 회개할 것을 촉구하셨다. 그러나 그들이 조금도 하나님을 두려워하지 않고 회개하기를 싫어함으로 인하여 앗수르, 바벨론에 포로로 팔아 버리셨다. 그러나 하나님께서 그들을 완전히 버리신 것이 아니라 바벨론에서도 선지자를 보내셔서 돌보셨다.

누가복음 1:48
「그의 여종의 비천함을 돌보셨음이라 보라 이제 후로는
만세에 나를 복이 있다 일컬으리로다」

마리아의 믿음의 고백은 사무엘의 어머니 한나의 믿음이기도 하다.

사무엘상2:7-8
「여호와는 가난하게도 하시고 부하게도 하시며 낮추기도 하시고 높이기도 하시는도다
가난한 자를 진토에서 일으키시며 빈궁한 자를 거름더미에서 올리사
귀족들과 함께 앉게 하시며 영광의 자리를 차지하게 하시는도다

땅의 기둥들은 여호와의 것이라 여호와께서 세계를 그것들 위에 세우셨도다」

동정녀 마리아의 영점은 사무엘의 어머니 한나의 영점이다. 구약시대에 아이를 잉태하지 못하는 것은 큰 죄악이었다. 그래서 한나가 마음의 고통으로 성전에 달려가 통곡한다. 그리고 하나님의 은혜를 입었다. 이것이 우리의 큰 소망, 용기이다. 우리가 영점에 있을 때 하나님께서 때가 되면 돌보아주신다. 한나의 가장 큰 고통, 아픔을 아시고 돌보시되 세 아들과 두 딸을 더 주셔서 최고의 행복, 기쁨을 주셨다. 동정녀 마리아는 당시에 가장 비천한 갈릴리 여인으로서 예수님의 어머니가 되는 큰 행복을 얻게 되었다.

하나님의 돌보심은 영점에서 가장 힘들고 아프고 고통스러운 것을 해결해 주시고 큰 행복과 기쁨을 주시는 것이다.

셋째, 나의 영점을 알아주시고 기억해 주신다.

하나님은 최고의 장인이시다. 흙으로 우리의 육체를 만드신 하나님은 영점으로 우리의 마음, 인격, 성품을 다시 만드시고 거듭나게 하신다. 하나님은 최고의 장인이셔서 우리를 다시 창조하는 것처럼 다시 만드신다. 토기장이가 똑같은 흙으로 자신이 원하는 그릇을 용도에 맞게 만드는 것처럼 하나님께서 우리를 하나님께서 쓰시기에 합당한 그릇으로 용도에 가장 적합한 그릇으로 만드신다. 내가 다시 태어나고 다시 만들어지기 위해서는 먼저 깨어지고 다 부서져야 한다. 얼마나 아프고 힘들고 고통스러운가. 죽음 같은 고통이다.

어느 시인의 노래

하나님이
누군가를 훈련시키고자 하실 때,
그 사람을 감동시키기 원하실 때
그 사람을 숙련시키고 싶으실 때
누군가에게 고귀한 역할을 맡기시기 원할 때
세상이 놀랄 정도로 위대한 사람을 만드실 때
그 분이 사용하신 방법과 방식을 보라.

당신이 택하신 자를
얼마나 철저히 다듬으시는지
그 사람을 내리치고 상하게 하시며
강력한 타격을 가하여
그를 초라한 진흙덩이로 전락시키시니
이를 이해하시는 분은 오직 하나님 뿐이시며
고통에 겨운 그의 심령은 부르짖을 뿐이며
그는 탄원의 손을 치켜들 뿐이다.

그분이 그 사람의 유익을 도모할 때
구부리되 결코 부러뜨리진 않으신다.
당신이 택한 자를 사용하시되
온갖 의도로 그를 녹이시며
온갖 행동으로 그를 권유하심으로서
당신의 영예가 드러나게 하신다.
하나님이 하시는 일은 그분만이 아신다.

이 시는 영점의 삶을 살고 있는 저에게 더없는 위로와 소망과 용기가 되었다. 나를 다시 만드시는 그 아픔이 엄청나지만 하나님께서 다 알고 계시고 기억해 주신다. 하나님은 자신이 택하신 자를 철저히 다듬으시며 그 사람을 내리치시고 상하게 하시며 강력하게 타격을 가하여 초라한 진흙덩이로 만들어 버리신다. 그것이 영점이다. 그것은 우리를 새롭게 만드셔서 위대한 사람, 위대한 일꾼을 만드시기 위함이다. 때문에 하나님은 우리의 영점에 함께 하시며 우리의 영점에서 우리에게 은혜를 베푸시며 우리의 비천함을 알아주시고 기억해 주신다.

시편 136:23

「우리를 비천한 가운데에서도 기억해 주신 이에게 감사하라

그 인자하심이 영원함이로다」

루터는 이런 유언을 남겼다.

"We are bagger. It is true. (우리는 거지다. 이것이 진실이다.)"

하나님은 위대한 조각가이시다. 하나님은 예리한 칼과 망치로 나를 다듬으신다. 좌절, 절망이란 칼과 망치로 나를 다듬으신다. 내가 얼마나 아프고 힘들고 고통스러워하는지를 아시면서도 칼과 망치로 다듬으신다. 나를 위대한 걸작품, 명품으로 만드시기 위해 나의 이기심, 탐욕, 교만, 세속적인 것, 나태함 이런 것을 깎아내신다. 그러나 하나님은 그런 모든 것을 알아주시고 기억해 주시고 때가 되면 보상해 주신다.

넷째, 영점의 은혜는 하나님의 위로하심이다.

모든 환난 가운데서 위로하시는 하나님, 모든 낙심한 자들을 위로하시는 하나님. 이것이 사도 바울이 영점에서 경험한 하나님이다. 영점의 삶은 누구에게나 힘들고 고통스럽고, 영점의 삶은 환난과 낙심과 절망을 준다. 그러나 우리의 약함을 아시는 하나님께서 영점에 있는 우리를 위로해 주신다. 우리가 그 비참한 영점에서 하나님을 잃어버리지 않으면 때가 되면 위로해 주신다. 영점에서의 우리의 삶이 얼마나 고통스러운지를 아시기 때문에 힘들고 지쳐 죽음의 시간을 지나고 있는 우리들에게 오셔서 어쩔 수 없는 필요한 과정이지만 승리하도록 쓰다듬어 주시고 붙잡아 주시고 안아주시고 품어주신다. 예수님께서 세상에 오셔서 대제사장, 서기관, 율법사, 바리새인, 사두개인 이런 자들의 친구가 아니라 영점에 있는 자들의 친구가 되어주셨다. 예수님께서 영점에 있는 자들, 사회에서 버림받은 자들, 가난한 자들, 병든 자들, 소경된 자들, 나병 환자들, 간질 환자들, 귀신들린 자들, 이런 자들의 친구가 되신 것은 그들을 위로하시기 위함이다. 그런 예수님께서 지금도 영점에 있는 우리들을 위로해 주신다.

이어령 교수는 「빵만으로는 살 수 없다」에서 "지상에서는 잘난 사람이 첫째이지만 천상에서는 못난 사람이 더 귀하게 여겨집니다. 열등자가 우위입니다. 이것이 예수님의 원리입니다."라고 했다. 이것은 이 땅에서 우리가 받을 최고의 은혜, 최고의 복, 최고의 위로이다. 세상에서는 가장 비천한 자가 하나님의 나라에서는 가장 귀한 자가 된다.

다섯째, 영점의 은혜는 치유하시고 소생케 하시는 것이다.

영점에 있는 자들은 누구나 상심한 자들, 마음에 상처를 가지고 있는 자들이며 마음의 아픔과 고통, 눈물과 서러움이 있다. 상심은 마음이 산산이 부서져 버린 것, 마음이 산산이 깨어져 버린 것, 조각나 버린 것이다. 영점에서의 고통, 아픔, 슬픔이 감당할 수없이 커서 그 부서지고 깨어지고 조각난 마음으로 죽음을 생각한다. 그러나 인자하신 하나님은 결코 우리가 상처 난 마음으로 죽도록 버려두지 않으신다. 때가 되면 치유해 주시고, 감싸주시고, 고쳐주시고, 싸매어 주신다. 그리고 소생케 하신다.

"주여 나를 소생케 하소서, 주여 나를 소성케 하소서" 개역개정에는 "주여 나를 살아나게 하소서, 주여 나를 고난에서 살아나게 하소서"라고 되어 있다. 소생이란 "소성하다, 회복하다, 재생하다, 다시 살아나다"이다. 다윗은 계속적으로 이 기도를 반복해 드리고 있다. "내 영혼이 진토에 붙었사오니 주의 말씀대로 나를 살아나게 하소서"(시 119:25) "내 영혼을 살게 하소서 그리하시면 주를 찬송하리이다 주의 규례들이 나를 돕게 하소서"(시 119:175)

영점을 살아가는 사람들은 누구나 소망이 없다. '아 이제 죽었구나, 망했구나, 끝났구나, 영원히 실패했구나'라고 생각한다. 실제로도 죽음을 많이 생각한다. 하나님은 여기까지 우리를 깨뜨리신다. 우리의 인생을 송두리째 빼앗아 버린 것 같고 우리의 인생을 뿌리째 뽑아버린 것처럼 느껴진다. 그러나 아버지 하나님은 더 큰 꿈과 비전이 있다. 이것 때문에 우리를 죽이셨다가 다시 살리신다. 죽어버린 꿈, 비전, 소망을 다시 주신다. 우리가 하나님을 잃어버리지 않는 한 우리가 믿음을 잃어버리지 않는 한, 우리가 죽지 않는 한 하나님 아버지는 우리를 다시 살려주신다.

여섯째, 영점의 은혜는 새 출발의 시작점, 출발점이다.

영점에서 하나님을 경험한 사람들은 이제 삶이 새로워진다. 새 출발, 새 시작은 인생의 방향이 바뀌는 것이며 인생의 길이 바뀌는 것이다. 베드로는 여러 번 영점에 떨어졌다. 밤새도록 고기를 잡아도 잡지 못하고 새벽이 밝아 왔다. 좌절과 절망 포기의 상태로 이제 그물을 정리하고 끝내려고 한다. 자신의 모든 지식, 지금까지의 베테랑 노하우로도 안된다는 것을 알았다. 그 순간에 예수님께서 찾아오셨다. 이 재능의 영점, 한계에서 예수님을 다시 만난다. 예수님을 버리고 도망치고 예수님을 모른다고 세 번씩 부인하고 제자의 삶을 버리고 모든 것을 버리고 다시 세상의 직업인 어부로 돌아갔다. 그 영점이 베드로의 새 인생의 출발이었다.

그러므로 더 이상 떨어질 것도 없고 더 이상 나빠질 것도 없고 더 이상 망할 것도 없고 더 이상 자빠질 것도 없는 영점에서 정신을 차리고 하나님을 경험하게 되면 인생의 반전, 역전, 사역의 반전, 역전의 역사가 일어난다. 영점은 새 출발의 신호이다. 영점은 반전의 시작이며 역전의 시작이다.

영점에서의 승리

영점은 누구에나 지옥 같은 경험이다. 그래서 그 영점에서 빨리 벗어나려고 발버둥을 친다. 그러나 영점은 늪과 같아서 발버둥 칠수록 깊어지고 영점의 시간이 길어질 뿐이다. 때문에 영점에서 승리하는 비밀이 중요하다.

첫째, 인간적인 노력을 버려야 한다.

인생의 영점에 빠진 자들은 자신의 노력으로 빠져나오려고 발버둥을 치면서 금식, 철야기도, 작정기도하면서 하나님과 흥정하고 따지려고 한다. 욥은 하나님께 따지고 트집 잡고 알아달라고 호소한다. 우리 역시 마찬가지이다. "내가 이만큼, 금식하고 철야했으니 응답하시겠지", "내가 최선을 다해 회개하고, 헌신하고, 절규하고 있으니 응답하시겠지", 이렇게 생각해 보지만 그런데도 침묵하시고 관망하신다. 이 모든 노력들은 자신이 기준이 되고 자신에게 초점을 맞추는 것이다. 성급해 하지 말아야 한다.

하나님은 손목시계가 없으시고 시간의 제약도 받지 않으신다. 시간을 초월해 계신다.

둘째, 잠잠히 참고 기다린다.

영점에서의 탈출은 자신의 노력만으로는 불가능하다. 누군가의 도움이 있어야 한다. 때문에 하나님의 도우심이 절대적으로 필요하기 때문에 기다려야 한다. 하나님께서 침묵하시면 나도 침묵하면 된다. 침묵하면서 기다려야 한다. 곧 숨이 막혀 죽을 것 같고 다 끝장날 것 같은데 그럼에도 불구하고 하나님께서 침묵, 관망하신다. 내가 다 죽을 때까지 내가 다 포기할 때까지 내가 다 소진될 때까지 침묵하신다.

그 이유는 무엇인가? 하나님이 하나님 되심을 깨달아야 하고 하나님께 합당한 영광을 드려야하기 때문이다. 이것 때문에 우리의 가진 모든 것이 죽고 썩어 냄새가 날 때까지 기다리시는 것이다. 교만하지 말고 건방떨지 말고 하나님 보다 더 존경받으려고 하지 말라고 말이다. 예수님께서 나사로의 죽음을 기다리신 것도 하나님의 영광을 위함이었다. 그러므로 인생의 영점에서 인간적인 탈출을 애쓰지 말고 잠잠히 참고 기다리고 죽어져있어야 한다.

시편 6:10
「이르시기를 너희는 가만히 있어 내가 하나님 됨을 알지어다
내가 뭇 나라 중에서 높임을 받으리라 내가 세계 중에서 높임을 받으리라 하시도다」

셋째, 하나님과의 관계를 바로 해야 한다.

영점에서 누구나 넘어지는 것은 '하나님 왜 기도대로 안 됩니까? 왜 믿음대로 안 됩니까? 왜 말씀대로 안 됩니까? 왜 약속대로 안 됩니까? 성경이 거짓입니까?' 이렇게 아프게 외친다. 그러나 이런 것은 하나님과 싸우고 하나님과 전쟁을 선포하는 것과 같다.

역대하 13:26절
「~이스라엘 자손들아 너희 조상들의 하나님 여호와와 싸우지 말라
너희가 형통하지 못하리라」

이런 주장으로 하나님과 다투고 싸우는 것은 믿음이 무엇인지 모르기 때문이다. 기도나 믿음이나 도깨비 방망이가 아니다. 믿음이나 기도는 관계이다. 내가 하나님을 믿음으로 그의 백성이 되었고, 내가 하나님을 믿음으로 그는 나의 아버지가 되시고 난 하나님의 자녀가 되었다. 믿음으로 사는 것은 이 관계를 더 깊이 끈끈하게 맺으며 살아가는 것이다. 영점에서 자신을 돌아보고 자신과 치열한 싸움을 싸우고 자신을 쳐서 복종시키고 하나님과 바르고 깊고 친밀한 관계를 맺어갈 수 있어야 한다. 영점에서 사는 길은 이것밖에 없다. 영점에서 사는 길은 다른 길이 없다. 하나님과의 관계를 잘 유지해야 한다.

넷째, 울부짖음의 눈물이다.

이는 영점을 통과하는 모든 일꾼들의 비밀이었다. 예수 그리스도의 영점은 그가 채찍에 맞고 옷이 벗겨지고 조롱을 당하고 침 뱉음을 당하고 십자가에 달리신 것만이 아니다. 예수님의 영점은 그가 천국을 버리고 이 땅에 오신 순간부터 시작되었다. 예

수는 하나님과 함께 우주만물을 창조하신 창조주로서 천국에서 살다 세상에 오셨다. 이것 자체가 고통의 영점이다. 예수님은 태어나자마자 헤롯왕에게 죽을 위기를 맞아 애굽으로 피난을 가서 생활하다가 성령의 인도하심을 따라 갈릴리에 돌아와서는 나사렛에서 사셨다. 가장 가난하고 천한 가정에서 성장하고, 공식적으로 글을 배우지 않았다. 메시야다운 것이 없었다. 이런 영점에서 사역하신 예수님은 힘들 때마다 많이 우셨다. 나사로의 무덤 앞에서, 예루살렘의 멸망을 보시고, 십자가를 앞두시고, 겟세마네 동산에서, 채찍에 맞으시면서, 십자가 위에서 울며 절규하셨다.

히브리서 5:7

「그는 육체에 계실 때에 자기를 죽음에서 능히 구원하실 이에게 심한 통곡과 눈물로 간구와 소원을 올렸고 그의 경건하심으로 말미암아 들으심을 얻었느니라」

사도 바울 역시 정말 많은 눈물의 선지자였다.
눈물은 사도 바울이 영점을 만날 때 승리하는 목회의 비결이기도 하다.

"곧 모든 겸손과 눈물이며(행 20:19)", "그러므로 여러분이 일깨어 내가 삼 년이나 밤낮 쉬지 않고 눈물로 각 사람을 훈계하던 것을 기억하라(행 20:31)", "내가 마음에 큰 눌림과 걱정이 있어 많은 눈물로 너희에게 썼노니(고후 2:4)", "내가 여러 번 너희에게 말하였거니와 이제도 눈물을 흘리며 말하노니(빌 3:18)".

우리가 영점에 있을 때도 마찬가지이다. 원망, 불평, 대적, 좌절, 절망, 포기, 낙심이 목에 차오를 때 이것을 눈물로 바꾸어야 한다.

원망, 불평대신 눈물, 억울, 원통함을 눈물로, 대적 대신 눈물로. 그저 울어야 한다. 발버둥 칠 것이 아니라 울어야 한다. 성도의 눈물은 아픔을 치유하고, 원망을 감사로, 절망을 소망으로 승화시키는 능력이 있다. 그러므로 소리쳐 울자. 영점에서의 승리는 눈물에 있다. 예수님도, 바울도 그랬다.

이어령 교수의 '지성에서 영성으로'에서 "비가 온 뒤에 무지개가 나타나듯 눈물을 흘려야 영혼에 아름다운 무지개가 뜬다"라고 했다.

다섯째, 중요한 비밀은 예배이다.

"감사로 제사를 드리는 자가 나를 영화롭게 하나니"(시 50:23)

하나님께서 우리를 선택하신 목적이 예배이다. 하나님께서 우리를 구원하신 목적은 예배이며, 우리에게 은혜를 주신 목적, 우리에게 말씀을 주시고, 성령을 주시며 복을 주시는 목적은 바로 예배이다. 우리가 신령과 진리, 감사로 드리는 예배만이 하나님을 영화롭게 한다. 감사와 마찬가지로 예배도 우리의 기분, 감정, 환경에 따라 좌우되는 것이 아니다.

요한복음 4:23
「아버지께 참되게 예배하는 자들은 영과 진리로 예배할 때가 오나니 곧 이 때라 아버지께서는 자기에게 이렇게 예배하는 자들을 찾으시느니라」

여호와 하나님은 수많은 예배자들 가운데서 여호와 하나님의 마음에 합당한 예배자들을 찾고 계신다. 그만큼 예배자는 많지만 참된 예배자가 없고, 하나님의 마음에 합당한 예배자가 적다. 성령과 진리로 예배하는 자가 많지 않다는 것이다. 그래서 참된 예배자를 찾고 계신다. 이 말씀에서 참된 예배자를 '찾는다'는 의미는 대단히 두렵고 떨리는 말씀이다.

찾는다(Seek)는 것은 "구하다, 간절히 열망하다, 추구하다"라는 뜻이다. 추구한다는 것은 잃어버린 물건을 찾을 때까지 찾는 것이며 범죄자를 끝까지 추적하는 것이다. 절대로 포기하지 않는 것이다. 과부가 굶주린 자식들을 위해 떡이 구해질 때까지 구하는 것이며 잃어버린 자식을 찾게 될 때까지 찾는 것이다. 이런 정신이 하나님께 합당한 예배자의 정신이다. 하나님께서 그의 백성 된 우리에게 구하시고 요구하시는 것이다. 하나님은 인격적이며 진실하며 간절하며 열정적인 예배를 원하신다. 영점의 삶이 아무리 힘들고 아프고 고통스럽고 지옥 같을지라도 예배만큼은 실패해서는 안 된다.

여섯째, 주님의 능력 안에 있어야 한다.

빌립보서 4:11-13

「내가 궁핍하므로 말하는 것이 아니니라 어떠한 형편에든지 나는 자족하기를 배웠노니

나는 비천에 처할 줄도 알고 풍부에 처할 줄도 알아 모든 일 곧 배부름과 배고픔과

풍부와 궁핍에도 처할 줄 아는 일체의 비결을 배웠노라

내게 능력 주시는 자 안에서 내가 모든 것을 할 수 있느니라」

사람들이 13절을 많이 오해한다. 마치 주 안에서 큰 능력을 행하고 모든 능력을 행하고 자신의 목적을 이루는 것으로 오해한다. 그러나 바울은 지금, 빌립보 감옥에서 이 말씀을 하고 있다. 사도 바울이 복음 때문에 예수님 때문에 사명 때문에 선교 때문에 그 지독하고 비참한 영점의 삶을 살아갈 수 있었던 비결은 "예수 그리스도의 능력이다"라는 고백인 것이다.

바울은 예수 그리스도를 통하여 놀라운 능력을 얻었다. 예수 그리스도께서 주신 그 능력 때문에 영점에 처하는 비결을 배우고 일체의 비결을 배웠다. 그는 이런 환경을 수없이 경험했다(고후 12:7-10).

약한 것, 능욕, 궁핍, 박해, 곤고를 크게 기뻐한다. 이런 지독한 환경에서 기뻐한다는 것은 사람의 의지로는 불가능하다. 그 극한 영점에서 기뻐하는 것은 사람의 의지로는 정말 힘든 일이다. 오직 주님의 능력, 주님의 은혜로만 가능하다.

그러므로 비천한데서 이기게 하시는 능력을 의지하자. 사실 사역의 영점, 인생의 영점에서 누구나 승리할 수 있는 것은 아니다. 실패하고 넘어진 자들도 너무나 많은 것은 자명한 일이다. 인간의 힘과 의지로 되는 것이 아니기 때문이다. 주님을 통하여 능력이 임해야 가능하다.

역설적으로 말하면 인생의 영점은 주님의 능력을 경험하는 최고의 시간, 최고의 장소이다. 그래서 바울은 약한 것, 궁핍, 능욕, 박해를 기뻐한다고 고백한다. 그때에 주님의 능력을 경험했기 때문이다. 우리도 날마다 이런 능력을 경험하자. 그리고 그 능력으로 영점의 삶을 살고 승리하자.

신벗음의 삶

성도들이 교회 안에서나 세상의 삶속에서 신을 벗고 영점의 삶을 살아가는 능력은 무엇인가?

우리는 신을 벗고 영점의 삶을 살아가기 원하지만 그런 삶을 원하고 각오하고 결심한다고 되어지는 것은 아니다. 우리의 의지나 우리의 힘만 의지하면 비참하게 넘어지게 된다.

첫째, 성령의 지배를 받는 삶이어야 한다.

민수기 13장은 이스라엘 백성들이 광야 가데스바네아에서 가나안 땅에 정탐꾼을 보내고 보고를 받는 장면이 나온다. 그런데 12명의 정탐꾼 가운데 10명의 정탐꾼들은 가나안 정복을 불가하다고 보고한다.

민수기 13장 26-29

「바란 광야 가데스에 이르러 모세와 아론과 이스라엘 자손의 온 회중에게 나아와 그들에게 보고하고 그 땅의 과일을 보이고 모세에게 말하여 이르되 당신이 우리를 보낸 땅에 간즉 과연 그 땅에 젖과 꿀이 흐르는데 이것은 그 땅의 과일이니이다 그러나 그 땅 거주민은 강하고 성읍은 견고하고 심히 클 뿐 아니라 거기서 아낙 자손을 보았으며 아말렉인은 남방 땅에 거주하고 헷인과 여부스인과 아모리인은 산지에 거주하고 가나안인은 해변과 요단 가에 거주하더이다」

민수기 13장 31-33

「그와 함께 올라갔던 사람들은 이르되 우리는 능히 올라가서 그 백성을 치지 못하리라 그들은 우리보다 강하니라 하고 이스라엘 자손 앞에서 그 정탐한 땅을 악평하여 이르되 우리가 두루 다니며 정탐한 땅은 그 거주민을 삼키는 땅이요 거기서 본 모든 백성은 신장이 장대한 자들이며 거기서 네피림 후손인 아낙 자손의 거인들을 보았나니 우리는 스스로 보기에도 메뚜기 같으니 그들이 보기에도 그와 같았을 것이니라」

이런 불신, 불가의 보고를 하고 백성들을 호도하고 여론 몰이를 하는 10명의 정탐꾼들은 아주 악한 자들이다. 하나님의 약속을 배신하고 인간의 모습과 환경만을 보면서 하나님의 역사를 보지 못한다. 영적인 소경들이다. 그러나 오직 갈렙만은 '믿음으로 올라가야 된다. 가면 반드시 승리한다'고 보고한다.

민수기 13:30

「갈렙이 모세 앞에서 백성을 조용하게 하고 이르되 우리가 곧 올라가서 그 땅을 취하자 능히 이기리라 하나」

민수기 14:24

「그러나 내 종 갈렙은 그 마음이 그들과 달라서 나를 온전히 따랐은즉
그가 갔던 땅으로 내가 그를 인도하여 들이리니 그의 자손이 그 땅을 차지하리라」

갈렙은 열 명의 정탐꾼과 그들의 불신의 말을 듣고 그들을 따르는 자들과 마음이 달랐다. 여기 마음이 달랐다는 마음은 영이 다른 것이다. 마음 루아흐(רוח)는 마음이 아닌 "영"이다. 갈렙은 그들과 영이 달랐다.

여호수아가 이스라엘의 지도자가 된 것은 이스라엘 백성, 히브리 민족이기 때문이다. 그러나 갈렙은 온전한 유대인이기 보다는 혼혈혈통일 가능성이 있다(창 15:19).

민수기 32:12의 그나스 족속은 원래 가나안 족속이다. 그것은 또한 비천한 이름이다. 갈렙이란 개, 노예라는 뜻이다. 그러나 그는 온전한 믿음과 헌신과 충성된 삶으로 가나안 땅을 분배하는 일을 위임받았고 유다 지파의 대표자가 되었다(민 34:19). 정말 놀라운 일이다. 갈렙이 이런 믿음의 사람이 될 수 있었던 것은 그가 성령의 사람이었기 때문이다. 영적 지도자, 일꾼들은 계속적으로 끊임없이 성령을 의식하면서 성령의 힘과 능력을 의지해서 살아가야 한다. 영이 달라야 하고, 영이 깨어나야 한다. 혼미한 영, 병든 영, 잠자는 영이 깨어 성령의 인도하심에 순종해야 한다. 나는 어떤 영의 인도를 받고 있는지 확인하고 검증해야 한다.

요한복음 13:2

「마귀가 벌써 시몬의 아들 가룟 유다의 마음에 예수를 팔려는 생각을 넣었더라」

가룻 유다는 겉으로 보기에는 일도 잘하고 똑똑했으나 그의 마음속에는 마귀의 생각이 충만하게 자리 잡고 있었다. 중요하게 깊이 생각해야 되는 것은 당시 이 상황에서 누구도 유다가 마귀의 지시를 받고 있다고 생각하지 못했다. 상상도 못했기 때문이다. 예수님의 제자 가운데 마귀의 영으로 충만해서 마귀의 생각을 따라 행동하는 자들이 있을 것이라는 생각을 못했기 때문이고 영적 분별력 통찰력이 없기 때문이다. 유다 자신도 제자들도 아무도 몰랐다. 오직 예수님만 유다의 마음에 마귀의 생각이 있음을 아셨다.

지금의 교회도 마찬가지이다. 직분자, 사역자들이 교회 일도 열심히 하고 똑똑한 것 같은데 그 생각과 정신, 마음이 마귀의 지배아래 있지는 않는지 검증해야 한다. 스스로가 아니라 영적 통찰력, 영적 분별력을 가진 자들과 상담을 통해 확인해야 한다.

둘째, 성령을 소멸치 말아야 한다.

에베소서 5:19
「성령을 소멸하지 말며」

이 간단해 보이는 말씀이 큰 충격과 감동을 준다.

영역본 NIV "Do not put out the Spirit's fire(성령의 불을 끄지 말아라)

내 안에 성령의 불이 꺼지지 않고 성령의 불이 타올라 성령의 열정으로 살아가며 일해야 한다. 마귀는 끊임없이 우리의 생각을 도둑질하고 우리의 마음에 마귀의 생각을 주입하려고 한다. 절대 속지 말고 승리하자.

신벗음의 진단

1. 나는 어떤 신을 신고 있는가?

2. 내가 벗어야 할 신은 무엇인가?

3. 나의 자아의 관점은 무엇인가?

4. 내가 처한 영점은 무엇인가?

5. 나는 영점에서 승리하고 있는가?

6. 나는 성령의 불의 열정을 가졌는가?

7. 나는 영적 통찰력, 분별력을 가졌는가?

8. 나는 계속 티끌, 벌레, 먼지 같은 존재라는 것이 인정되는가?

9. 자신의 한계를 인정하고 있는가?

10. 영점의 은혜를 믿고 있는가?

11. 영점에서의 승리를 위해 노력하고 있는가?

신벗음의 과업

첫째, 현재 자신의 영점을 잘 파악해야 한다.

둘째, 신벗음은 평생의 작업이다.

셋째, 신벗음 훈련, 연단을 행하자.

넷째, 영점의 은혜 아래 있게 하자.

다섯째, 영점의 승리를 숙지하고 잘 지키게 한다.

여섯째, 성령의 지배 아래 살아가야 한다.

일곱째, 부록도표 : 치유성장원리 신벗음 참조

가　　나　　안

영　적　전　쟁

약　속　의　땅

구원의 번성, 창대

가나안
(창 12:1-9)

애굽을 탈출해서 홍해를 건너고 광야를 지나 요단강을 통과하여 가나안 땅에 이르는 과정은 '출애굽의 완성'으로 보았다. 이 출애굽의 완성 원리는 모든 시대, 모든 성도들의 신앙 원리이다. 가나안 땅은 지금 우리에게 많은 것을 생각하게 한다.

가나안은 대부분의 사람들이 생각하는 것처럼 천국을 상징하는가?

왜 하나님께서 아브라함에게 가나안 땅으로 가도록 명령하셨을까?

하나님께서 애굽의 포로 된 이스라엘 백성들에게 왜 가나안 땅을 주시겠다 약속하셨을까? 가나안은 어떤 땅, 어떤 지역인가? 지금 우리에게 가나안은 무슨 의미가 있는가? 많은 것을 생각하게 한다. 여호와께서 가나안 땅을 선택하신 이유와 목적은 무엇인가? 예수님은 왜 가나안 땅에 오셨을까? 가나안은 과연 축복의 땅, 젖과 꿀이 흐르는 땅인가?

여호와께서 갈대아 우르에 살고 있는 아브라함을 선택하셔서 갈대아 우르에 있는 모든 것을 버리고 가나안 땅으로 가도록 명령하신다.

가나안은 어떤 장소인가?

성경에서 가나안이란 단어가 가장 먼저 사용된 것은 창세기 10장이다.

창세기 10:15-20

「가나안은 장자 시돈과 헷을 낳고 또 여부스 족속과 아모리 족속과 기르가스 족속과 히위

족속과 알가 족속과 신 족속과 아르왓 족속과 스말 족속과 하맛 족속을 낳았더니

이 후로 가나안 자손의 족속이 흩어져 나아갔더라 가나안의 경계는 시돈에서부터

그랄을 지나 가사까지와 소돔과 고모라와 아드마와 스보임을 지나 라사까지였더라

이들은 함의 자손이라 각기 족속과 언어와 지방과 나라대로였더라」

가나안이란 '낮은 자리', '낮은 곳'이란 의미가 있고 그곳에 살고 있는 함 족속의 아들에서 유래되었다. 가나안이란 고대에서 팔레스타인이라 불렀고 팔레스타인이란 블레셋에서 유래되었다. 원래 가나안 땅의 주인은 블레셋이었고 블레셋 하면 생각나는 것은 골리앗이다. 블레셋은 가나안의 아들이다. 가나안이란 이름의 다른 이름은 '자줏빛 염료', '붉은 염료'란 의미에서 나왔다. 가나안 사람, 가나안 인이란 의미는 '상인', '무역하는 사람'이란 별명이 있었다. 그만큼 가나안 땅은 자줏빛 염료가 많았고 땅은

붉은색을 띠었다. 가나안의 경계는 창 10:19의 말씀대로 시돈, 그랄, 가사에서 소돔, 고모라 즉 사해바다 주위와 시리아 일부이다.

여호와께서 왜 가나안 땅을 아브라함에게 주셨나?

가나안 땅은 우리나라의 강원도와 경상북도를 합쳐놓은 정도로 지구상의 작은 나라이다. 여호와께서 왜 그런 지구상의 작은 나라를 택하셨을까?

첫째, 가나안 땅의 이름은 저주받은 이름이다.

성경에서 가나안이란 이름이 처음 사용된 것은 창 9:18-27이다. 처음 함의 아들 이름으로 사용되었고 지명은 창 10:19에서 처음 사용되었다. 노아의 세 아들 셈, 함, 야벳인데 노아가 포도주에 취해 벌거벗고 잠든 것을 보고 함이 조롱함으로써 그 아버지 노아에게 저주를 받아 형인 셈, 동생인 야벳의 노예가 되었다. 이 저주받은 함의 첫아들이 가나안이다. 또한 가나안 땅은 저주받은 땅이다. 그곳은 농사가 쉽지 않고 우상숭배가 심했다. 가나안의 우상 숭배는 성경에서 자주 언급되었다. 가나안은 매우 유명한 신들이 있고 신전이 있는데 그 유명한 판테온(Pantheon) 신전이다. 우상숭배, 음란, 타락, 부패의 땅 일곱 족속은 일곱 대표적인 잡신들이다. 대표적인 신들에는 엘, 바알, 폭풍의 신 하닷, 아낫, 아세라, 아스다롯, 레셉, 몰렉 등이다. 저주받은 땅에 저주받은 잡신들과 그 잡신을 섬기는 저주받은 사람들이 살고 있다. 여호와께서 이런 곳에 아브라함을 보내신다. 그리고 아브라함에게 언약하시고, 약속하신다.

창세기 12:2-3

「내가 너로 큰 민족을 이루고 네게 복을 주어 네 이름을 창대하게 하리니

너는 복이 될지라 너를 축복하는 자에게는 내가 복을 내리고

너를 저주하는 자에게는 내가 저주하리니 땅의 모든 족속이

너로 말미암아 복을 얻을 것이라 하신지라」

저주받은 땅에 아브라함을 보내셔서 그를 복의 시작으로 삼으신다. 이것이 하나님의 계획, 은혜, 감동이다. 가나안은 본래 약속의 땅이 아니다. 가나안은 본래 축복의 땅도 아니다. 가나안은 본래 저주의 땅이며, 가난한 땅이며, 재난의 땅이다. 그곳에 여호와께서 아브라함을 보내신다. 그 땅에 가도록 명령하시고 아브라함은 오랜 시간을 지나 가나안 땅에 도착했다.

왜 여호와께서 저주받은 땅에 아브라함을 가라고 명령하셨을까? 아브라함을 저주받은 땅에 보내신 것은 하나님께서 예수 그리스도를 저주받은 땅에 보내신 것과 같다. 이유는 무엇인가? 여호와 하나님은 저주받은 사람, 저주받은 땅을 축복의 사람 축복의 땅으로 변화시키신다. 예수 그리스도는 저주받은 땅에 오셔서 저주받은 자들의 저주를 대신 져 주셨다. 어마어마한 하나님의 은혜이다. 우리 모두가 저주받은 자들이고 저주받은 땅에 있지만 예수 그리스도께서 오셔서 우리의 저주를 대신 져 주셔서 우리가 자유를 누리게 되었다.

갈라디아서 3:13

「그리스도께서 우리를 위하여 저주를 받은 바 되사 율법의 저주에서 우리를 속량하셨으니

기록된 바 나무에 달린 자마다 저주 아래에 있는 자라 하였음이라」

　유대인에게 있어서 가나안 땅은 절대로 포기할 수 없는 곳이다. 여호와께서 이스라엘 사람들만 선택하신 것이 아니라 가나안 땅도 선택하셨기 때문이다. 이 선택된 민족에서 선민의식, 선민사상이 나왔다. 구약에서 '가나안'은 가장 버림받고 소외되고 가난한 땅이다. 우리도 모두 다 예수 그리스도를 만나기 전 저주받은 사람들이었고 우리가 살아가는 대한민국 역시 저주받은 땅이었다. 이 저주받은 가나안 땅이었던 우리나라에 140년 전 복음이 들어오고 예수 그리스도께서 오심으로서 저주받은 자들이 축복을 받게 되고 저주받은 땅이 축복의 땅이 되었다.

　지난 5천 년의 역사 가운데 우리 민족은 우상숭배, 미신에 찌들어 살면서 외세의 침략을 끝없이 받고 심히 가난하게 살았다. 이 저주받은 땅 이 저주받은 우리들이 예수 그리스도께서 오심으로 축복의 땅, 축복의 사람들이 되었다. 뿐만 아니라 우리는 믿음으로 아브라함의 후손이 되어 복의 시작 복의 통로가 되었다.

갈라디아서 3:6-9
「아브라함이 하나님을 믿으매 그것을 그에게 의로 정하셨다 함과 같으니라

그런즉 믿음으로 말미암은 자들은 아브라함의 자손인 줄 알지어다

또 하나님이 이방을 믿음으로 밀미암아 의로 정하실 것을 성경이 미리 알고

먼저 아브라함에게 복음을 전하되 모든 이방인이 너로 말미암아

복을 받으리라 하였느니라 그러므로 믿음으로 말미암은 자는

믿음이 있는 아브라함과 함께 복을 받느니라」

가나안의 의미

(수 11:16-20)

여호와께서 가나안 땅을 주신 이유나 주님께서 가나안 땅에 오신 이유는 저주를 축복으로 바꾸시기 위함이었다. 본래 우리는 죄 중에 태어나 저주 아래 있는 자들이다. 이런 우리에게 오셔서 저주받은 우리에게 복을 주셨다.

여호와께서 가나안 땅을 택하신 이유, 의미는 무엇일까?

첫째, 가나안은 온 세상의 중앙, 중심이다.

왜 하나님께서 지극히 작은 나라 가나안을 택하셨을까?

가나안은 지구의 중심, 세상의 중앙이기 때문이다.

에스겔 38:12

「물건을 겁탈하며 노략하리라 하고 네 손을 들어서 황폐하였다가
지금 사람이 거주하는 땅과 여러 나라에서 모여서 짐승과 재물을 얻고
세상 중앙에 거주하는 백성을 치고자 할 때에」

사람들이 범죄하기 전에는 에덴동산이 중심이었다. 에덴동산의 중심에서 물이 솟아 동서남북으로 흘러갔다. 그 강의 이름이 비손, 기혼, 힛데겔, 유브라데 강이다. 예수님은 생수가 되셔서 복음, 생명을 동서남북으로 전파하시려고 세상의 중심, 중앙인 가나안 땅에 오셨다. 결국 가나안 땅이 중심이 되어 복음이 온 세상에 전파되었다. 예수 그리스도께서 오셔서 복음의 중심이 된 곳이 가나안이다.

가나안은 온 세상의 중앙, 센터이다. 이것 때문에 가나안 땅을 선택하셨다. 우리가 머문 곳이 복음의 센터이다. 우리가 머문 곳이 반드시 정복해야 할 가나안이다.

둘째, 가나안은 영적 전쟁터이다.

게임, 전쟁, 운동 경기에서 승리란 결코 자연히 주어지는 것이 아니다. 오직 전쟁, 싸움을 통해 얻어지는 것이다.

이미 가나안 주제의 서론에서 이야기한 것처럼 가나안 땅에는 가나안 사람들이 살고 있다. 그들은 가나안인이란 이름을 가졌고 이미 그 땅을 지배하며 살고 있는 일곱 족속이 있다. 그들이 섬기는 많은 잡신, 귀신들도 있다. 전쟁 없이는 살 수 없고 정

복할 수 없다. 우리가 살아가는 세상이나 우리의 삶이 그렇다. 하루하루가 전쟁이다. 사람들이 범죄함으로 인해 이 세상은, 공중의 권세를 잡은 악령들, 붉은 용들의 지배 아래 놓이게 되었다.

에베소서 6:11
「마귀의 간계를 능히 대적하기 위하여 하나님의 전신 갑주를 입으라」

이 말씀을 잘 기억해야 한다. 복음이 전파되어야 할 땅이나 복음을 들어야 할 사람들은 그냥 비어 있는 장소가 아니다. 이미 그들에게 그들이 주인으로 섬기는 잡신들이 있다. 그래서 잡신들이 자신들의 소유를 놓치지 않으려고 발버둥을 친다. 두려움, 공포를 준다. 그래서 복음, 예수 그리스도를 영접하는 것이 어려운 것이다. 그래서 영적인 싸움을 싸워야 한다. 싸움의 대상을 분명히 하고, 싸움의 대상을 알아야 한다. 싸움의 대상을 모르는 자가 가장 미련한 자다.

우리의 싸움의 대상은 누구인가? 붉은 용, 인본주의, 샤머니즘, 내 안의 악한 욕구와 싸워야 한다. 싸움의 대상을 마음의 담대함과 믿음을 가지고 말씀과 기도로 대적해야 한다. 그래야 승리가 있다. 복음을 위해 기도해야 한다. 그리고 사탄을 제어해야 한다. 대적해야 한다. 가만있으면 당한다. 주님께서 가나안을 택하신 이유는 이처럼 영적 전쟁을 통해 복음을 증거하기 위함이고 그 복음을 통해 영적 나라가 번성하고 창대하게 되는 것이다. 사탄의 나라는 깨뜨려야 한다. 살그머니 들어온 마귀의 정체를 깨뜨려야 한다. 그래야 복음이 능력있게 확장된다.

셋째, 순결하고 거룩한 백성을 위해서다.

이사야 5:1-2

「나는 내가 사랑하는 자를 위하여 노래하되 내가 사랑하는 자의 포도원을 노래하리라
내가 사랑하는 자에게 포도원이 있음이여 심히 기름진 산에 로다 땅을 파서 돌을 제하고
극상품 포도나무를 심었도다 그 중에 망대를 세웠고 또 그 안에 술 틀을 팠도다
좋은 포도 맺기를 바랐더니 들 포도를 맺었도다」

여호와께서 작은 나라, 작은 백성을 선택하신 것은 그들의 삶을 통해 극상품 포도 열매를 맺기 위함이다. 큰 것은 부패하기 쉽다. 건강하지 못하다. 작은 것이 귀하다. 그러나 교회가 크건 적건 순결한 백성, 거룩한 백성이 되어야 한다.

여호와께서 가나안 땅에 있는 족속을 몰아내시고 유대인들에게 가나안을 주신 것은 가나안 사람들이 악하고 타락했기 때문이다. 세상의 중앙, 세상의 중심에 사는 자들이 잡신을 섬기고 더럽고 추하게 사는 것을 용납하실 수 없으셨다. 그 더러운 것들을 몰아내고 거룩한 씨, 순결한 씨를 심으시고 가장 좋은 열매를 거두시기를 원하신다. 이것이 우리의 소명이다.

우리에게 예수님이 계시고 성령께서 충만하게 임하시고 성령의 권능과 기름 부음을 주셨으니 영적인 싸움을 싸워 더럽고 추한 곳이 변하여 순결한 곳이 되게 해야 하고, 잡신을 섬기는 자들을 순결하게 해야 한다. 그러기 위해서는 반드시 성도들이 싸워야 할 대적의 대상을 바로 아는 것이 중요하다. 가나안의 대적의 대상은 지금 우리

가 대적해야 할 대적의 대상이다.

대적의 대상

가나안은 일곱 족속이 거주하고 있다. 이 강대한 일곱 족속은 일곱 잡신을 섬기는 대표적인 족속들이다. 가나안은 잡신들과의 전쟁이며 잡신을 섬기는 악한 자들과의 전쟁이다. 그러기 위해서는 대적의 대상을 분명히 하고 대적의 대상을 똑바로 알아야 한다. 지피지기면 백전백승이다. 이 속담은 영적 전쟁에서도 그대로 적용된다. 성도들이 '복, 복, 복' 인간적이고 세상적인 복에만 관심을 두고 영적인 것에 관심을 두지 않고 살아가기 때문에 번번이 악령들에게 당하며 사는 것이다. 그러므로 대적의 대상을 바로 알아 영적 전쟁에서 승리하고 우리의 가나안을 정복하고 하나님의 나라가 번성하고 창대하게 하자.

교회의 대적의 대상은 붉은 용이다. 이 붉은 용 역시 이단, 이교도들처럼 삼위일체 하나님을 모방해서 존재한다. 붉은 용은 사탄, 마귀, 귀신들이다.

요한계시록 12:9-10
「큰 용이 내쫓기니 옛 뱀 곧 마귀라고도 하고 사탄이라고도 하며
온 천하를 꾀는 자라 그가 땅으로 내쫓기니 그의 사자들도 그와 함께 내쫓기니라
내가 또 들으니 하늘에 큰 음성이 있어 이르되 이제 우리 하나님의 구원과
능력과 나라와 또 그의 그리스도의 권세가 나타났으니
우리 형제들을 참소하던 자 곧 우리 하나님 앞에서 밤낮 참소하던 자가 쫓겨났고」

※ 사탄(Σατανᾶς)

사탄은 어떤 영인가? 사탄은 '대적자'다(대상21:1). '격동자', '핍박자', '공격자', '반대자', '공포자'다. 베드로의 증거는 우는 사자와 같다.

베드로전서 5:8
「근신하라 깨어라 너희 대적 마귀가 우는 사자 같이 두루 다니며 삼킬 자를 찾나니」

사탄은 우는 사자 같다. 초대교회 핍박을 통해 베드로는 이 핍박의 현장을 수없이 목격했다. 로마의 군인들은 초대 기독교인들을 정말 우는 사자같이 잔인하게 핍박했다. 지금 사탄의 노예들도 단체를 구성해서 교회를 핍박하는 자들이 많다. 사탄은 어느 시대나 세상 권력을 이용하려고 한다. 사탄은 복음을 가로막고 교회를 무너뜨리려고 수단과 방법을 가리지 않고 악하게 공격한다. 아프리카, 인도, 사회주의 국가들, 공산주의 국가들이다. 개인적으로는 가족 중 누구도 교회에 가지 못하도록 핍박하고 억압하는 것이다.

※ 마귀(διάβολος)

디아볼로스(διάβολος)는 합성어로 되어 있다. διά = between을 의미하고 βολος = throw이다. 마귀는 사람과 사람 사이에 말, 사상, 생각을 던져서 사이가 벌어지고 멀어지게 하는 것이다. 마귀는 '이간자', '참소자', '훼방자', '비판자', '중상모략자', '비방자', '거짓말 하는 자', '사기꾼', '유언비언 자' 들을 의미한다. 이 마귀는 사람들을 이간시켜 싸우고 다투고 분쟁하고 전쟁하고 악성 댓글을 달게 하고 화목을 파괴하고 욕설을 하고 속이고 거만 교만하게 하고 열등감 죄책감을 주고 사람들의 생각과 마음과 감정과 기분을 도둑질하여 넘어지게 한다.

문제는 마귀가 하는 일을 사람들이 잘 깨닫지 못하는 것이다. 겉으로는 멀쩡하고 똑똑해 보이기도 하지만 그 속에는 마귀의 생각과 사상이 가득한데 깨닫지를 못하니 치유되기가 어렵다.

요한복음 13:2
「마귀가 벌써 시몬의 아들 가룟 유다의 마음에 예수를 팔려는 생각을 넣었더라」

로마서 8:5-8
「육신을 따르는 자는 육신의 일을, 영을 따르는 자는 영의 일을 생각하나니
육신의 생각은 사망이요 영의 생각은 생명과 평안이니라 육신의 생각은
하나님과 원수가 되나니 이는 하나님의 법에 굴복하지 아니할 뿐 아니라
할 수도 없음이라 육신에 있는 자들은 하나님을 기쁘시게 할 수 없느니라」

※ 귀신들(δαιμόν)

귀신은 언제나 복수로만 사용되었다. 그만큼 귀신은 하나가 아니고 여럿이기 때문이다. 우리가 대적할 때도 반드시 귀신들로 말해야 한다. '귀신은 물러가라'가 아니라 '귀신들은 물러가라' 이렇게 대적해야 한다.

귀신들의 역할은 계 12:10의 말씀대로 천하를 꾀는 자이다. 구체적으로 살펴 보면 '유혹자', '미혹자', '타락시키는 자'로 사람들을 망하게 한다. 부정부패하게 하고 욕심, 탐욕을 가지게 하고 쾌락 가운데 빠지게 하고 사고가 나게 하고 질병을 가지게 하고 실패, 도박, 음란, 술, 마약, 이런 것에 중독되게 만든다.

이런 붉은 용의 역할을 알았으니 영적 통찰력, 영적 분별력을 가지고 강하게 대적하여 승리하자. 예수 이름으로 승리하자.

가나안의 영적 의미

가나안은 대부분의 성도들이 천국을 상징하고 의미하는 것으로 여긴다. 그러나 늘 아쉬운 것은 가나안이 천국이라면 왜 거기에 일곱 귀신들과 여러 잡신들이 살고 있나 하는 것과 가나안이 천국이라면 왜 전쟁을 통해 정복해야 하는지가 문제다. 성경적인 답은 무엇일까?

우선 가나안의 상징, 의미, 예표를 보면 가나안은 교회이다. 현존하는 교회이며 지상의 교회이다. 가나안은 이 지상의 교회가 어떠해야 되는지를 보여주는 교회이다. 광야 교회와 다른 의미를 지닌 교회이다. 가나안은 교회를 상징, 예표하는데 천국의 모습을 보여주는 교회이다. 이스라엘 백성들이 애굽에서 나와 가나안 땅에 들어가서 행하는 모습을 보면 가나안은 교회, 성전이다. 가나안의 교회를 보면 마치 존 번연의 천로역정을 보는 것 같고 신앙의 여정을 보는 것 같다. 이스라엘 백성들은 가나안 땅에 들어가 길갈이라는 곳에 진을 쳤다.

이 길갈은 가나안 땅을 정복하는 매우 중요한 전초기지이며 교두보가 되었다. 길갈에서 여리고를 정복하고 길갈에서 엘리야, 엘리사의 활동이 있고 길갈에 선지자 학교가 세워졌다. 가나안 땅의 첫 마을 길갈에 도착해서 이스라엘 백성들이 가장 먼저 행한 것은 할례다. 사람들이 예수를 믿고 난 뒤에 처음으로 행하는 교회의 의식이 할례, 곧 세례이다.

여호와께서 에덴동산을 선택하신 후에 아담과 하와를 그곳에 두셨다. 그러나 그들의 범죄로 인해 에덴동산에서 내어 버림을 당했다. 그리고 하나님께서 백성들을 위해 가나안을 선택하셨다. 이것 때문에 유대인들의 선민사상은 무서울 만큼 강하다. 여호와께서 유대 백성들만 선택하신 것이 아니라 가나안 땅 역시 선택받은 거룩한 땅이다. 때문에 이스라엘, 예루살렘은 절대로 포기할 수 없는 땅이다. 이 선민사상, 가나안 땅을 소유해야 하는 선민사상이 10번의 십자군 전쟁을 일으키게 되었다. 가나안 땅은 여호와께서 아브라함에게 언약해 주신 땅이다. 그 후로부터 가나안은 언약의 땅, 선택받은 땅이 된다. 이처럼 가나안은 유대인들에게는 모태, 요람과 같은 곳이다. 우리가 생각하는 고향의 의미를 능가한다.

가나안의 영적 의미, 신앙적 의미는 무엇인가?

첫째, 예언, 언약의 완성이며 성취이다.

여호와께서 맨 처음 아담을 선택하시고 언약하셨다.

창세기 1:28

「하나님이 그들에게 복을 주시며 하나님이 그들에게 이르시되 생육하고 번성하여
땅에 충만하라 땅을 정복하라 바다의 물고기와 하늘의 새와 땅에
움직이는 모든 생물을 다스리라 하시니라」

이 언약, 약속은 노아시대 홍수 심판 이후에도 동일하게 주어진다.

창세기 9:1, 7

「하나님이 노아와 그 아들들에게 복을 주시며 그들에게 이르시되 생육하고 번성하여
땅에 충만하라 너희는 생육하고 번성하며 땅에 가득하여 그 중에서 번성하라 하셨더라」

아담에서 노아에게 주신 하나님의 언약, 약속은 아브라함에게 주어진다(창 12:2-3). 이러한 언약은 영적 아브라함의 후손들인 우리에게 흐르고 있다. 그리고 아담, 노아, 아브라함에게 주시고 이스라엘 백성들에게 주신 언약, 약속이다. 이 언약, 약속이 예수 그리스도께서 가나안 땅에 오심으로서 완성, 성취되었다. 지금 우리는 예수 그리스도께서 완성해 주신 은혜로 가나안의 행복과 축복을 누리며 살고 있다.

예수 그리스도로 말미암아 복음이 가나안에서 온 세상으로 전파되며 교회가 놀랍게 부흥하고 있다. 교회는 지독하게 고난, 핍박을 받으면서도 번성, 창대하게 되었다.

둘째, 가나안의 영적 의미는 승리이다.

가나안은 이미 말씀드린 대로 수많은 잡신들, 미신, 신전들, 우상숭배가 많았다. 그러나 이런 땅을 여호와께서 이스라엘 백성들에게 주셨다.

민수기 33:52-53

「그 땅의 원주민을 너희 앞에서 다 몰아내고 그 새긴 석상과 부어 만든 우상을

다 깨뜨리며 산당을 다 헐고 그 땅을 점령하여 거기 거주하라

내가 그 땅을 너희 소유로 너희에게 주었음이라」

"점령하라. 주님의 명령이다."

그러나 우리의 노력으로는 불가능하다. 가나안은 신전, 신당, 신상, 귀신들이 가득한 곳이다. 이런 가나안 땅에 예수 그리스도께서 오셔서 이 모든 악령들을 멸하셨다.

히브리서 2:14

「자녀들은 혈과 육에 속하였으매 그도 또한 같은 모양으로

혈과 육을 함께 지니심은 죽음을 통하여 죽음의 세력을 잡은 자 곧 마귀를 멸하시며」

우리가 인정하든지 안 하든지 이 세상에는 어두움의 영들이 있다. 사탄, 마귀, 귀신들이 있다. 이 악령들을 예수께서 십자가에서 멸망시키시고 승리하셨다. 그리고 그 예수 그리스도의 승리를 우리에게 주셨다.

누가복음 10:19

「내가 너희에게 뱀과 전갈을 밟으며 원수의 모든 능력을 제어할 권능을 주었으니

너희를 해칠 자가 결코 없으리라」

마가복음 6:17-18

「믿는 자들에게는 이런 표적이 따르리니 곧 그들이 내 이름으로 귀신을 쫓아내며

새 방언을 말하며 뱀을 집어올리며 무슨 독을 마실지라도

해를 받지 아니하며 병든 사람에게 손을 얹은즉 나으리라 하시더라」

우리에게 이런 능력, 승리를 주셨다. 우리가 당당하게 싸우면 승리하게 됨을 믿는다. 그러나 우리는 싸우려고 하지 않는다. 그저 현실에 안주해서 편안하려고만 한다. 이것이 큰 병폐이다. 주님과 아름다운 관계를 맺고 싸워야 한다.

셋째, 가나안은 안식이다.

가나안은 바로 안식의 땅, 안식의 처소이다. 가나안 땅에 들어가지 못했다는 것은 참 안식에 들어가지 못한 것이다(히 3:4).

가나안에 들어가는 것은 안식을 누리는 것이다.

이 주님께서 주신 참 안식은 영적 안식이다. 안식이란 평온한 상태, 행복한 상태이다. 이는 예수 그리스도로 말미암아 영적 싸움을 싸우고 승리한 뒤에 주어지는 승리

의 행복이다. 세상에는 이 안식, 평안, 행복이 없다.

우리의 전인격이 가나안이다. 우리의 전인격이 원래는 마귀의 소굴이었다.

그런 우리의 가나안에 예수께서 오심으로서 축복이 오고 승리하게 되었다. 그로 인해 우리는 참 평안, 행복, 안식을 누리고 있다. 두려울 것이 없다.

시편 3:5-6
「내가 누워 자고 깨었으니 여호와께서 나를 붙드심이로다
천만인이 나를 에워싸 진 친다 하여도 나는 두려워하지 아니하리이다」

우리의 영혼육 전인격이 가나안이다.
우리의 가정이 가나안이다.
우리의 교회가 가나안이다.
우리가 머무는 곳이 가나안이다.

가나안 정복 원리

왕, 제사장의 사명

가나안 땅은 여호와 하나님께서 언약, 약속하신 목적지로서 그곳에서 더 이상의 이동 없이 정착하게 되었다. 그들이 하나님의 인도하심을 따라 언약의 땅, 젖과 꿀이 흐르는 땅 그 목적지에 도착했지만 모든 것이 다 이루어진 것은 아니다. 가나안 땅에 교회를 중심해서 생활했지만 끊임없이 외세의 침략이 있었다. 애굽, 에돔, 모압, 미디안, 블레셋, 암몬, 앗수르, 두로. 이런 외세의 침략을 수없이 받아서 유대의 역사는 전쟁의 역사이다. 뿐만 아니라 앗수르, 바벨론의 포로가 되어 예루살렘이 완전히 파괴되어버린 때도 있었다.

이런 가나안 땅에 예수 그리스도께서 오심으로서 가나안 교회는 이 세상과 모든 민족에 중요한 소명을 가지게 되었다. 그것은 제사장의 사명과 왕의 사명이다.

출애굽기 19:6

「너희가 내게 대하여 제사장 나라가 되며 거룩한 백성이 되리라

너는 이 말을 이스라엘 자손에게 전할지니라」

이스라엘 나라 자체가 제사장 나라가 되어 그 사명과 역할을 감당하도록 세우셨다.

베드로전서 2:9

「그러나 너희는 택하신 족속이요 왕 같은 제사장들이요 거룩한 나라요

그의 소유가 된 백성이니 이는 너희를 어두운 데서 불러 내어

그의 기이한 빛에 들어가게 하신 이의 아름다운 덕을 선포하게 하려 하심이라」

요한계시록 5:10

「그들로 우리 하나님 앞에서 나라와 제사장들을 삼으셨으니

그들이 땅에서 왕 노릇 하리로다 하더라」

우리는 한없이 연약하고 부족하고 보잘것없지만 주님께서 우리를 제사장으로, 왕으로 삼아주셨다. 그러므로 좌절하지 말고 부끄러워하지 말아야 한다. 어떤 환경이나 어려운 가운데 있다 할지라도 부끄러워하지 말아야 한다. 나는 정말 보잘것없지만 주님께서 왕, 제사장으로 부르셨다. 그러므로 이 세상에서 왕 노릇해야 한다. 생명 안에서 왕 노릇하고(롬 5:17) 은혜로 왕 노릇(롬 5:21)해야 한다. 왕은 통치자이며 이는 우리에게 주신 사명이다.

"생육하고 번성하여 땅에 충만하라. 땅을 정복하라. 모든 생물을 다스리라." 이것이 가나안 교회의 사명이다. 교회는 세상을 정복하고 다스려야 한다. 통치하되 예수 그리스도의 이름과 복음으로 하는 것이다.

요한복음 4장 35절 말씀에서 주님은 이것을 추수 때에 비유하고 있다. "눈을 들어 밭을 보라" 영적인 눈을 들어 보라는 것이다. 곧 영적 통찰력을 가지고 세상을 보라는 것이다. 하나님을 모르는 자들을 보라는 것이다. 영적인 눈, 영적 통찰력으로 밭, 세상을 보니 추수 때가 지나가고 있다. 수많은 사람들이 지옥으로 떨어져 가고 있다.

요한계시록 14장에는 인류 종말의 두 가지 추수가 있다. 알곡 추수와 가라지 추수이다. 우리는 이미 알곡들이다. 알곡들은 사명이 있다. 지옥불에 떨어져가는 수많은 사람들, 가라지들에게 예수 그리스도를 전파하고 그들을 천국으로 인도해야 한다.

우리는 다 영적 추수꾼들이다. 우리가 이 사명을 감당하고 우리의 평범한 일상의 삶에서 예수님을 증거하고 복음을 증거하면 여호와 하나님의 위대하심을 경험하게 된다.

사도바울처럼 내가 만난 예수, 내가 경험한 예수, 내가 느낀 예수, 내가 알고 있는 예수를 전하는 것이다. 이것이 왕 제사장의 삶이고 사명이다.

바닷가에서 살아온 사람들은 이런 속담이 있다. "생선하고 손님은 삼일이 지나면 썩어 냄새가 난다." 그렇다. 아무리 귀한 손님이라도 손님은 손님이다. 삼일 이상 있으면 개념 없는 사람으로 인식될 수 있다. 그러나 은혜는 일주일은 간다. 그래서 그

주일에 받은 은혜는 그 주간에 전해야 한다. 추수꾼의 사명으로 살되 중요한 것은 연합해야 한다.

유대인들의 추수는 포도, 감람열매, 야자, 무화과 등을 따는 것으로 여겼다. 이런 추수는 혼자 하는 것이 아니다. 특히나 영적 추수는 연합이 중요하다. 연합해서 함께 일하면 노력한 것에 따라, 함께 즐거워한다(요 36-38).

추수는 영적 전쟁과 같다. "나는 왕, 나는 제사장"이라는 소명, 사명감을 가지고 예수의 증인, 복음의 증인이 되자.

여리고성의 교훈(수 6:15-25)

여리고는 가나안의 첫 번째 도시이고 가나안의 첫 번째 점령된 성이며 세계에서 가장 오래된 도시이다. 여리고는 8천 년 전부터 존재했으며 세상에서 가장 낮은 도시이며 해수면 보다 250m 아래에 있다. 여리고는 종려나무, 샘 등이 있고 가장 살기 좋은 도시였고 문화를 갖춘 최고의 도시였다. 이 여리고에서 많은 기적과 이적이 있었다. 이런 여리고를 복음의 관점에서 생각하고 여리고에 내려 주신 은혜를 살펴보자.

여리고성 전체가 하나님의 심판으로 멸망당한 존재 그 가운데서 오직 한 가정 라합의 집만 구원을 받는다. 이것은 전적인 하나님의 은혜이다. 유약한 인생들은 이런 하나님의 은혜가 없이는 심판, 멸망, 재앙, 사고, 질병, 부도를 피할 길이 없다. 여리고성을 통한 영적 진리가 있다.

첫째, 음란하고 타락한 도시는 망한다.

여리고성이 하나님의 심판을 받아 멸망할 수밖에 없는 이유는 여리고성은 역사적으로나 현실적으로 모든 나라, 모든 도시에 주신 경고이고 메세지다. 즉 여리고성과 같은 도시는 반드시 하나님의 심판을 받는다. 여리고는 찬란한 문화를 가졌고 풍요함을 가졌다. 이런 도시는 반드시 타락한다. 로마의 폼페이가 대표적인 예이다. 삶이 풍요해지고 문화가 찬란하게 발전되면 사람들은 재미를 찾고 쾌락을 찾고 음란과 술취함, 사치에 빠질 수밖에 없다. 또한 신전, 산당, 혼음(성창) 등 여리고는 소돔 고모라와 인접한 도시로 소돔 고모라처럼 타락한 도시이다. 때문에 여리고성이 무너질 때 이스라엘 민족의 지도자 여호수아는 여리고성에 대한 저주를 내렸다.

여호수아 6:26
「여호수아가 그 때에 맹세하게 하여 이르되 누구든지 일어나서
이 여리고성을 건축하는 자는 여호와 앞에서 저주를 받을 것이라
그 기초를 쌓을 때에 그의 맏아들을 잃을 것이요 그 문을 세울 때에
그의 막내아들을 잃으리라 하였더라」

우리는 이 진리를 명심 또 명심해야 한다. 여호와 하나님의 무궁무진한 인자하심은 우리가 죄지을 때마다 책망, 심판하시지 않는다. 우리에게 회개할 기회를 주시며 기다리신다. 그러나 우리가 회개하지 않고 죄를 버리지 않고 계속 죄 가운데 살면서 죄를 지으면 끝내는 심판이 임한다. 개인, 가정, 교회, 도시, 국가가 그렇다. 이 영적 진리 때문에 여리고성을 완전하게 파괴하시고 심판하신다. 성 안의 모든 짐승들도 심

판이 임할 때 다 멸망을 당한다.

둘째, 구별된 자는 구원받는다.

여리고성의 뜻은 무엇인가? 여리고성은 아름다운 이름의 도시이다. 여리고란 '향기의 도시', '달의 성읍', '종려나무 성'이란 의미이다. 이런 이름의 의미가 인간적, 세상적, 환경적으로는 전혀 반대의 모습이지만 복음의 측면에서 보면 향기의 도시이고 종려나무의 성이다. 여리고는 심판으로 완전히 파괴되지만 그곳에 구원의 역사가 시작된다.

여리고는 난공불락의 요새이다. 여러 번 파괴되었지만 군인들의 공격에 의해서가 아니라 천재지변 때문이다. 이스라엘 백성들은 하나님의 명령대로 여리고를 돌고 나팔을 불었을 뿐인데 완전히 파괴되었다. 여리고의 옛 성벽을 처음 발굴한 존 가스탱 박사에 의하면 여리고는 모든 것이 불에 타서 죽은 증거들이 아주 많다고 했다. 이처럼 여리고성 안의 모든 사람, 짐승이 다 죽임을 당했는데 오직 한 가정 라합의 집만 구원을 받았다. 그것은 라합의 믿음 때문이다. 온 마을이 심판당해도 진실한 믿음의 사람들은 구원을 얻는다. 온 도시가, 온 나라가, 온 세상이 구원을 얻는다.

라합의 구원은 극적이며 기적이다.
기생은 여리고성에서 몸을 파는 여인, 부도덕한 여인, 가장 천한 여인, 여관의 포주다. 그 당시는 여자만 여인숙의 주인이 될 수 있었다.

여리고에서 발견된 문서에 따르면 포도주와 빵 1에이스, 뜨거운 식사 2에이스, 여자 한 명 8에이스, 4배 식사 값이다. 그만큼 사회에서 천대받고 죄인 중의 죄인이었다. 환경은 그랬지만 그의 영혼은 최고의 은혜를 받은 여인이었다.

불행이 변하여 행복이 되고 비천함이 변하여 귀중함이 되었다. 이것이 하나님의 은혜의 열매이며 예수 그리스도를 믿는 믿음의 열매이다. 이것이 라합에게 임했다. 전체 여리고가 멸망하는데 라합은 저주를 축복으로, 불행을 행복으로, 비천을 존귀함으로, 멸망을 구원으로 변화시킨 여인이다.

고린도전서 1:28
「하나님께서 세상의 천한 것들과 멸시 받는 것들과 없는 것들을 택하사

있는 것들을 폐하려 하시나니」

이것이 라합에게 임한 은혜이며 우리에게 임하는 은혜이다. 라합은 믿음의 여인이다. 라합은 가장 천한 여인이지만 가장 존귀한 자리에 올랐다.

마태복음 1:5절
「살몬은 라합에게서 보아스를 낳고 보아스는 룻에게서 오벳을 낳고 오벳은 이새를 낳고」

라합은 이방 여인이지만 그의 구별된 믿음으로 인하여 다윗의 조상, 예수의 조상이 되었다.

셋째, 여리고는 기적과 승리의 성이다.

여리고는 이미 이야기 한대로 찬란한 문화와 부요, 풍요로 인해 부패, 타락의 도시가 되었다. 이런 도시에 하나님의 심판이 임하고 이스라엘 백성들이 살게 됨으로써 기적과 승리의 성읍이 되었다.

예수께서 오셔서 시험받으신 곳, 예수께서 소경을 고치시고, 예수께서 삭개오를 구원하신 곳 이 모든 것은 예수의 복음의 기적과 승리이다. 여리고의 유일한 원주민인 라합의 후손에서 예수께서 오신다. 여리고는 가나안을 정복하는 사령부가 되었다. 이는 여리고에서 시작된 복음이 온 가나안을 정복하는 기적과 승리를 의미한다. 예수 그리스도의 복음의 기적과 승리는 지금도 살아있다. 수많은 사람들이 예수 그리스도의 복음을 깨닫기 원한다. 사람들은 미래, 장례, 내세가 보장된 삶을 찾고자 한다. 때문에 우리 자신이 예수님의 복음의 기적과 승리를 경험하고 그것을 전하는 삶을 살자.

오직 예수, 오직 복음만이 사탄, 마귀, 귀신들의 성 여리고, 부패 타락, 쾌락의 성 여리고를 무너뜨리고 새로운 성, 축복의 성을 만드는 능력이 있다.

"내 앞에 있는 요단강은 갈라져라", "내 앞에 있는 여리고는 무너져라" 오직 믿음으로 대적하고 간구하면 오늘도 기적과 승리가 있다.

여리고성의 정복 (수 6:1-7)

여리고성은 참 많은 의미와 진리를 말씀해 주고 있다. 여리고성은 반드시 정복되어야 하는 성이다. 왜냐하면 이미 설명한 대로 여리고는 세상에서 가장 오래된 성읍으로 찬란한 문화를 가졌으나 부요함으로 인한 우상숭배, 쾌락, 음란, 부정부패가 가득한 소돔과 고모라 같은 도시이다. 여리고성은 가나안 땅을 정복하기 위해 가장 먼저 싸워야 할 도성이다.

그러나 여리고성은 사람의 지혜나 힘으로는 파괴할 수 없는 난공불락의 요새이다. 성벽의 둘레가 약 4-5m, 높이가 9m의 이중성벽으로 파괴나 정복이 정말 어렵고 자연재해가 아니고서는 정복할 수 없는 곳이다. 그러나 여리고성 안에 살고 있는 사람들은 큰 두려움과 공포에 떨고 있다. 이것이 인생의 모습이다. 역사 속에서 거의 정복당한 일이 별로 없는 난공불락의 요새 안에 살면서도 사람들은 두려움과 공포와 걱정에 떨고 있다. 왜인가? 그들은 이미 애굽과 가나안땅을 오고 가는 장사꾼들을 통해 이스라엘의 하나님께서 그 백성들을 위해서 행하신 놀라운 기적들을 듣고 있었기 때문이다.

여호수아 5:1
「요단 서쪽의 아모리 사람의 모든 왕들과 해변의 가나안 사람의 모든 왕들이 여호와께서 요단 물을 이스라엘 자손들 앞에서 말리시고 우리를 건너게 하셨음을 듣고 마음이 녹았고 이스라엘 자손들 때문에 정신을 잃었더라」

"마음이 녹았고"는 두려움의 극치를 나타내는 것이며 정신을 잃었다는 것은 공황장애, 패닉상태를 말한다. 얼마나 두려웠으면 이 정도의 상태가 되었을까? 여리고성 안에 있는 자들은 이미 싸울 힘을 잃었다. 이것 역시도 하나님의 역사이다.

여호수아 6:1
「이스라엘 자손들로 말미암아 여리고는 굳게 닫혔고 출입하는 자가 없더라」

이스라엘 자손들 때문에 문을 걸어 잠그고 누구도 출입하는 자 없게 한다. 무엇을 의미하는가? 우리가 살아가는 세상에는 우리의 힘으로는 극복할 수 없고 정복할 수 없는 일들이 많다. 그리고 겉으로 보기에는 화려하고 대단하지만 마음은 두려움과 불안, 공포로 가득한 자들이 많다. 세상의 권력, 지식, 명예, 부귀, 기술, 과학 이런 것이 우리에게 평안과 행복을 주는 것은 결코 아니다. 여리고성의 심판, 여리고성의 정복을 통해 우리가 이 세상을 영적으로, 복음으로 정복해야 하는 원리가 있다. 우리 앞에 있는 여리고성을 정복하는 영적 비밀이 있다.

첫째, 여호와 하나님의 계획과 섭리가 있어야 한다.

여호수아 6:2,16
「여호와께서 여호수아에게 이르시되 보라 내가 여리고와 그 왕과 용사들을
네 손에 넘겨 주었으니, 일곱 번째에 제사장들이 나팔을 불 때에
여호수아가 백성에게 이르되 외치라 여호와께서 너희에게 이 성을 주셨느니라」

여호와께서 모든 것을 알고 계신다. 여리고성의 견고함, 그 성의 군인들의 용맹함, 이스라엘 백성들의 연약함, 이 모든 것을 알고 계셔서 하나님의 방법으로 정복하도록 모든 계획을 여호수아에게 알려 주신다. 그러므로 우리에게 있어서도 가장 중요한 것은 하나님의 뜻과 계획을 아는 것이다. 이것 때문에 우리는 기도에 최선을 다하

고 하나님의 도우심을 받아야 한다.

다윗은 이런 영적 진리 때문에 늘 하나님의 뜻을 물었다.

사무엘하 2:1
「그 후에 다윗이 여호와께 여쭈어 아뢰되 내가 유다 한 성읍으로 올라가리이까
여호와께서 이르시되 올라가라 다윗이 아뢰되 어디로 가리이까
이르시되 헤브론으로 갈지니라」

사무엘하 5:19
「다윗이 여호와께 여쭈어 이르되 내가 블레셋 사람에게로 올라가리이까
여호와께서 그들을 내 손에 넘기시겠나이까 하니 여호와께서 다윗에게 말씀하시되
올라가라 내가 반드시 블레셋 사람을 네 손에 넘기리라 하신지라」

사무엘하 5:23
「다윗이 여호와께 여쭈니 이르시되 올라가지 말고
그들 뒤로 돌아서 뽕나무 수풀 맞은편에서 그들을 기습하되」

다윗은 하나님께 그 섭리를 구하는데 어린아이처럼 아주 구체적이고 실제적인 질문을 통해 하나님의 뜻을 알고 행동한다. 그러니 승리할 수밖에 없다.

이처럼 승리의 비결은 관계, 교제이다. 우리의 일상의 삶 속에서 주님과 아름다운 관계가 되어 있어야 기도가 응답되고 하나님의 뜻과 계획이 깨달아지고 위기 때 도

움을 요청할 수 있다. 또한 위기 때 기도의 확신을 가질 수 있다.

여리고성의 전쟁은 모든 전쟁이 그런 것처럼 영적 전쟁, 신들의 전쟁이다.

둘째, 여호와의 계획대로 매일 성을 도는 것이다.

이것은 매우 중요한 의미를 담고 있다. 3절에서 21절까지의 전후 장면을 보면 이해가 되지 않는다. 화살을 쏘고 성벽을 무너뜨리고 성문을 부수고 해야 될 텐데 전혀 그러지 않고, 여호와께서 그런 전투방식을 사용하지도 않으신다. 그렇게 해서 이길 수가 없고 이긴다고 해도 이스라엘 백성들의 희생 또한 너무나 크기 때문이다. 만일 가나안 땅 첫 번째 성인 여리고성에서 피해가 커지면 가나안의 정복도 불가능하다. 때문에 하나님께서 계획하신 방법이 있다. 순서대로 매일 이스라엘 군대가 여리고성을 도는 것이다. 원칙은 절대 말을 하지 않고 계속 나팔 소리만 나게 하고 그것만 들어야 했다. 이것은 결코 쉬운 일이 아니다. 그러나 7일째 되는 날은 일곱 바퀴를 돌고 나팔을 크게 불었다.

무엇을 의미하는가? 지금 우리에게 주는 영적 의미는 무엇인가?

매일매일 성을 한 바퀴씩 돌고 마지막 7일째 되는 날에는 7번 돌았다. 이것이 주는 영적, 신앙적, 성경적 의미는 믿음의 순종과 예배이다. 이스라엘 백성들의 신앙의 삶 가운데 가장 중요한 것은 절기이다. 절기는 제사 곧 예배가 중심이 되었다. 그들이 아무 말 없이 돌아야 하는 것은 예배는 사적인 언행이 금지되어야 하기 때문이다. 그리고 계속 제사장들의 나팔 소리에 귀를 기울여야 했다. 곧 예배는 하나님께 집중해야 하고 하나님 말씀에 집중해야 한다.

하루에 한 번씩 여리고성을 도는 것은 그들이 날마다 매일제, 상번제로 드리는 제사, 예배를 상징한다. 지금 우리가 매일매일 새벽기도회를 드리는 것과 같고 매일매일 성전에서 기도하는 것과 같다. 그들의 행진은 여호와의 법궤가 중심이 되었다. 여호와의 법궤가 중심이 된 것은 하나님의 말씀이 중심이 된 것이다. 예배의 중심은 하나님의 말씀이어야 한다. 이스라엘 백성들은 여호수아가 전한 말씀을 듣고 그대로 순종한다(수 6:8). 말씀을 듣고 그대로 믿음으로 순종하는 것은 하나님을 의식하고 의지하는 것이다. 이것이 우리의 예배이어야 한다. 이 예배는 세 가지 큰 의미가 있다. 여호와께서 보여주신 방법대로 그대로 순종하여 예배함으로써 하나님께 큰 영광, 기쁨이 되고, 자신들에게는 은혜와 확신이 있고, 여리고성 안의 사람들에게는 큰 두려움과 공포가 된다.

예배의 능력이 이것이다. 하나님께 온전히 순종한 예배는 하나님께 큰 기쁨, 영광이 되며 사탄, 마귀, 귀신들, 대적들에게는 큰 두려움과 공포가 된다.

그리고 제7일째 되는 마지막 날에는 하루에 7번을 돌고 나팔을 불었다. 하루 전체를 하나님께 드리는 것은 안식일의 예배와 같다. 우리가 이 세상에 살면서 승리하는 최고의 비결은 예배이다. 예배의 대상을 바로 하고 예배의 대상을 여호와 하나님으로 하고, 예배에 생명을 걸어야 한다.

셋째, 첫 열매를 드리는 신앙이다.

여리고성을 정복하는데 그 전쟁에 첫 열매를 드리는 신앙이 중요하다. 이것은 영적 전쟁이며 신들의 전쟁이고 전쟁은 여호와께 속했기 때문이다. 우리의 삶에서 이 신앙은 대단히 중요하다. 여호와 하나님께서 우리의 믿음을 달아 보시고 시험해 보시는 것이 예배와 첫 열매의 신앙이다. 이 시험에 합격해야 승리와 축복이 쏟아진다.

여리고성의 정복과 다른 성의 정복이 근본적으로 크게 다른 것이 있다. 가나안 땅의 수많은 성읍들을 정복한 곳의 재물과 가축들은 군인들이 마음껏 가질 수 있었다(수 8:2; 11:14). 그러나 여리고성은 달랐다.

여호수아 6:17-19
「이 성과 그 가운데에 있는 모든 것은 여호와께 온전히 바치되
기생 라합과 그 집에 동거하는 자는 모두 살려 주라 이는 우리가 보낸 사자들을
그가 숨겨 주었음이니라 너희는 온전히 바치고 그 바친 것 중에서
어떤 것이든지 취하여 너희가 이스라엘 진영으로 바치는 것이 되게 하여
고통을 당하게 되지 아니하도록 오직 너희는 그 바친 물건에 손대지 말라
은금과 동철 기구들은 다 여호와께 구별될 것이니
그것을 여호와의 곳간에 들일지니라 하니라」

여리고성은 가나안 땅의 첫 번째 성으로 그곳의 모든 물건을 절대 취할 수 없고 온전히 하나님께 드려야 했다. 여리고성에서는 그 어떤 작은 물건도 취하지 말아야 한다. 모든 금, 은, 동 재물은 하나님의 성전에 드려야 한다.

무슨 의미인가? 첫 열매의 신앙으로 그들의 믿음을 시험해 보는 것이다. 광야 생

활에서 지친 그들에게 여리고성의 보석, 의복, 양들은 대단히 귀하고 가치 있는 것들이었다. 그러나 그 탐욕을 멈추고 하나님의 것을 반드시 하나님께 드려야 한다. 첫 열매를 반드시 하나님께 드려야 한다. 이것은 물건, 재물의 문제가 아닌 믿음의 문제이다. 지금도 하나님은 우리의 믿음을 보고 계신다. 우리의 믿음의 정신, 사상, 신앙을 달아보신다. 우리가 어떤 자세로 예배하는지, 우리가 어떤 자세로 첫 열매의 신앙을 가졌는지를 보신다. 첫 열매의 신앙이란 가장 귀한 것을 주님께 드리는 것이며 하나님을 최우선에 두는 것이다. 이 믿음으로 승리하고, 우리 앞의 여리고를 정복하자.

아이성의 교훈 (수 7:1-12)

가나안이 주는 영적 의미를 우리는 일순간도 잊지 말아야 한다. 우리가 상식대로 생각하면 가나안은 천국을 상징하는 것으로 이해한다. 그것은 요단강이 죽음을 의미한다고 생각하기 때문이다. 그러나 가나안의 상징, 영적 의미는 교회다. 그리고 가나안이 꼭 천국을 상징한다면 그것은 내세적인 천국이 아닌 이 세상에서 이루어져 가고 누려야 하는 천국을 의미한다고 봐야 한다.

여호수아에서 말라기까지의 기록은 이스라엘 나라에 대한 기록이 아닌 가나안 교회에 대한 말씀이며 그 가나안을 통한 구속사의 기록이다. 가나안은 교회의 믿음, 성도의 소명을 보여주고 있다.

가나안은 온 세상의 중심이면서 영적 전쟁터다. 가나안은 젖과 꿀이 흐르는 땅, 가나안은 승리, 성취, 안식의 땅이다. 가나안은 수많은 도성, 마을들이 있고 우상숭배, 음란이 가득했다. 가나안 땅의 성들을 하나하나 정복해 가는 것은 반드시 감당해야 할 사명이다. 이것은 지금 우상숭배, 미신, 쾌락, 음란에 포로되어 있는 한 사람, 한 사람을 영적으로 정복, 구원해서 그리스도께로 인도한 것과 같다.

여리고는 가나안 땅의 첫 번째 성으로 매우 중요한 위치에 있다. 난공불락의 요새이지만 하나님의 계획, 능력으로 정복되었다. 이는 이스라엘 백성들의 믿음을 시험해 보신 것이다. 여리고가 정복되기까지 순종해서 승리를 거두었다. 그러나 승리 후의 불순종, 욕심, 탐욕이 문제이다.

여호수아는 여리고성을 큰 전쟁 없이 너무나 쉽게 정복했다. 때문에 그는 승리에 도취되어 아주 작은 성인 아이성을 우습게 보고 3천명의 군인만을 보내 정복하게 했지만 실패하고 36명이 죽고 도망하는 아주 비극적인 실패를 경험한다. 이 일로 인해 여호수아는 땅에 엎드려 먼지를 뒤집어쓰고 절규하며 하나님께 울부짖는다.

아이성의 이 비극적인 실패가 우리에게 주는 교훈은 무엇인가?

첫째, 섰다고 생각한 자는 자만하지 말아야 한다.

고린도전서 10:12
「그런즉 선 줄로 생각하는 자는 넘어질까 조심하라」

어떤 일들이 너무 쉽게 성사되거나 기적, 이적을 경험하게 되고 기다리고 기다리던 꿈, 비전이 성취되고 나면 감사는 순간이고 자만하여 나팔을 불며 간증이라는 포장으로 자랑한다. 그러다가 넘어지고 쓰러지고 실패한다. 대표적인 인물이 베드로이다. 베드로의 신앙고백 때문에 그는 예수님께 큰 칭찬을 받는다. 그러나 교만하여 우쭐대다가 순간 지옥으로 떨어진다. 주님께서 베드로를 향해 "사탄아 내 뒤로 물러가라 너는 나를 넘어지게 하는 자로다 네가 하나님의 일을 생각하지 아니하고 도리어 사람의 일을 생각하는도다"라고 책망하신다(마 16:23).

대부분의 목회자들도 이런 베드로 같은 실수를 반복한다. 젊은 시절 교회가 부흥될 때 그것이 너무나 감격스러워서 노회에서 목사들에게 자랑하고 우쭐대다가 교회가 크게 시험 들고 좌절하는 경우도 많다. 그런 때의 충격과 아픔이 너무 커서 지금은 아주 조심하면서 살아간다.

기쁠 때, 기분 좋을 때, 불가능이 이뤄졌을 때 조심해야 한다. 교만하지 말아야 한다. 자랑하는 것이나 자만, 농담, 장난 조심해야 한다. 오직 하나님께 감사하고 오직 하나님께 영광 돌리고 오직 하나님만 자랑해야 한다. 호사다마는 우리의 교만, 자랑, 자만 때문에 오는 경우가 많다.

둘째, 영적 전쟁, 신앙의 삶은 하나님의 능력으로 해야 한다.

여리고의 승리와 아이성에서의 실패는 차이점이 있다. 여리고성은 하나님의 계획, 방법, 능력으로 승리했다. 오직 믿음으로 순종했더니 승리한다. 그러나 아이성에서의 여호수아와 이스라엘 백성들은 하나님께 기도하지 않고 하나님께 방법도 구하지 않고 하나님의 능력도 없이 인간적으로 전술적인 계산만을 했다. 자신들의 생각,

계획, 방법대로 아이성에 공격했지만 실패했다. 아이성을 우습게 여긴 것이다. 이것이 문제이다. 사람들은 큰일에는 잘 넘어지지 않지만 작은 일에 쉽게 넘어진다. 인간적이고 세상적이며 물리적인 계산이 문제이다. 믿음으로 하지 않는 것이 죄다. "무리가 그들의 양식을 취하고는 어떻게 할지를 여호와께 묻지 아니하고(수 9:14)"

전혀 여호와께 기도하지 않고 자신들의 힘만으로 우습게 여겼다가 실패한다. 이처럼 우리가 작은 일에 우습게 여기면 실패한다. 우리는 크든 작든 전적으로 하나님의 뜻을 찾고 하나님의 뜻과 능력으로 행하는 것이 중요하다. 우리 눈에 정말 쉽고 하찮게 보이는 일도 결코 우습게보지 말아야 한다.

산악인 엄홍길은 세계 최초로 8,000m 이상의 16좌 모두를 완등한 기록을 세웠으나 동네 작은 뒷산이라도 절대로 만만하게 보면 안된다는 말을 자주한다. 작고 별거 아니라고 생각하면 실패한다. 자신이 할 수 있다고 교만하면 실패한다.

셋째, 죄는 실패를 가져다준다.

아이성에서의 실패는 아간의 범죄 때문이었다. 아간은 아름다운 외투 한 벌, 은 200세겔, 금 50세겔을 숨겼다. 아간은 이때 하나님의 말씀이 이해되지 않았을 것이다. 광야에서 40년 고생하고 가지고 있던 모든 금, 은을 다 드려 성전을 건축하고 40년을 광야에서 고생했는데 의복 한 벌도 가지지 못하게 하셨으니 얼마나 그 간절함이 있었을지 짐작이 가고도 남는다.

그러나 하나님은 이 믿음의 시험, 연단을 통과하고 나면 더 아름답고, 더 귀하고 좋은 것을 주실 텐데 그것을 보지 못했다. 지금 당장 눈앞에 보이는 그것이 욕심나서 하나님의 눈을 속이려 하다가 아간 한 사람의 범죄가 이스라엘 전체의 슬픔, 고통, 비극이 되었다.

야고보서 1:15
「욕심이 잉태한즉 죄를 낳고 죄가 장성한즉 사망을 낳느니라」

하나님은 결코 속지 않으신다.
우리의 죄는 반드시 드러나고 아픔을 준다.
우리의 죄는 우리의 발목을 잡고 늘어진다.
그러므로 하나님의 말씀에 철저히 순종해야 한다.

민수기 32:23
「너희가 만일 그같이 아니하면 여호와께 범죄함이니
너희 죄가 반드시 너희를 찾아낼 줄 알라」

가나안 교회의 실제

아이성의 실패와 회복, 정복을 통해 주시는 가나안 교회의 영적 진리는 무엇인가?

첫째, 아픔과 눈물과 절규이다.

여호수아 7:4-8

「백성 중 삼천 명쯤 그리로 올라갔다가 아이 사람 앞에서 도망하니 아이 사람이 그들을
삼십육 명쯤 쳐죽이고 성문 앞에서부터 스바림까지 쫓아가 내려가는 비탈에서 쳤으므로
백성의 마음이 녹아 물 같이 된지라 여호수아가 옷을 찢고 이스라엘 장로들과 함께
여호와의 궤 앞에서 땅에 엎드려 머리에 티끌을 뒤집어쓰고 저물도록 있다가 이르되
슬프도소이다 주 여호와여 어찌하여 이 백성을 인도하여 요단을 건너게 하시고
우리를 아모리 사람의 손에 넘겨 멸망시키려 하셨나이까
우리가 요단 저쪽을 만족하게 여겨 거주하였더면 좋을 뻔하였나이다
주여 이스라엘이 그의 원수들 앞에서 돌아섰으니 내가 무슨 말을 하오리이까」

아이성에서의 실패의 아픔과 충격이 얼마나 큰지 여호수아는 큰 슬픔과 아픔과 절
망 속에서 하나님께 절규하며 울부짖는다. 이스라엘 백성들의 마음이 녹아 물같이 되
었다. 그야말로 간담이 서늘하고 애간장이 녹아내리는 슬픔이다. 성도나 교회나 이런
아픔과 실패가 있을 때 심히 슬퍼하며 울며 절규해야 한다.

영적 전쟁터에 있는 지상의 교회는 이런 탄식과 아픔과 슬픔에서 터져 나오는 영
혼의 깊은 눈물과 울부짖음이 있어야 한다.

둘째, 아골 골짜기의 회개가 있어야 한다.

아골 골짜기의 회개는 회개의 합당한 열매, 결과가 있는 회개다. 그저 입술로만 하
는 후회의 회개가 아니다. 행동으로 실천하는 회개이다.

여호수아 7:24-26

「여호수아가 이스라엘 모든 사람과 더불어 세라의 아들 아간을 잡고

그 은과 그 외투와 그 금덩이와 그의 아들들과 그의 딸들과 그의 소들과 그의 나귀들과

그의 양들과 그의 장막과 그에게 속한 모든 것을 이끌고 아골 골짜기로 가서

여호수아가 이르되 네가 어찌하여 우리를 괴롭게 하였느냐

여호와께서 오늘 너를 괴롭게 하시리라 하니 온 이스라엘이 그를 돌로 치고

물건들도 돌로 치고 불사르고 그 위에 돌 무더기를 크게 쌓았더니 오늘까지 있더라

여호와께서 그의 맹렬한 진노를 그치시니 그러므로

그 곳 이름을 오늘까지 아골 골짜기라 부르더라」

두렵고 무서운 회개이다.

셋째, 온전한 예배다.

가나안 땅의 첫 번째 성읍인 여리고성은 이스라엘 백성들에게 너무나 중요한 성이다. 여리고성은 그들의 믿음을 시험해 보는 아주 귀한 장소였으나 그들은 실패했다. 아간의 범죄 때문이다. 비록 성경에는 아간의 범죄를 대표적으로 다루고 있지만 비단 아간만이었겠는가? 그들은 예배 첫 열매의 믿음에서 실패했다. 그들은 하나님께서 원하시고 명령하신 온전한 예배를 드리지 못했다. 우리가 명심해야 되는 것이 이것이다. 우리에게 있어서 가장 중요한 것은 예배다. 예배에 성공하면 모든 것에서 성공하지만 예배에서 실패하면 모든 것에서 실패한다. 이스라엘 백성들은 여리고성에서 온전한 예배, 예물을 드리지 못해서 처절한 실패를 맛보게 된다(수 7:1).

여호수아 7:11-13

「이스라엘이 범죄하여 내가 그들에게 명령한 나의 언약을 어겼으며

또한 그들이 온전히 바친 물건을 가져가고 도둑질하며 속이고 그것을

그들의 물건들 가운데에 두었느니라 그러므로 이스라엘 자손들이

그들의 원수 앞에 능히 맞서지 못하고 그 앞에서 돌아섰나니

이는 그들도 온전히 바친 것이 됨이라 그 온전히 바친 물건을 너희 중에서

멸하지 아니하면 내가 다시는 너희와 함께 있지 아니하리라

너는 일어나서 백성을 거룩하게 하여 이르기를 너희는 내일을 위하여 스스로

거룩하게 하라 이스라엘의 하나님 여호와의 말씀에 이스라엘아 너희 가운데에

온전히 바친 물건이 있나니 너희가 그 온전히 바친 물건을

너희 가운데에서 제하기까지는 네 원수들 앞에 능히 맞서지 못하리라」

우리가 하나님께 드리는 예배는 하나님께서 기쁘게 받으시고 흠향할만한 온전한 예배여야 한다. 예배에 있어서 가장 중요한 것은 예배의 대상이다.

요한복음 4:20-22

「우리 조상들은 이 산에서 예배하였는데 당신들의 말은 예배할 곳이

예루살렘에 있다 하더이다 예수께서 이르시되 여자여 내 말을 믿으라

이 산에서도 말고 예루살렘에서도 말고 너희가 아버지께 예배할 때가 이르리라

너희는 알지 못하는 것을 예배하고 우리는 아는 것을 예배하노니

이는 구원이 유대인에게서 남이라」

예배는 그 대상을 바로 알고 드려져야 한다. 그러나 수많은 사람들은 예배의 대상을 알지 못한 채 예배한다. 또는 잘못된 대상에게 예배한다. "영생은 곧 유일하신 참 하나님과 그가 보내신 자 예수 그리스도를 아는 것이니이다"(요 17:3)

우리의 예배의 대상은 어떤 분이신가?

이 세상과 온 우주만물을 창조하신 여호와 하나님과 그 아들 예수 그리스도와 성령님이시다. 그 외의 사물이나 신들은 미신, 잡신들이다. 우리가 진실하게 하나님을 예배할 때 살아계신 하나님을 경험하게 된다. 예배의 대상은 성부, 성자, 성령 하나님이시다. 성부 하나님의 이름은 여호와, 성자 하나님의 이름은 예수, 성령 하나님의 이름은 보혜사이시다. 이 하나님은 각각 다른 하나님이 아닌 동일한 하나님이시며 유일하신 하나님이시다. 예배의 대상을 바로 하자.

시편 16:4
「다른 신에게 예물을 드리는 자는 괴로움이 더할 것이라
나는 그들이 드리는 피의 전제를 드리지 아니하며
내 입술로 그 이름도 부르지 아니하리로다」

가나안 교회에 있어서 예배가 대단히 중요한 것은 온전한 예배여야 하는 것이다. 여호와께서 아이성에서의 비극적인 실패와 절망과 슬픔을 만나게 하신 것은 예배의 귀중성을 깨닫게 하기 위함이다. 지금 우리가 드리는 예배도 온전한 예배여야 한다. 여호와께서 기뻐하시는 예배여야 하고 보여주신 방법대로 예배해야 한다. 그러

나 여리고성에서 이스라엘 백성들은 온전한 예배를 드리지 못했다. 요즘 시대의 예배도 여호와께서 가장 싫어하시는 예배가 많다. 바리새인들처럼 형식적, 위선적, 가식적, 교리적, 이론적, 피상적, 철학적, 문학적 예배이다.

마태복음 23:13
「화 있을진저 외식하는 서기관들과 바리새인들이여 너희는 천국 문을 사람들 앞에서
닫고 너희도 들어가지 않고 들어가려 하는 자도 들어가지 못하게 하는도다」

요한복음 4:23-24
「아버지께 참되게 예배하는 자들은 영과 진리로 예배할 때가 오나니 곧 이 때라
아버지께서는 자기에게 이렇게 예배하는 자들을 찾으시느니라
하나님은 영이시니 예배하는 자가 영과 진리로 예배할지니라」

우리가 이런 예배의 감격에 빠져야 하고, 이런 예배를 통해 하나님을 만나야 한다. 예배를 통해 치유, 회복, 소생이 경험되어야 한다.

예배의 실패는 영적교제의 실패이다.
예배의 실패는 삶의 실패이다.
예배의 실패는 축복의 실패이다.
예배의 실패는 영적 전쟁에서의 실패이다.
예배의 실패는 믿음의 실패이다.
예배의 실패는 모든 것의 실패이다.

예배, 첫 열매 이것은 언약이기 때문이다. 아간이 옷 한 벌, 금을 얼마 감춘 것 때문에 벌을 받은 것이 아니다. 하나님과의 언약을 깨뜨렸기 때문이다.

여호수아 7:11

「이스라엘이 범죄하여 내가 그들에게 명령한 나의 언약을 어겼으며

또한 그들이 온전히 바친 물건을 가져가고 도둑질하며 속이고

그것을 그들의 물건들 가운데에 두었느니라」

우리가 예배하지만 온전한 예배를 드리지 못한 것은 하나님과의 언약을 깨뜨리는 것이다. 이것은 모든 불행, 비극, 절망의 시작이다. 예배자로서 우리는 한 번의 예배가 이 세상에서 마지막 예배인 것처럼 드려야 한다.

에발산과 그리심산 (수 8:30-35)

가나안은 교회이며 여리고성과 아이성은 그 시대의 교회의 모습을 보여주고 있다. 가나안 교회가 보여주는 교회의 본질은 예배이다. 예배는 자세와 정신이 중요하다. 교회의 본질은 예배이다. 교회의 소명은 그 도시를 복음으로 정복하는 것이다. 이스라엘 백성들과 여호수아는 아이성을 정복한 후에 에발산에 제단을 쌓고 제사를 드린다. 이제 가나안 정복이 막 시작되는 상황에서 이는 매우 의미 있는 일이다. 지금 한창 계속되는 전쟁, 전투 중에 이 의식을 행하고 있다. 여호와께서 모세에게 명령하신 것을 여호수아가 기억하고 순종하고 있는 것이다.

여호와께서 모세를 통해 주신 언약을 여호수아가 기억했다가 지금 모압 언약을 갱신하고 있다. 우리가 상식적으로 생각해 보면 이것은 대단히 성급하고 무모한 일처럼 보인다. 지금 전쟁, 전투 중이다. 이런 의식은 전쟁이 끝나고 가나안 정복이 마무리되고 가나안 땅의 분배가 다 끝난 다음에 해야 마땅하다. 그러나 여호수아는 전쟁 중에 이 의식을 행한다. 하나님의 약속과 언약이기 때문이다. 에발산과 그리심산은 아이성에서 얼마 떨어져 있지 않아 2일이면 갈 수 있는 거리이다.

여호와께서 모세에게 명령하신 언약이 무엇인가?

가나안 땅에 들어가거든 에발산 앞에서 저주를 선포하고 그리심산 앞에서 축복을 선포하도록 하신 것이다. 축복과 저주는 선택이다. 우리의 매일매일의 선택이 우리의 운명이다.

신명기 11:26-30

「내가 오늘 복과 저주를 너희 앞에 두나니 너희가 만일 내가 오늘 너희에게 명하는 너희의 하나님 여호와의 명령을 들으면 복이 될 것이요 너희가 만일 내가 오늘 너희에게 명령하는 도에서 돌이켜 떠나 너희의 하나님 여호와의 명령을 듣지 아니하고 본래 알지 못하던 다른 신들을 따르면 저주를 받으리라 네 하나님 여호와께서 네가 가서 차지할 땅으로 너를 인도하여 들이실 때에 너는 그리심 산에서 축복을 선포하고 에발 산에서 저주를 선포하라 이 두 산은 요단 강 저쪽 곧 해지는 쪽으로 가는 길 뒤 길갈 맞은편 모레 상수리나무 곁의 아라바에 거주하는 가나안 족속의 땅에 있지 아니하냐」

이것은 여호와께서 모세와 이스라엘 백성과 세운 언약 곧 모압 언약이다. 에발산과 그리심산 앞에 세우되 이것도 여호와 하나님의 명령 계획대로 되었다. 누가 에발산 앞에 서고 싶겠는가? 누가 저주 앞에 서고 싶겠는가? 다 복받고 싶은 마음이다. 그러나 하나님의 명령이 있다. 이것은 언약, 계약이다.

신명기 27:11-15

「모세가 그 날 백성에게 명령하여 이르되 너희가 요단을 건넌 후에 시므온과 레위와
유다와 잇사갈과 요셉과 베냐민은 백성을 축복하기 위하여 그리심 산에 서고 르우벤과
갓과 아셀과 스불론과 단과 납달리는 저주하기 위하여 에발 산에 서고 레위 사람은
큰 소리로 이스라엘 모든 사람에게 말하여 이르기를 장색의 손으로 조각하였거나
부어 만든 우상은 여호와께 가증하니 그것을 만들어 은밀히 세우는 자는
저주를 받을 것이라 할 것이요 모든 백성은 응답하여 말하되 아멘 할지니라」

여호와께서 에발산 앞에 세워야 할 지파와 그리심산 앞에 서야 할 지파를 분명하게 명령하신다. 이미 축복의 삶을 사는 자들과 저주의 삶을 사는 자들이 결정되어진 것이다. 평소의 삶을 다 보시고 아시고 세우신다. 그러나 우리에게는 선택권이 주어졌다. 하나님의 기적, 이적, 능력, 복은 선택이다. 내가 어느 산 앞에 서 있고 내가 어떤 길을 선택해서 걸어가고 있는지가 중요하다.

그리심산과 에발산의 실제

그리심산과 에발산은 우리의 선택이다.

신명기 31:15-20

「보라 내가 오늘 생명과 복과 사망과 화를 네 앞에 두었나니

곧 내가 오늘 네게 명령하여 네 하나님 여호와를 사랑하고 그 모든 길로 행하며

그의 명령과 규례와 법도를 지키라 하는 것이라 그리하면 네가 생존하며 번성할 것이요

또 네 하나님 여호와께서 네가 가서 차지할 땅에서 네게 복을 주실 것임이니라

그러나 네가 만일 마음을 돌이켜 듣지 아니하고 유혹을 받아 다른 신들에게 절하고

그를 섬기면 내가 오늘 너희에게 선언하노니 너희가 반드시 망할 것이라

너희가 요단을 건너가서 차지할 땅에서 너희의 날이 길지 못할 것이니라

내가 오늘 하늘과 땅을 불러 너희에게 증거를 삼노라 내가 생명과 사망과 복과 저주를

네 앞에 두었은즉 너와 네 자손이 살기 위하여 생명을 택하고 네 하나님 여호와를

사랑하고 그의 말씀을 청종하며 또 그를 의지하라 그는 네 생명이시요

네 장수이시니 여호와께서 네 조상 아브라함과 이삭과 야곱에게 주리라고

맹세하신 땅에 네가 거주하리라」

하나님은 우리 앞에 생명과 사망, 복과 저주를 두셨다. 그리고 우리가 무엇을 선택하고 어떤 길을 선택하느냐에 따라서 그 결과, 열매를 거두게 하신다. 따라서 우리가 매일 매일 어떤 길을 선택하고 어떤 길을 걸어가고 있는가가 우리의 운명이다. 당신은 어떤 길을 선택하겠는가? 성경에는 우리가 걸어가야 할 길을 두 가지 길로 말씀하신다.

성경이 말하는 두 길

창세기부터 요한계시록까지 오직 두 길만을 말씀하신다. 생명나무의 길과 선악을

알게 하는 나무의 길, 순종의 길과 불순종의 길, 악인의 길과 의인의 길, 지혜자의 길과 미련한 자의 길, 하나님을 사랑하는 길과 하나님을 미워하는 길, 믿음의 길과 불신의 길 이 성경의 여러 길들을 정리하면 예수님께서 말씀하신 좁은 길과 넓은 길이다. 좁은 길의 종착점은 천국이고 넓은 길의 종착점은 지옥이다.

그 길과 발람의 길

그 길과 발람의 길은 초대교회 성도들이 걸었던 길이다. 초대교회 성도들은 분명하게 두 길을 걸었다.

하나님의 말씀은 발람의 길을 따르는 자들을 강하게 책망하신다. 발람의 길은 멸망과 사망의 길이기 때문이다.

초대교회 시대나 지금 사람들이 따르는 발람의 길은 무엇인가?

베드로후서 2:15-16
「그들이 바른 길을 떠나 미혹되어 브올의 아들 발람의 길을 따르는도다
그는 불의의 삯을 사랑하다가 자기의 불법으로 말미암아 책망을 받되 말하지 못하는
나귀가 사람의 소리로 말하여 이 선지자의 미친 행동을 저지하였느니라」

민수기 22장에서 24장까지를 보면 발람은 선지자였으나 이스라엘의 선지자가 아닌 메소포타미아에서 활동하는 점쟁이, 박수무당이다.

첫째, 발람의 길을 따르는 자들은 진리의 길을 버린 자들이다.

'그들이 바른 길을 떠나'에서 바른 길은 벧후 2:2의 '진리의 길'과 같은 단어 (εὐθεῖαν)이다. 진리의 길을 떠난 것은 예수의 이름은 알지만 예수님과 상관이 없거나 예수님을 대적하는 자들이다. 사두개인들, 바리새인들, 제사장들, 율법사들, 서기관들 같은 자들이다. 오늘날은 지식적, 이론적, 피상적으로만 이해하고 있는 자들이다.

둘째, 발람의 길을 따르는 자들은 세상 것에 유혹된 자들이다.

미혹된 것은 탈선, 방황하며 길을 잃고 헤매는 자들이다. 그들은 위선자들이며 형식적, 가식적, 거짓된 자들이다. 입술로만 '주여 주여' 하는 자들이다.

셋째, 발람의 길을 따르는 자들은 불의의 삶을 좋아하는 자들이다.

발람은 하나님께서 이스라엘 백성들에게 저주를 하지 말도록 경고하고 막으셨음에도 불구하고 엄청난 돈을 받고 이스라엘 백성들을 저주했다(민 22:32). 발람의 길을 따르는 자들은 바리새인들처럼 불의의 돈을 좋아하고, 검은 돈을 좋아하고, 떳떳하지 못한 돈을 사랑하는 자들이다.

미가 3:11
「그들의 우두머리들은 뇌물을 위하여 재판하며 그들의 제사장은 삯을 위하여

교훈하며 그들의 선지자는 돈을 위하여 점을 치면서도 여호와를 의뢰하여 이르기를
여호와께서 우리 중에 계시지 아니하냐 재앙이 우리에게 임하지 아니하리라 하는도다」

누가복음 16:14

「바리새인들은 돈을 좋아하는 자들이라 이 모든 것을 듣고 비웃거늘」

넷째, 발람의 길을 따르는 자들은 다른 신령한 자들이 죄를 짓도록 유혹하는 자들이다.

요한계시록 2:14

「그러나 네게 두어 가지 책망할 것이 있나니 거기 네게 발람의 교훈을 지키는 자들이
있도다 발람이 발락을 가르쳐 이스라엘 자손 앞에 걸림돌을 놓아
우상의 제물을 먹게 하였고 또 행음하게 하였느니라」

자신들이 죄악의 길은 걸으면서 다른 사람들을 유혹하여 같이 죄를 짓게 만드는
아주 악한 자들이다.

그 길을 걷는 자들

사도행전 9:1-2

「사울이 주의 제자들에 대하여 여전히 위협과 살기가 등등하여 대제사장에게 가서
다메섹 여러 회당에 가져갈 공문을 청하니 이는 만일 그 도를 따르는 사람을 만나면
남녀를 막론하고 결박하여 예루살렘으로 잡아오려 함이라」

이 말씀의 배경은 사울이 수리아 다메섹이란 큰 도시에 숨어있는 "그 길을 따르는 자들"을 체포하러 가는 상황이다. 그 길을 따르는 자들은 지금 이스라엘 땅 안에 사는 것도 아닌 수리아라는 이방인의 나라에서 사는 자들인데도 산헤드린공의회에 큰 위협이 되는 자들이다. 이들은 평범하게 신앙생활을 하는 자들이 아니다. 그 길을 따르는 자들이란 예수 그리스도를 믿는 자들이 그리스도인(행11:26)이라는 이름으로 불려지기 전까지는 그저 그 길을 따르는 자들로 불려졌다. 왜냐하면 예수는 유대의 반역자로서 반역자의 이름을 부를 수 없기 때문이다. 따라서 예수를 따르는 자들이라는 이름으로 부를 수 없어 그 길을 따르는 자들로 불렀다. 당시 그 길을 따르는 자들은 오직 쿰란 동굴에 거하던 엣센파들이다. 쿰란 동굴에 숨어 살던 엣센파 일부가 사독 제사장의 후손인 한 제사장의 인도 아래 다메섹으로 이주해서 신앙의 순결과 정조를 지키기 위해 "새 언약당"이라는 공동체를 세웠다. 이 새 언약당을 "다메섹 언약파" "다메섹 엣센파"로 불렀다. 이들은 수도사 같은 삶을 살아서 순교자가 많았다. 오직 예수 그리스도를 바라보고, 오직 예수 그리스도께서 가신 그 길을 따라 걸어가고, 오직 예수 그리스도의 삶과 정신을 본받아 살았던 자들이다. 그들의 길은 어떤 길인가?

첫째, 누구든지 공동체에 가입하고자 하면 모든 재산을 헌금하고 3년 동안 훈련을 거쳐 최종 결정되었다. 아무나 선택할 수 있는 길이 아니다.

둘째, 그들의 공동체 정신은 모든 소유를 공유하는 것이다. 소유를 공유하는 목적은 말씀대로 구제, 고아 돌봄을 위해서다.

셋째, 금욕생활을 원칙으로 하지만 결혼을 반대하지 않았다.

넷째, 철저하고 규칙적인 말씀과 기도의 삶을 살았다.

흰옷을 입고 하루에 세 번 말씀 읽고 기도하며 경건한 삶을 살았다. 그들의 믿음의 중심은 마 10:28이다.

마태복음 10:28

「몸은 죽여도 영혼은 능히 죽이지 못하는 자들을 두려워하지 말고
오직 몸과 영혼을 능히 지옥에 멸하실 수 있는 이를 두려워하라」

바리새파는 이미 헤롯당과 야합해서 세속화된 정치집단이 되어버렸다. 그러나 엣센파는 순수하게 말씀과 기도에 전무하여 사도들과 같은 삶을 살았다.

다섯째, 엄격한 규율과 규례로 인해 다툼이나 분쟁이 없이 화평하고 화목한 삶을 살았다.

싸우고 다투며 폭력을 행사하는 자들은 출교시켰기 때문이다.

여섯째, 충성되고 성실하고 인격이 뛰어난 자들이다.

그들은 10가지 맹세, 서약을 만들어 식사 전에 이를 암송하고 식사를 했다.

하나, 나는 하나님만을 경외하기로 맹세한다.
하나, 나는 모든 인간에게 공의를 베풀기로 맹세한다.

하나, 나는 남에게 해를 끼치지 않기로 맹세한다.

하나, 나는 악한 자를 미워하고 의로운 자를 돕기로 맹세한다.

하나, 나는 권위자나 사람들에게 성실할 것을 맹세한다.

하나, 나는 항상 진리만을 사랑할 것이며 거짓말하는 자들을 책망할 것을 맹세한다.

하나, 나는 도둑질하지 않을 것이며 불의의 이익을 취하지 않을 것을 맹세한다.

하나, 나는 엣센파 형제들에게 아무것도 숨기지 않을 것을 맹세한다.

하나, 나는 강도짓을 하지 않기로 맹세한다.

하나, 나는 엣센파에 속한 서적들과 천사들의 이름들을 보존하기를 맹세한다.

그들의 핵심 사상은 하나님을 경외하며 공의를 행하고 충성하는 것이며 기독교 초기에 가장 영적, 영향력을 끼친 자들이다. 지금 유대인들의 예슈봐 교육 방법이 바로 엣센파에서 유래한 것이다.

이 산지를 내게 주소서 (수 14:6-15)

가나안 교회는 지금 이 시대의 교회를 잘 보여주고 있다. 가나안 교회는 특히 교회의 사명과 성도의 소명을 증거해 주고 있다. 교회는 여러 종류의 다양한 성품과 성향을 가진 사람들이 있다.

대부분의 사람들은 사람들에게 인정과 칭찬과 존경을 받고 싶어 한다. 인정욕구, 이것은 대단히 커서 사람들을 힘들게 한다. 많은 사람들이 사람들에게 인정, 칭찬, 대접, 존경을 받고 싶어 할 때 오직 한 사람만이 사람에게 인정을 받는 것보다 하나님께 인정받는 것을 귀하게 여겼다. 이런 사람이 우리를 숙연하게 만든다. 가나안 교회의 모델이 된 인물, 그가 바로 갈렙이다.

갈렙은 하나님께 인정받은 사람이며 결국은 사람들에게도 인정을 받는다.

갈렙을 통해 보여주신 가나안 교회의 사명

첫째, 여호와 하나님을 믿되 온전히 믿어야 한다.

갈렙은 여호와 하나님을 믿되 온전히 믿었다. 조금도 의심 없이 완벽하게 믿었다. 이는 여호와께서 인정하신다.

여호수아 14:14
「헤브론이 그니스 사람 여분네의 아들 갈렙의 기업이 되어 오늘까지 이르렀으니 이는 그가 이스라엘의 하나님 여호와를 온전히 좇았음이라」

민수기 32:12
「그러나 그니스 사람 여분네의 아들 갈렙과 눈의 아들 여호수아는 여호와를 온전히 따랐느니라 하시고」

신명기 1:36
「오직 여분네의 아들 갈렙은 온전히 여호와께 순종하였은 즉 그는 그것을 볼 것이요 그가 밟은 땅을 내가 그와 그의 자손에게 주리라 하시고」

갈렙이 여호와 하나님을 온전히 믿고 순종한 것 때문에 여호와 하나님께서 기뻐하시고 자랑스러워하시고 칭찬하신다.

여호와 하나님께서 여러 번 선포하신다. "갈렙은 온전히 따랐다". '온전히'는 전심으로 따른 것이다. 전인격적으로, 어떤 환경도, 어떤 사람도 뛰어넘는 믿음의 사람이 갈렙이었다. 대부분의 사람들이 불신과 두려움으로 환경을 볼 때 갈렙은 오직 믿음으로 보았다.

대부분의 정탐꾼들은 육신의 눈으로만 보았으나 갈렙은 믿음의 눈으로 보았다. 대부분의 지도자들은 사람과 환경만을 봤으나 갈렙은 하나님의 약속을 보았다. 가나안 교회에서 살아가는 우리의 믿음이 이것이다. 우리가 이 시대에 갈렙처럼 하나님께 인정받고 칭찬받는 성도들이 되어야 한다. 여호와 하나님께서 인정하시고 칭찬하는 사람은 믿음의 정신이 바로 되어 온전히 믿고 전심으로 전인격으로 믿는 사람들이다.

둘째, 가나안 교회의 사명은 여호와 하나님의 말씀하신 것을 붙잡는 것이다.

여호와 하나님은 말씀하시고 약속하신 것은 반드시 이루신다. 갈렙의 믿음의 용기가 이것이다. 여호와 하나님은 말씀하신 대로 성경대로 이뤄주신다는 것이다. 나는 여호와께서 말씀하신 대로 살아있다(수 14:10). 하나님께서 말씀하신 대로 쫓아내리이다(수 14:12). 갈렙이 어떤 것도 두려워하지 않고 용기 있게 당당하고 담대할 수 있었던 것은 하나님의 약속, 말씀, 성경을 의심 없이 믿었기 때문이다.

그러므로 우리는 이 말씀, 성경을 사모하고 있고 붙잡고 믿을 수 있어야 한다. 성경은 차분하게 정독해서 읽다 보면 가슴이 뜨거워지는 말씀이 있다. 이 말씀을 믿으면 담대해지고 용기가 생긴다.

셋째, 가나안 교회의 중요한 사명은 교회를 세우는 것이다.

"이 산지를 지금 내게 주소서."

여호수아 14:12-13

「그 날에 여호와께서 말씀하신 이 산지를 지금 내게 주소서 당신도 그 날에 들으셨거니와
그 곳에는 아낙 사람이 있고 그 성읍들은 크고 견고할지라도 여호와께서
나와 함께 하시면 내가 여호와께서 말씀하신 대로 그들을 쫓아내리이다 하니
여호수아가 여분네의 아들 갈렙을 위하여 축복하고 헤브론을 그에게 주어
기업을 삼게 하매」

가나안 교회의 사명은 교회를 개척하든지 교회를 분립하던지 건강한 교회를 세우는 것이 중요하다. 마틴 루터는 평소 100개의 교도소를 세우는 것보다 하나의 교회를 세우는 것이 낫다고 설교했다.

교회가 교회를 세워야 한다. 교회가 깨어 있어 영적인 싸움을 싸우고, 전도하고 기

도해서 교회를 세워야 한다. 가나안 교회의 가장 중요한 사명이다.

넷째, 임마누엘 역사를 증거해 보여주어야 한다.

12정탐꾼들 가운데 10명은 하나님의 약속을 불신했다. 그런데 온 백성들은 불신 지도자들의 말을 따랐다. 그러나 갈렙은 하나님의 인격과 말씀의 약속을 믿었다. 12절의 고백 "여호와께서 나와 함께하시면" 이 믿음을 증거해 보이는 것이다. 갈렙은 또한 이스라엘 백성들이 심히 두려워하는 아낙 자손들을 정복함으로써 믿음의 정신, 용기를 보여주기를 원한다. 아낙 자손은 모두가 두려워하는 장수들이다. 골리앗의 조상들이다. 아낙 자손들의 성읍은 매우 크고 견고하다고 되어 있다. 그러나 갈렙은 그런 환경에 두려워하지 않고 오히려 하나님께서 함께하시는 기적을 보여주기 원한다.

민수기 13:32-33
「이스라엘 자손 앞에서 그 정탐한 땅을 악평하여 이르되 우리가 두루 다니며
정탐한 땅은 그 거주민을 삼키는 땅이요 거기서 본 모든 백성은 신장이 장대한 자들이며
거기서 네피림 후손인 아낙 자손의 거인들을 보았나니 우리는 스스로 보기에도
메뚜기 같으니 그들이 보기에도 그와 같았을 것이니라」

모든 사람들이 아낙 자손들을 두려워할 때 그때 갈렙만이 용기 있게 도전한다. 아무도 가려고 하지 않고 두려워 떨면서 가고자 하지 않았다. 이 시대에도 아낙 자손들이 있다. 우리 앞에 크고 두려운 아낙 자손들이 있다. 복음을 전하기에는 너무나 강하고 크고 두려운 사람들이 있다. 그래서 전도하고 복음을 전하는 것을 두려워한다. 우

리 앞에 있는 아낙 자손들의 강함 때문이다. 그러나 외모를 보지 말고 하나님의 말씀을 믿고 당당하게 전해야 한다. 이것이 진짜 그리스도인이다.

우리가 그들을 두려워하는 것이 아니라 오히려 그들이 우리를 두려워한다.

다섯째, 가나안 교회는 성령의 능력과 기름 부으심이 있어야 한다.

민수기 14:24

「그러나 내 종 갈렙은 그 마음이 그들과 달라서 나를 온전히 따랐은 즉
그가 갔던 땅으로 내가 그를 인도하여 들이리니 그의 자손이 그 땅을 차지하리라」

갈렙이 사람들에게 동요하지 않고 온전한 믿음으로 순종할 수 있었던 것은 갈렙의 마음이 다른 사람들과 달랐기 때문이다. 하나님께서 갈렙을 보시고 평가하신 것은 갈렙은 마음이 달랐다. 마음이 달랐다는 것은 이미 앞에서 말한데로 갈렙은 다른 모든 사람들과 영이 달랐다. 당시에 모세, 여호수아, 갈렙은 성령 충만과 성령의 능력 기름부음이 있었지만 다른 사람들은 성령의 역사가 없었다.

가나안 교회는 성령의 강한 역사가 있어야 한다. 교회는 성령께서 세우시고 성장시키시기 때문이다. 성령 집회가 자주 있어야 하고 성령의 역사를 경험하게 해야 한다.

도피성 (수 20:1-6)

하나님의 명령과 인도하심을 따라 여호수아의 지도로 가나안 땅을 정복했다. 가

나안을 정복한다는 것은 그만큼 오랜 시간동안 큰 전쟁을 치른 것이다.

여리고성 정복을 시작으로 16년 동안 전쟁을 치르고 가나안 땅을 각 지파 별로 분배했다. 그동안 정복한 왕들 31명에게서 빼앗은 땅들을 지파들에게 분배했다(수 12:7-24).

42개 성읍을 정복하고 엄청난 전쟁을 치렀지만 아이성 전투를 제하고는 이스라엘 백성들은 사망자가 없었다. 그 전쟁은 하나님께 속한 전쟁이기 때문이다. 그 모든 전쟁, 정복, 땅의 분배가 끝난 후에 여호와께서 가나안에 도피성을 건축하게 하셨다.

가나안땅에서 하나님의 자녀로 살아가는 이스라엘 백성들에게 도피성을 건축하게 하신 것은 특별한 섭리 때문이다. 이는 광야교회에 있을 때부터 하나님께서 명령하신 것이다. 성경의 말씀에 따르면 가나안 교회의 도피성은 두 가지다. 하나님의 제단과 도피성이다.

가나안 땅에서 도피성은 그만큼 중요한 장소였다. 이 도피성이 지금 우리에게 어떤 의미인지도 중요하다.

도피성은 창세기 19장에서 롯의 가족이 소돔, 고모라의 재앙을 피해 도망치던 것에서 유래되었다. 고대 근동의 마을과 공동체들은 사람들 가운데 범죄자들이 완전히 피할 수 있고, 그들의 범죄로 인하여 체포할 수 없는 특별한 성역에 대한 협정이 있었다. 도피성이란 글자 그대로 "도피하는 곳, 도망치는 곳으로 성경의 표현으로 하면 피난처, 안식처"이다. 도피성은 아무나 들어갈 수 있는 것이 아니라 분명한 규례가 있다.

첫째, 도피성은 레위인의 기업 가운데 두었다.

도피성은 사람들이 만들고 싶다고 아무데나 만들 수 있는 것이 아니다. 반드시 하나님께서 정해주신 그곳에만 두어야 하는데 그 장소가 레위인의 기업이다.

둘째, 가나안 땅에 3곳, 요단강 동편에 3곳, 6군데에 두었다.

이는 비록 하나님의 약속이나 명령을 어기고 요단강 동쪽에 머물러 있다 할지라도 하나님의 은혜는 그곳에도 주어진다.

셋째, 도피성을 반드시 레위 지파의 성읍에 두는 것은 하나님의 종들, 영적 지도자들의 사명을 고취시켜 주시는 것이다.

영적 지도자들은 인간의 감정이 아니라 하나님의 계명과 사랑으로 사역해야 한다.

넷째, 도피성은 누구든지 쉽게 달려 들어갈 수 있는 위치에 두어야 한다.

다섯째, 부지중에 살인한 자들이 들어갈 수 있다.

계획적인 살인이거나 복수심이 가득찬 살인자들은 들어갈 수 없다.

여섯째, 도피성에서 생활하다가 대제사장이 세상을 떠나면 자유의 몸이 되었다.

예수님께서 오실 당시는 제사장들이 제비를 뽑아 1년에 한 차례씩 지성소에 들어가 대제사장의 사역을 감당했다. 그러나 가나안 교회가 시작되는 시기에는 아론 자신의 아들 엘르아살에게 에봇을 입혀주면서 대제사장의 사역을 위임했기 때문에 여러 명의 대제사장이 존재하지 않았다. 살인자의 죄는 반드시 그 생명 값이 지불되어야 하고 피 값이 지불되어야 한다. 그러나 대제사장이 죽음으로서 이 살인자의 피 값을 대신한 것으로 간주되었다.

일곱째, 고의적으로 살인죄를 저지른 사람들은 도피성에 들어갈 수 없었다.

민수기 35장은 도피성에 들어갈 수 있는 살인자와 들어갈 수 없는 살인자에 대한 규례를 구체적으로 말씀하신다.

도피성의 목적

도피성의 목적은 하나님의 은혜와 사랑이다. 도피성의 목적은 분명하다. 의도적으로 사람을 죽인 자들이 아닌 우발적으로나 실수로 사람을 죽게 한 자들에게 베푸시는 하나님의 사랑이다.

첫째, 도피성의 목적은 죄의 보복자들을 피하기 위함이다.

실수로 사람을 죽였으나 가족들은 복수심에 불타서 또 다른 살인을 저지를 수 있다. 이것을 방지하기 위해서 도피성을 두었다.

둘째, 살인자가 정당한 재판을 받을 때까지 보호하는 것이다.

이스라엘 백성들의 율법에는 인과응보의 제도가 있다. 눈에는 눈, 이에는 이, 손에는 손, 신체는 신체, 생명은 생명으로 보응한다.

교회는 복음이 전파된 이후에는 이런 율법을 넘어 예수님께서 그토록 강조하시고 실천하신 사랑의 법을 따르고 있다.

도피성의 영적, 복음적 의미

첫째, 사람의 생명을 지극히 귀하게 여기는 것이다.

하나님은 살인죄를 무섭게 다루신다. 십계명 중 제6계명은 "살인하지 말라"는 것이다. 그러나 실수로 사람을 죽게 했다면 그 사람의 생명 또한 죽일 수 없게 만든 것이다. 이 말씀은 이 시대의 우리들이 정말 가슴에 새겨야 할 말씀이다. 어떤 시대보다 생명 경시풍조가 심한 때에 자신의 생명이건 타인의 생명이건 가장 귀하게 여겨야 한다.

둘째, 원수 갚을 것은 주님께 맡기는 것이다.

로마서 12:19

「내 사랑하는 자들아 너희가 친히 원수를 갚지 말고 하나님의 진노하심에 맡기라

기록되었으되 원수 갚는 것이 내게 있으니 내가 갚으리라고 주께서 말씀하시니라」

누가복음 6:24

「그러나 너희 듣는 자에게 내가 이르노니 너희 원수를 사랑하며

너희를 미워하는 자를 선대하며」

셋째, 교회의 생명은 은혜와 사랑이다.

요한복음 15:12

「내 계명은 곧 내가 너희를 사랑한 것 같이 너희도 서로 사랑하라 하는 이것이니라」

요한복음 13:34-35

「새 계명을 너희에게 주노니 서로 사랑하라 내가 너희를 사랑한 것 같이

너희도 서로 사랑하라 너희가 서로 사랑하면 이로써 모든 사람이

너희가 내 제자인 줄 알리라」

누가복음 6:35

「오직 너희는 원수를 사랑하고 선대하며 아무 것도 바라지 말고 꾸어 주라 그리하면

너희 상이 클 것이요 또 지극히 높으신 이의 아들이 되리니 그는 은혜를 모르는 자와

악한 자에게도 인자하시니라」

넷째, 우리의 죄를 사하실 분은 오직 예수 그리스도이시다.

도피성의 규례를 보면 도피성 안으로 도망친 살인자들은 대제사장이 죽은 다음에 그 도피성에서 나와 자신의 집, 가족에게로 돌아갈 수 있다. 그 무서운 살인죄가용서되고 자유, 해방을 누리게 된 것이다. 뿐만 아니라 제사에도 참여할 수 있다. 고대 가나안 교회에서 대제사장은 이스라엘 온 백성의 죄를 가지고 대속죄절의 제사를드렸다. 그러므로 대제사장의 죽음은 속죄의 상징이다. 대제사장의 죽음은 살인자의죗값을 대신한 것이다. 그래서 대제사장이 죽으면 살인죄도 용서되고 자유하게 되었다. 오늘 이 시대의 사람들은 죄의 노예가 되어 살아간다. 그러나 사람의 힘으로는죄를 속량할 수 없다. 우리의 죗값을 대신 지불하실 분은 우리의 대제사장이신 오직예수 그리스도밖에 없다.

히브리서 4:14-15
「그러므로 우리에게 큰 대제사장이 계시니 승천하신 이 곧 하나님의 아들 예수시라
우리가 믿는 도리를 굳게 잡을지어다 우리에게 있는 대제사장은 우리의 연약함을
동정하지 못하실 이가 아니요 모든 일에 우리와 똑같이 시험을 받으신 이로되
죄는 없으시니라」

히브리서 5:5
「또한 이와 같이 그리스도께서 대제사장 되심도 스스로 영광을 취하심이 아니요
오직 말씀하신 이가 그에게 이르시되 너는 내 아들이니 내가 오늘 너를 낳았다 하셨고」

히브리서 6:20

「그리로 앞서 가신 예수께서 멜기세덱의 반차를 따라

영원히 대제사장이 되어 우리를 위하여 들어 가셨느니라」

이 시대 영적, 복음의 도피성, 복음의 피난처는 오직 예수 그리스도이시다. 다윗은 자주 이런 고백을 드렸다. 여호와는 나의 피난처가 되신다.

다섯째, 예수님은 우리의 도피성이 되셔서 우리를 죄에서 구원하실 뿐만 아니라 구원하신 후 지키시고 보호해 주신다.

우리는 이미 이런 은혜를 받아 누리고 있다. 성도는 예수를 믿는 순간 죄와 사망에서 완전히 자유하게 되었다. 해방되었다.

로마서 8:1-2

「그러므로 이제 그리스도 예수 안에 있는 자에게는 결코 정죄함이 없나니

이는 그리스도 예수 안에 있는 생명의 성령의 법이 죄와 사망의 법에서

너를 해방하였음이라」

그럼에도 불구하고 마귀는 우리를 무기력하게 만들어 하나님께서 주신 사명을 감당하지 못하도록 우리의 마음에 마귀의 생각을 넣어 우리가 죄인이라고 유혹한다. "너는 죄인이야", "너는 이런이런 죄를 지었잖아"라고 해도 절대로 속지 말아야 한다. 이런 마귀의 생각이 올 때 외쳐야 한다. "그래 마귀야 난 죄인이다. 그러나 예수께서 나의

모든 죄를 속량하셨다", "마귀는 물러가라"라고 해야 한다.

예수는 가난한 자들의 피난처 도피성 되신다(시 14:6).
예수는 환난 당한자의 피난처 도피성 되신다(시 46:1).
예수는 고난, 폭풍에서 피난처 도피성 되신다(시 55:8).
예수는 원수, 대적을 피하는 도피성 되신다(시 61:3).
예수는 질병들을 피하는 도피성 되신다.
예수는 버림받은 자들의 피난처 도피성 되신다.

그러므로 성도는 이 험악하고 위험한 시대에 오직 예수 그리스도 안에서 살고, 오직 예수 그리스도 안에 피하고 오직 예수 그리스도를 도피성으로 인정하고 그 안에서 살아가야 한다.

오직 예수님만이, 오직 예수님이 선포되는 교회만이 도피성이다. 오직 은혜와 사랑이 실천되고 경험되는 교회만이 영적 도피성이다. 이것이 가나안 교회의 본질이다. 오직 예수님을 도피성 삼아 그 품 안에서 살아갈 때 참 평안, 참 행복, 참 자유, 참 만족이 있다.

가나안 교회의 진단

1. 당신은 복음의 중심이 되어 있는가?

2. 당신은 어떤 교회를 만들어 가고 있는가?

3. 지금 교회는 말씀다운 말씀, 생명력 있는 말씀이 선포되고 있는가?

4. 능력 있는 기도가 살아있는가?

5. 평신도 훈련이 잘 진행되고 있는가?

6. 전도 프로그램은 잘 운영되는가?

7. 선교는 얼마나 헌신되어 있는가?

8. 영적 전쟁, 싸움에서 승리하고 있는가?

9. 교회는 생명력 있게 부흥 성장하고 있는가?

10. 당신은 지금 어떤 길을 선택하여 걸어가고 있는가?

11. 교회의 본질, 소명, 사명에 충실하고 있는가?

12. 하나님께서 주신 은사와 재능은 무엇인가?

13. 교회는 영적 안식처, 도피성이 되어 있는가?

가나안 교회의 과업

첫째, 가나안 교회의 가장 중요한 과업은 하나님의 영광을 드러내는 것이다.

어느 시대 어떤 교회이든지 그 교회의 존재 목적은 하나님을 영화롭게 하는 것이다. 이는 예배의 목적이며 성도들의 삶의 목적이기도 하다.

고린도전서 10:31
「그런즉 너희가 먹든지 마시든지 무엇을 하든지 다 하나님의 영광을 위하여 하라」

둘째, 역동적인 예배가 살아있어야 한다.

예배는 하나님을 경험하는 시간이다. 교회는 예배가 뜨겁게 살아있어야 한다. 예배를 드릴 때마다 하나님을 경험하고 예수님의 은혜와 성령의 역사를 경험하고 영적인 세계를 경험해야 한다.

셋째, 영적 싸움에서 승리해야 한다.

가나안은 대표적인 일곱 족속, 일곱 귀신들이 있었고 이스라엘 백성들은 이런 가나안을 지배하고 있는 것들과 전쟁을 통해 가나안을 정복해 갔다. 교회는 이런 영적 전쟁을 통해 승리해야 한다. 예수님은 소아시아 일곱 교회에 동일하게 주시는 말씀이 있다. "이기는 자에게 주시는 약속이다(계 2:7, 2:11, 2:17, 2:26, 3:5, 3:12, 3:21)." 영적 싸움에서 승리하기 위해서는 영적 싸움의 대상을 바로 알고 깨어있어 성령의 능력과 기름 부으심이 있어야 한다.

넷째, 신 벗음의 훈련이 있어야 한다.

세상과 구별되고 사명에 충실하며 겸손하게 낮아지는 훈련이다.

다섯째, 복음의 말씀, 살아 역사하는 말씀, 설교가 있어야 한다.

한국교회 설교를 분석한 교수들의 통계를 보면 아직도 한국교회 강단의 설교 가운데 약 90% 정도는 복음보다는 율법적인 설교 경향이 많다.

여섯째, 기도의 불이 있어야 한다.

기도가 약해지거나 기도의 불이 꺼진 개인이나 교회는 더 이상 교회라고 할 수 없을 만큼 마귀들의 놀이터가 된다.

마태복음 26:41

「시험에 들지 않게 깨어 기도하라 마음에는 원이로되 육신이 약하도다 하시고」

기도를 쉬는 것은 죄이며 기도를 쉬는 순간 시험에 빠지고 마귀의 도구가 될 수밖에 없다.

일곱째, 가나안 교회는 영적 훈련이 있어야 한다.

그 훈련은 다양하다. 교회마다 각 교회에 맞는 훈련 프로그램이 중요하다. 새가족 훈련, 제자훈련, 일대일 양육훈련, G12훈련, 사역자 훈련, 사명자 훈련 등.

여덟째, 가나안 교회와 성도들은 천국의 소망을 가지고 좁은 길, 순례자의 길, 십자가의 길, 예수께서 가신 그 길을 가야 한다.

아홉째, 교회는 전도와 선교에 최선을 다해 우리를 하나님의 형상대로 만드신 목적대로 세상을 정복하고 영적으로 번성하고 충만하게 해야 한다.

열 번째, 교회는 도피성의 목적에 따라 은혜와 사랑이 넘쳐야 하며 참 안식, 참 평안을 주어야 한다.

마치면서

처음 신학에 입문해서 교의신학을 공부할 때 구원의 서정이란 강의를 아주 감동 깊게 들었다. 당시 서정이란 말이 매우 생소했지만 후에 이 서정이란 말이 여정, 과정이란 의미임을 알았다. 그 구원의 서정, 여정은 결국 성경 전체의 뼈대를 이루는 출애굽의 여정이었다. 이 출애굽의 여정, 과정은 바로 개개인의 신앙생활의 과정이며 단계이고 목양의 매뉴얼이다.

〈출애굽의 비밀〉은 가능한 누구나 정독해서 읽으면 이해가 되고 적용이 될 수 있도록 쉽게 풀어쓰려고 노력했다. 그냥 한번 읽어 보고 책장에 보관하는 책이 아니라 개인이나 교회가 신앙과 목양의 원리로 사용되기를 간절히 기대해 본다. 교계에는 제자훈련이나 새 가족 훈련, 1:1양육, 영성훈련 등 많은 교제들이 나와 있다. 그러나 〈출애굽의 비밀〉은 하나님께서 친히 보여주신 아주 체계적인 신앙 성장의 과정이고 단계이다.

20년이 넘는 시간 동안 고민했던 이 비밀을 세상에 내어놓으면서 내 자신이 신앙생활 중 가장 힘들고 정립이 되지 않았던 부분에 강조를 두었다. 성경을 연구하고 많은 목회자, 사모들에게 강의를 하면서 최선을 다해 강조한 것은 Original perspective on Bible(성경의 원 관점, 새 관점)에 대한 것이다. 성도들이 너무나 상식적으로만 성경을 알고 있는 것이 사실은 잘못된 상식인 경우가 너무나 많다. 정말 황당한 말도 안 되는 이상한 해석의 설교들도 많다. 지면상으로는 다 열거할 수 없지만 본문에서 언급한 내용들도 있다. 예수님께서 말구유에 오셨다는 내용이나 오른편 강도가 구원받았다거나 사울이 바울이 되었다거나 성경에 네 가지 사랑이 있다는 등등은 다 잘못된 상식이다. 성경에서는 분명하게 언급하지 않는다.

이런 잘못된 성경의 상식들을 바로 잡아 성경의 원 관점을 이해하고 가르치는데 많은 시간과 노력이 있었다. 이런 아픔과 해산의 수고를 통해 〈출애굽의 비밀〉이 부족하지만 세상의 빛을 보게 되었다. 정말 감격스럽고 하나님의 은혜에 감사할 뿐이다.

모태신앙으로 책에서 중점을 둔 것은 신앙생활의 과정에서 가장 궁금하고 걱정되고 두려웠지만 아무도 가르쳐주지 않고 가르쳐줄 수도 없는 주제에 깊은 관심으로 체계적으로 저술하였다.

믿음이란 무엇인가?
구원, 거듭남은 무엇인가?
각 과정의 진단 원리와 반드시 성취해야 할 과업들은 무엇인가?
구원의 확신과 증거들은 무엇인가?

성령 역사의 단계별 경험 원리는 무엇인가?

광야가 보여주는 교회의 본질은 무엇인가?

가나안 교회의 승리의 비결은 무엇인가?

간절히, 간절히 사모하는 것은 〈출애굽의 비밀〉이 개인, 소그룹, 설교, 목양, 상담에서 얼마든지 융통성 있게 적용해서 사용하여 성도들 개개인들이 기초가 튼튼하고 건강한 신앙으로 성장하고 교회들은 건강하게 부흥 성장하기를 기도한다. 이 원리를 조금만 깊이 있게 묵상하고 이해하면 얼마든지 자신의 것으로 만들 수 있다. 기도하고 사모하면 하나님께서 더 귀한 지혜를 주시리라 믿는다.

이 책을 사용하는 자들에게 성령의 역사와 강력한 기름 부으심의 은혜가 있기를 기도한다.

초판 1쇄 발행 _ 2023년 12월 31일

지 은 이 _ 이은철
펴 낸 이 _ 유성헌
펴 낸 곳 _ 하야Book
책 임 편 집 _ 전민주
교 정 교 열 _ 유한나
디 자 인 _ 이현종

주소 _ 서울 양천구 신월7동 995-7번지 302호
주문 및 문의 전화 _ 070-8748-4435, 010-2811-4435
팩스 _ 02-2065-6151
하야BOOK 계열사 _ 하야방송 www.ichn.or.kr

출판등록번호 _ 제2011-000065호
출 판 등 록 일 _ 2011년 10월 27일

ISBN 979-11-89747-04-6

하야Book은 문서사역을 통해 하나님의 나라를 확장하고 복음전파를 통해 하나님 말씀으로 사람을 살리는 일을 하고자 설립된 출판사입니다. 하야(Chayah)의 뜻은 히브리어로 '살다, 회복시키다, 구원하다, 소생하다, 부흥하다'의 의미가 있습니다.

*	나의 일생 대입			
*	교회성장 대입			
*	진단원리	성도와 교회가 어디쯤에 있는지 진단해서 적극적인 가나안의 삶이 되게 하라 1. 무엇의 종이 되었나? 2. 조상의 죄 3. 가문의 흐름 4. 문제 파악	1. 천국의 임재 확신(오늘 떠나면) 2. 복음을 알고 있나? 3. 진심으로 복음을 영접했나? 4. 거듭나 있는가? 5. 천국을 믿는가? 6. 하나님을 만났는가?(관계 확인)	1. 천국의 확신 2. 거듭남의 확신 3. 거듭남의 증거(성경적) 4. 자녀, 내주의 확신 5. 천국의 소망
*	치유성장원리	1. 자신의 현상태를 알게 하라 2. 문제, 질병의 원인, 이유를 설명하라(조상 죄, 본인 죄, 사단, 귀신) 3. model 제시 4. 천국, 지옥 설명 5. 복의 비밀 설명 6. 자신, 성도 간증 7. 관심, 사랑, 돌봄 8. 자신의 아픔, 질병 문제, 괴로움을 다 털어놓게 하라 9. 계속적으로 기도 해줌 10. 주기적 방문, 초청	1. 복음제시(체계적) 2. 믿음의 원리 요약 제시 3. 거듭남의 원리 요약 제시 4. 유월절, 예수의 피가 핵심이 됨 5. 요약 복음 제시 6. 예수님 영접(손잡고 기도) 7. 신분의 변화 설명(내주, 자녀 요 5:24) 8. 영접의 진실성 확인 9. 영접의 감동, 느낌 확인 기록 10. 이제 예수님은 어디에 계시는가? 11. 주님과의 관계 설명	구원의 확신 증거 1. 요 6:37, 요 10:28-29 잠 28:26 히 13:5 2. 사 53:6 요 5:24(완료) 3. 출 12:13,27 4. 계 20:11-15 5. 히 11:11, 히 6:17-18 6. 고후 13:5 7. 거듭남의 원리 확증 부분 적용 8. 반복확인 9. 응답체험 10. 공포, 간증

광야	요단강	신벗음	가나안
구원의 공동체 교회 = 행 7:38 1. 할례-> 옛 것 버림 2. 훈련 3. 예배 4. 시내산 말씀 받음	구원의 능력 성령의 세례, 기름부으심 눅 24:48-49 행 1:4 행 1:8 행 2:1-4	구원의 성품 수 5:13-15	구원의 확장 영적 전쟁 창 1:28 성취 교회, 천국의 확장 영적 기업 배분
10-31. 전인훈련시간 아브라함에게 주신 약속 믿고 인내하는 훈련	35장: 권능 벧엘로 올라감	요셉 팔림 베냐민 포로됨	12아들 -> 12지파 -> 70인 애굽 이동 -> 장정만 60만
훈련: 아벨 잃음	셋을 주심 창 4:25-26	가인 떠남	아담, 셋을 통해 번성 창 5:3-5
심고 거둠의 계속 창 8:20-22	무지개 약속	창 9:20- 술취함	셈, 함, 야벳 번성
믿음의 연단, 기근, 위협 애굽, 자녀 없음, 소돔 공격 보복	할례=마음의 할례 창 17:9~, 신 10:16	창 22 이삭드림	후손이 하늘의 별 바닷가의 모래같이 많아짐
훈련: 어머니 잃음, 기근, 애굽, 아비멜렉 대적 26:15~	약속: 임마누엘 26:24~33	야곱에게 속음	야곱을 통해 번성
라반의 집에서 연단	약복강 31장	애굽으로	12족속 번성
보디발의 집, 감옥에서	애굽의 총리: 권능	고독, 부친의 죽음	두 아들 통해 번성
바로궁, 미디안 광야 행 7:22	호렙산에서 권능 영광 얻음	신을 벗으라	60만 구원 인도
성소 예배: 떡, 빛 동일선상 위치, 행실, 인격	분향단, 기도=능력	휘장	지성소
속죄제: 죄버림, 하나님과 관계 훈련	속건제: 배상, 보상, 능력, 회복		화목제
초실절: 헌신훈련, 가장 귀한 것	오순절: 기도 = 성령강림	현재의 막간	나팔절, 초막적
시내산: 호렙산: 말씀주심 40년동안 광야 훈련	갈멜산: 능력, 불 임함	에발산	그리심산= 시온산
가나안으로 이동, 훈련, 시모섬김	보아스를 통해 계대신앙 지킴	가정 생활, 결혼	오벳 낳음->이새->다윗
선지학교에서 훈련	요단강에서 갑절의 영감받음	대머리 조롱	아람 전투 승리
사울, 광야에서 훈련	헤브론에서 기름부음	압살롬의 시험	심히 창대, 강대국
7장: 거듭남의 갈등, 훈련	8장: 성령의 범, 능력, 승리	9-10장: 유대인	12장~ 부흥
삼년동안 훈련받음	성령 세례: 마가 다락방	고난, 낮추심	열방에 흩어짐
훈련=교육	안수=기름부음=성령강림	시험, 구제	행8:1~ 디아스포라
아라비아 광야에서 훈련	성령받음: 입신	사단의 가시	1, 2, 3차 선교 복음의 확장
12~25: 육의 생각에서 영의 생각	26~30: 성령의 역사	31~: 시험	35~: 이김, 승리

1. 옛 사람을 벗고 있나? 2. 새 사람을 입고 있나? 3. 성화의 의지, 과정에 있나? 4. 애굽을 버리고 있나? 5. 믿음, 인격이 성장하나? 6. 헌신, 봉사의 정도?	1. 성령님이 어떤 분인지 아는가? 2. 성령님을 만난 체험? 3. 성령 세례, 기름 부음 확신 4. 성령 은사를 아는가? 5. 성령의 권능 기도의 권능을 아는가? 6. 불같은 열정, 영성이 있나?	1. 시험, 낮아짐 훈련? 2. 겸손 훈련? 3. 고독, 아픔?	1. 영적 전쟁을 알고 있나? 2. 규칙적인 기도는? 3. 태신자를 가지고 있나? 4. 구령의 열정은? 5. 전도자의 삶은? 6. 선교의 동참은?
*치유, 변화, 성장, 새 삶 1. 인격의 거듭남 2. 심령의 옥토화(마 13:1-23) 3. 몸에 밴 어린 시절 치유 ADULT_CHID 치유 FRUSTRATION-CATHARSIS *울고 있는 아이 치유 4. 제자 훈련 5. 성장 원리 적용 6. 첩경 평탄케(시 84:5) 눅 3:3-6 7. 딤후2:20-21:청결한 그릇 8. 목은 땅 기경 호 10:12 9. 마음의 할례 렘 4:3-4 10. 영성 훈련(기도, 금식, 성령) 11. 믿음 훈련(헌신, 봉사, 맡김) 12. MENTORING 13. 성전을 지어가자 유 1:20-21 엡 4:11-12 벧후 1:5 고전 3:16 막 6:2-3, 고전 3:10	성령 역사 단계별 숙지 1. 눅 24:48-49 행 1:4 말씀의 이유 설명 2. 오순절 설명 3. 성령님은 어떤 분인가 설명 4. 성령강림, 내주, 충만 성령 세례, 기름부음, 설명 5. 행 1:8-14, 2:1-4 제자들의 전적변화 이해 6. 성령 세례 받지 못한 이유 설명 7. 성령 세례 받는 방법 제시 8. 기도원, 부흥회 등 특별사역 9. 계속적 사모 10. 성령의 불 사모 11. 성령의 역사 분위기 예배	1. 믿음의 조상들 2. 육체의 가시 3. 고독 훈련 4. 신8장 묵상 5. 마 20:26-28 6. 히 11:24-27 7. 약 1:2-4 8. 고후 1:8-9 9. 그릇을 알라 10. 빌 2:5-8 11. 빌 3:7-9 12. 벧전 1:7-8 13. 고전 15:40-44	교회의 번성 1.성령의 권능 확인 2. 영적 전쟁: 기도, 대적 3. 도시의 영계를 정복하자 4. 은사, 전도 훈련 5. 전도의 열정, 분위기 6. 전도의 팀 운영 7. 선교 동참 8. 지역 사회 분석 9. 지역 유대 강화 10. 팀 훈련

핵심	출애굽사건	애굽	출애굽	홍해
※	구속사의미	구원의필요성 세상: 노예, 종된 상태 요 3:34 – 죄의 종 요 8:44 – 마귀의 종 히 2:15 – 사망의 종 롬 8:21 – 썩어질 것의 종	구원의 길 약속받음 + 믿음 + 행함 유월절 어린양의 피, 문설주가 아닌 마음에 바름 – 출 12:1-14 히 9:22	구원의 확증 물세례 –> 구원의 증거 롬 6:1-10 벧전 3:21 고전 10:2-4 고후 13:5
I	창세기	3-6 죄의 종 죄의 관영, 범람	약속(구원)+믿음+행함=방주 7-8장	9장: 약속=무지개 확증
II	아담	범죄: 부끄러움, 두려움	가죽옷: 대속 죽음, 피	가인, 아벨 주심: 약속, 위로
III	노아	악한 세상, 죄의 범람	방주: 유일한 문 요 10:9	아라랏산 도착: 새시대 새 생명, 새 땅 확신
IV	아브라함	우상을 섬기는 집안에서 성장 데라는 우상 장사	친척 아비집 떠남: 약속 믿고 행함 = 구원	언약, 계약, 약속 확증 창 15:6~, 17
V	이삭	이스마엘의 핍박, 고통	하갈, 이스마엘 출가	모리아산에서 자신을 드림
VI	야곱	에서의 핍박	출가: 라반의 집으로	약속 28:13-17
VII	요셉	형들의 핍박, 종, 심부름	출가: 애굽으로 팔려감 창 45:5-8	약속: 창 39 임마누엘
VIII	모세	바로왕의 핍박, 숨겨짐 물에 던져짐, 죽음	물에서 건짐받음: 죽음에서	어머니 요게벳의 히브리 선민사상 배움, 히브리 정신
IX	성막론	이방인의 뜰, 죄의 종	성막문, 번제단	물두멍: 물 = 세례
X	레위기: 제사	죄인식	번제: 구원의 길	소제: 확신, 평화, 감사
XI	절기론	애굽의 종, 노예, 핍박	유월절: 어린양의 피	무교절: 심판, 죽음, 장사
XII	여호와의 산	에덴동산: 범죄 추방	아라랏산: 죽음을 이긴 산, 부활의 산, 새생명	모리아산: 여호와 이레 약속
XIII	룻	이방 여인, 하나님 모름	믿음의 가정으로 출가: 믿음	어머니께 확신, 신앙고백
XIV	엘리사	농부	엘리야를 통해 부름 받음	소한거리번제: 하나님께서 받으심
XV	다윗	목동, 세상의 삶 유기	소명	기름부음: 사무엘
XVI	로마서	1-3장: 모든 인류의 죄	4-5장: 오직 믿음으로 구원	6장: 세례 = 연합
XVII	제자들	세상에서 버림받은 자들(어부, 목동, 세리들)	예수께서 부르심: 믿음+순종 세상 것 다 버림	물 세례
XVIII	일곱 집사들	메시야 부인, 율법주의자들	복음 듣고 믿음 = 구원	세례 받음
XIX	사도 바울	사단의 괴수, 죄의 종	하나님의 소명+믿음 행 9:22	아나니아에게 세례
XX	롬 8장	1~4: 죄 사망의 법 아래 삶	생명의 법으로 구원	5~11: 확증